데카르트의 철학의 원리

데카르트의 철학의 원리

RENATI DES CARTES PRINCIPIA PHILOSOPHIAE

B. 스피노자 지음 | 강영계 옮김

서광사

이 책은「스피노자 전집」(Benedicti de Spinoza, Opera, vol 1, Leipzig, 1843) 제1권 중
「데카르트의 철학의 원리」(*Renati des Cartes Principia Philosophiae*)를 완역한 것이다.

데카르트의 철학의 원리

B. 스피노자 지음
강영계 옮김

펴낸이 | 김신혁, 이숙
펴낸곳 | 도서출판 서광사
출판등록일 | 1977. 6. 30.
출판등록번호 | 제 406-2006-000010호

(10881) 경기도 파주시 회동길 77-12 (문발동)
대표전화 (031) 955-4331   팩시밀리 (031) 955-4336
E-mail : phil6161@chol.com
http : //www.seokwangsa.co.kr | http : //www.seokwangsa.kr

제1판 제1쇄 펴낸날 — 2016년 7월 10일
제1판 제2쇄 펴낸날 — 2018년 3월 10일

ISBN 978-89-306-2326-1   94160
ISBN 978-89-306-2164-9   94160(세트)

데카르트의 철학의 원리

암스테르담의 베네딕투스 데 스피노자는 데카르트의
「철학의 원리」를 기하학적 방식으로 증명하였으며
기하학적 사유도 첨부하였다.
부록에서는 일반 형이상학과 아울러 특수 형이상학
의 부분에서 생기는 훨씬 더 어려운 문제들을 짤막하
게 설명한다.

암스테르담, 1663년

옮긴이의 말

지금부터 25년 전 나는 아주 오랜 기간의 번역 작업을 거쳐 스피노자의 「에티카」를 출판하였다(1990년). 그때 나는 스피노자의 사유의 넓이와 깊이에 놀라 정신력을 탈진한 것 같은 느낌을 받았다. 그 이후 지금까지도 가끔 학부와 대학원의 강의 및 세미나에서 스피노자 철학을 강의하거나 그의 저술들의 일부를 가지고 강독하였다. 그때마다 나는 스피노자의 범신론적, 자연주의적 형이상학을 접하면서 심원한 그의 사상에 머리를 끄덕이곤 하였다. 나는 철학에서 방랑하는 습관이 있어서 그간 다양한 철학자들과 노닐며 거의 12년 동안 아우구스티누스의 「고백록」(Confessiones)을 여기 조금, 저기 조금 만지작거리며 독일어, 영어, 불어 대역과 함께 라틴어 원전을 거의 다 읽게 되었다. 그러자 책을 내고 싶은 욕심이 생겨서 약 2년 동안 번역하여 2014년 서광사에서 「고백록」을 출판하였다.

작년(2014년) 어느날 아우구스티누스의 "내가 오류를 범한다면, 나는 존재한다"와 데카르트의 "나는 생각한다. 그러므로 나는 존재한다"가 갑자기 머리에 떠올랐고 곧 이어서 스피노자의 「에티카」가 웅장하고 명료한 형태로 내 뇌리에 부각되었다. 이어 스피노자의 「지성 개선론」과 「신과 인간과 인간의 행복에 대한 짧은 논문」이 아직 한글 번역본으로 출판되지 않았다는 것이 생각나자 나는 이 두 저술들의 번역에 착수하여 밤낮을 가리지 않고 스피노자를 붙잡고 씨름하였다. 앞의 두 저술들의 번역을 서광사에 넘기고 이제 다시 스피노자의 세 번째 저술 「데카르트의 철학의 원리」를 한글로 옮겨 놓았다. 나는 「지성 개선론」, 「신과 인간과 인간의 행복에 대한 짧은 논문」 그리고 「데카르트의 철학의 원리」를 인내심을 가지고 읽은 독자는 큰 어려움 없이 스피노자의 주저 「에티카」를 이해할 수 있으리라고 믿는다.

데카르트와 아울러 스피노자의 철학에 익숙하지 않은 독자들은 옮긴이가 이 책 말미에 첨부한 '해설'을 읽으면 데카르트 철학과 아울러 스피노자의 「데카르트의 철학의 이해」를 파악하는 데 조금의 도움을 얻을 수 있으리라고 믿는다. 이 책의 번역에 사용한 라틴어 원전 그리고 참고한 독어 및 영어 번역판은 다음과 같다.

Benedicti de Spinoza Opera, Spinoza, vol. 1. Principia philosophiae, cogitata metaphysica, Ethica, Leipzig, 1843.

B. de Spinoza's Sämmtliche Werke, übers. von Berthald Auerbach, Erster Band, Stuttgart, 1871.

Spinoza Complete Works, tr. by Samuel Shirley, Cambridge, 2002.

각주 표시에 있어서 역주는 1) (역주)… 2) (역주)… 등으로 그리고 원주는 3) … 4) … 등 괄호 없이 표시하였다. 가능하면 직역하려 하였지만 뜻이 제대로 전달되지 않는 개념이나 문장은 의역할 수밖에 없었다. 이 책의 역주에 있어서 많은 부분을 앞에서 말한 영어 번역판의 역주를 인용하거나 참조했음을 밝힌다. 그러나 보다 더 정확한 개념이나 용어의 이해를 위하여 옮긴이 자신이 역주를 작성한 것도 있다.

역주에서 사용한 약자와 그것이 지시하는 저술들은 다음과 같다.

AT: Descartes, Oeuvres de Descartes, ed. Adam‑Tannery, Paris, 1996.

DM: Discours de la Methode, Descartes.

Med: Meditationes de prima philosophia, Descartes.

PPH: Principia Philosophiae, Descartes.

KV: Korte Verhandeling van God, den Mensch, en Deszelfs Wel-stand.

E: Ethica

성서 인용은 2003년 대한성서공회 발행 공동 번역 성서 개정판(가톨릭용)에서 참고하였다.

현대사회는 한마디로 인간이 느림과 여유를 상실한 사회이다. 이런 사회에서 조금이라도 느림과 여유의 보람을 찾고자 하는 사람이 있다면 스피노자와 함께 사유의 여행을 떠나는 것도 하나의 치유책이라 할 수 있을 것이다. 서광사의 김신혁 사장님, 이숙 부사장님 그리고 편집진 여러분의 관심과 배려 그리고 노력이 없었다면 스피노자의 책들이 이 나라 이 땅에서 빛을 본다는 것은 불가능했을 것이다. 스피노자를 번역하는 동안 함께 사유의 길고 험한 여행에 동참해 준 모든 분들께 감사드린다.

옮긴이 강영계

차례

철학의 원리
−기하학적 방법으로 증명된−

제1부

제2부

다른 조건들은 앞에서 말한 것과 같다면, 각각은 가지고 있는 속도를
유지하면서 양자가 반대 방향으로 역추진될 것이다. … 157

정리 27, 규칙 3. 만일 A와 B가 양에 있어서 동일하지만 B가 A보다 약간 더
빠르게 움직인다면, A는 반대 방향으로 역추진될 뿐만 아니라 B는 A
보다 1.5배 더 빠른 속도로 A로 이동할 것이며, 양자는 똑같은 속도
를 가지고 똑같은 방향으로 계속 움직일 것이다. … 158

정리 28, 규칙 4. 만일 물체 A가 완전히 정지하여 있고 B보다 약간 크다면, B
가 어떤 속도로 A를 향해서 움직이든지 결코 A를 움직이지 못할 것
이고 오히려 자신이 원래 갖고 있던 운동을 유지하면서 A에 의해서
반대 방향으로 역추진될 것이다. … 162

정리 29, 규칙 5. 만일 정지하여 있는 물체 A가 B보다 작다면, B가 A를 향해
서 제아무리 느리게 움직여도, B는 A에게 자신의 운동의 일부를 전
달하여 두 물체들이 똑같은 속도로 움직이도록 자신과 함께 A를 움
직일 것이다(「철학의 원리」의 제2부의 50항을 읽을 것). … 164

정리 30, 규칙 6. 만일 정지하여 있는 물체 A가 자신을 향해서 움직이고 있는
물체 B와 정확히 똑같다면, A는 어느 정도 B에 의해서 추진될 것이
며, B는 어느 정도 A에 의해서 반대 방향으로 역추진될 것이다. …
165

정리 31, 규칙 7. 만일 B와 A가 똑같은 방향으로 움직이고 있고, A는 B보다
더 느리게 그리고 뒤따르는 B는 A보다 더 빠르게 움직여서 결국 A
를 추월한다면, 그리고 만일 B의 속도의 초과분이 A의 크기의 초과
분보다(quam excessus magnitudinis) 더 크다면, B는 그 이후 B와
A 양자가 똑같은 속도를 가지고 똑같은 방향으로 움직일 만큼 자신
의 운동을 A에게 전달할 것이다. 그러나 만일, 다른 한편으로, A의
크기의 초과분이 B의 속도의 초과분보다 더 커야만 한다면 B는 자신

제3부

부록

형이상학적 사유

제1부

여기에서는 존재자와 그의 변용(變容), 신과 신의 속성 그리고 인간의 정신에 대한 형이상학의 일반적인 부분과 특수한 부분의 보다 더 어려운 문제들을 짧게 논의한다.

제1장 현실적 존재자, 허구적 존재자 그리고 이성적 존재자에 대해서

제2부

여기에서는 신과 신의 속성들에 대한, 그리고 인간의 정신에 대한 형이상학의 특수한 부분들에서 보통 생기는 가장 중요한 것을 짧게 해명한다.

제1장 신의 영원성에 대해서

마이어(Lodewijk Meyer)의[1] 머리말

친애하는 독자들에게

진리를 발견하고 가르치기 위한 가장 확실한 최선의 길은 수학자들이
학문 연구와 해명에서 사용하는 방법, 곧 정의(定義)와 가정과 공리로
부터 결론을 증명하는 방법이라는 것은 상식을 넘어서서 지혜를 찾고자
하는 모든 사람의 한결같은 견해이다. 그리고 그것은 실로 분명하다. 왜
냐하면 알려지지 않은 것에 대한 확실하고 견고한 모든 인식은 오직 이
미 확실하게 알려진 것으로부터만 유도되고 도출되기 때문이다. 그러므
로 이미 확실하게 알려진 것은 견고한 토대처럼 필연적으로 기초부터

---

1 (역주) 스피노자의 「데카르트의 철학의 원리」는 1663년 7월 31일 스피노자에 의해
   서 보르뷔르크(Voorburg)에서 출판되었다. 암스테르담 근처의 레인스뷔르크
   (Rijnsburg)에 거주할 당시 스피노자는 거의 전문적인 개인 교사로 학생들을 가르
   쳤다. 그의 몇 안 되는 학생들 중 한명이 케사리우스(Johannes Caesarius)였는데
   케사리우스는 19세의 라이덴 대학의 학생으로 스피노자에게 데카르트 철학을 듣고
   있었다. 스피노자는 자신의 데카르트 철학 강의를 케사리우스에게 필기하도록 했
   고 스피노자의 친구들은 그것을 출판하도록 권했다.

세워져야 하는데, 인간의 인식의 전체가 건물처럼 자체로 붕괴되거나 가장 작은 충격에 의해서 무너져 버리지 않도록 다음과 같은 기초 위에 세워져야만 한다. 정의, 가정 그리고 공리라는 명칭들처럼 수학자들에게 친근한 것들이 이와 같은 기초의 종류라는 사실을 저 고귀한 학문을 조금이라도 배운 사람은 아무도 의심할 수 없을 것이다. 왜냐하면 정의들(definitione)은 논의 중인 대상들을 표시하는 오직 용어와 명칭에 대한 가장 명백한 해명이기 때문이다. 따라서 요청(postulate)과 공리(axiomata) 또는 정신의 공통적인 개념은 명석하고도 분명한 발언들(clare atque perspicuae enuntiationes)이므로 단지 단어들 자체만이라도 옳게 이해한 사람이라면 아무도 그것들을 부정할 수 없다.

스피노자는 이미 1658년에 「지성 개선론」을 집필하다가 중단하였으며, 1661년에는 「에티카」 집필을 시작하였고 1660년에는 「신과 인간과 인간의 행복에 대한 짧은 논문」을 집필하였다. 1662년에 스피노자는 「에티카」의 제1부를 완성하였다. 「데카르트의 철학의 원리」에서 스피노자는 데카르트의 본래 의도와 데카르트 철학의 체계를 객관적으로 이해하고 소개할 뿐만 아니라 데카르트 철학에 대한 자기 자신의 고유한 사유를 제시하고 있다. 스피노자가 「데카르트의 철학의 원리」의 말미에 부록으로 첨부해서 출판한 「형이상학적 사유」는 데카르트의 '나는 생각한다. 그러므로 나는 존재한다' (Cogito, ergo sum)를 해명하며 나아가서 데카르트의 신존재 증명이 순환 논법에 빠져 있는 것을 제시한다. 스피노자는 데카르트의 철학의 원리를 소개하고 이해하고 비판함으로써 자신의 범신론적, 자연주의적 실체관을 구성하는 과정을 보여 주고 있다.

「데카르트의 철학의 원리」가 출판되자마자 같은 해 8월 3일 스피노자는 친구 마이어(Lodewijk Meyer)에게 편지를 써서 마이어가 머리말을 써서 「데카르트의 철학의 원리」를 출간할 것을 상의하였고 마이어는 같은 해 말에 스피노자의 책에 조심스레 '머리말'을 써서 출간하였다. 마이어는 1658년에 라이덴 대학의 의학부에 등록하여 나중에 의사가 되었다. 그러나 마이어는 동시에 철학도 전공하여 1660년에 라이덴 대학에서 철학박사 학위를 취득하였다. 1677년 2월 21일 스피노자가 사망하자 마이어는 친구들과 함께 스피노자의 유고 전집을 출판했으나 스피노자의 출판된 책들은 모두 정부 권력과 칼빈주의자들에 의해서 파문 대상이 되었다. 「데카르트의 철학의 원리」는 1670년에 익명으로 출판된 「신학-정치론」을 제외하면 스피노자의 생전에 출판된 유일한 책이다.

그러나 수학을 제외하면 우리는 이와 동일한 방법으로 다루어지는 다른 학문의 분과를 거의 발견하지 못할 것이다. 즉 이것과는 전적으로 다른 방법을 사용하여, 여기저기에 흩어져 있는 문제들 그리고 해명들과 함께 전체 작업이 정의들과 서로 묶여 있는 분할들에 의해서 수행된다. 왜냐하면 학문의 건립과 표현을 위해서 노력하는 거의 모든 사람들은 수학적 방법은 수학에만 고유하며, 다른 여타의 모든 학문 분과들에는 사용할 수 없는 것으로서 거부했으며 여전히 거부하고 있다. 이와 같은 판단으로 다음의 사실이 생긴다. 즉 그들은 자기들이 다루는 것을 필연적인 근거들을 가지고 증명하지 않고, 오히려 자신을 위하여 어떤 것을 소유한 그럴듯함과 개연성으로만(tantum verisimilitudinibus probabilibusque) 뒷받침하려고 하며, 견고하고 확실한 것은 아무것도 포함하지 않은 막대한 양의 엄청난 잡동사니 책들을 대중 앞에 밀어 놓는다. 오히려 모든 것은 투쟁과 분쟁으로 가득 차 있으며, 별로 중요치 않은 사소한 논증을 가지고 어떻게 해서든지 확립하고 곧 다른 사람에 의해 반박당하며 똑같은 무기에 의해서 파괴되고 버려지게 된다. 그래서 동요하지 않는 진리를 갈망하는 정신(mens)은[2] 안전하고 행복하게 항해하여 드디어 동경하던 인식(cognitio)의[3] 항구에 도달할 수 있는 자신의 사고(思考)의 고요한 호수를 발견할 수 있다고 믿지만, 폭풍우 몰아치는 속견(opinio)의[4] 바다에서 이리저리 동요하며, 사방이 논쟁의 태풍에 둘러싸이고 끊임없이 의심의 파도에 휩싸여서 그것들로부터 벗어나 높이 솟아오를 수 있다는 희망도 없는 자신을 보게 된다.

---

2 (역주) 정신(mens)은 정신의 소유자를 말한다.
3 (역주) 인식(cognitio)은 지식과 동일한 의미를 가진다.
4 (역주) 속견(opinio)은 플라톤의 속견(doxa)에 해당한다. 플라톤은 그릇된 지식들을 속견(doxa)이라고 했고 참다운 지식들을 인식(episteme)이라고 했다.

그렇지만 다르게 생각하고, 철학의 비참한 곤경에 대해서 연민의 정을 가진 사람들이 없었던 것은 아니다. 그들은 이처럼 학문들을 보편적으로 받아들이고 관습적으로 다루는 방법으로부터 거리를 두고 수학 이외에 수학적 방법과 수학적 확실성에 의해서 증명되는 철학의 다른 부분들을 후대에게 남겨 주기 위해서 난점들로 가득 찬 새로운 그리고 실로 험난한 길로 들어섰다. 이들 중 어떤 이들은 여기에서 이미 받아들여진 그리고 학교에서 보통 가르치는 길을 따랐고, 또 어떤 이들은 철학을 자신이 발견한 새로운 길을 따라 학문 세계에 제시하였다. 비록 오랜 기간 동안 이와 같은 과제를 떠맡은 많은 사람이 아무런 성공도 이루지 못했지만, 마침내 우리 시대의 가장 찬란하고 밝은 빛 데카르트(iubar Renatus Des Cartes)가 솟아올랐다. 그는 고대인들이 접근할 수 없었던 것을, 게다가 그와 동시대인들이 소유하지 못했던 것을 새로운 방법에 의해서 어둠에서 밝음으로(e tenebris in lucen) 가져와 흔들리지 않는 철학의 기초(philosophiae fundamenta inconcussa)를 세웠다. 그 기초 위에는, 그가 효과적으로 증명한, 그리고 그의 저술들에 대해서 조심스럽게 주의를 기울인 모든 사람에게 한낮의 태양보다 더 밝게 나타난, 수많은 진리들이 수학적 질서와 확실성을 가지고(ordine ac certitudine mathematica) 세워질 수 있었다. 그의 저술들은 아무리 칭찬해도 충분치 못하다.

비록 가장 고귀하고 비교할 수 없는 이 남자의 철학 저술들이 수학적 증명 근거와 질서를 포함한다고 할지라도, 그 저술들은 유클리드의 원리에서(in elementis Euclideis) 그리고 다른 기하학적 저술들에서 보통 사용된 방식으로 구성되지 않았다. 이것들 안에서는 정의들과 가정들[5]

---

5 (역주) 가정(postulatum)은 요청, 요구, 가설 등의 의미도 가진다.

그리고 공리들이 먼저 제시되고 정리들과 정리들에 대한 증명들이 뒤따른다. 그러나 데카르트의 저술에서는 이와는 매우 다른 방법을 사용했는데 그는 그것을 참다운 최선의 교육 방법이며 분석적 방법(analytica via)이라고 불렀다. 왜냐하면 그는 자신의 '두 번째 반대에 대한 답변'의[6] 말미에서 이중적인 결정적 증명을 인정하기 때문이다. 하나는 분석에 의한 증명이며 "이것은 사물을 방법적으로 그리고 선천적으로(a priori) 발견한다." 다른 것은 종합에 의한 증명이며 "이것은 길게 연속된 정의들, 가정들, 공리들, 원리들 그리고 문제들을 사용함으로써 만일 결론들 중 어떤 것이 부인될 경우, 이 부인된 것은 선행하는 것에 포함되어 있으므로, 아무리 독자가 꺼려하고 완고할지라도, 찬성할 수밖에 없다는 것을 보여 줄 수 있다."

그렇지만 비록 두 가지 종류의 증명이 어떤 의심하는 모험도 뛰어넘는다고 할지라도 누구나 그것들을 똑같이 유용하고 편리한 것으로 발견하는 것은 아니다. 수학적 학문들에 전혀 정통하지 못해서 학문들을 표현하는 종합적 방법과 그러한 학문들을 발견하는 분석적 방법을 전혀 알지 못하는 많은 사람들에게는, 이 책들에서 논의되고 논리적으로 증명된 것들을 이해할 능력도 없고 남들에게 해명할 수도 없었다. 그래서 결국 맹목적인 충동에 의해서 끌려오거나 아니면 타인들의 권위의 영향을 받아서 데카르트의 추종자가 되는 많은 사람은 데카르트의 명제들과 이론들을 단지 기억할 뿐이었다.[7] 이 주제로 대화할 경우 그들은 소요학파 철학(Peripateticae philosophia)의[8] 추종자들이 오늘날까

6 (역주) AT 7, 155~156을 참조할 것.
7 (역주) 소위 데카르트의 추종자가 된 데카르트주의자들은 데카르트 철학에 대한 비판은 전혀 없이 데카르트의 사상을 오로지 반복해서 읽고 암기하며 선전하고 있었다는 사실을 마이어가 지적하고 있다.
8 (역주) 플라톤은 아카데메이아(Akademeia)라는 고정된 장소에서 제자들을 가르

지 해 오고 있는 것처럼 어떤 증명도 제공하지 않고 단지 수다 떨고 지껄일 뿐이다. 그래서 나는 그들에게 도움을 주기 위해서 분석적인 방법과 종합적 방법에 정통하며 데카르트의 저술들과 그의 철학을 잘 알고 있는 사람이 데카르트가 분석적 방법으로 저술한 것을 기하학자들에게 친밀한 방법으로 증명하면서 종합적인 방법으로 수정하기를 나는 원한다. 비록 이 일에 대해 내가 능력이 없고 맞지 않는다는 것을 충분히 의식하고 있었지만 나는 내가 그것을 떠맡는 것을 자주 생각하였으며 시작하기까지 하였다. 그러나 자주 내 주의를 빼앗는 다른 일들로 인해 그것을 완성하지 못하였다.

그러므로 나는 우리의 저자 스피노자로부터 다음과 같은 사실을 듣고 매우 기뻤다. 즉 그는 자기 제자에게[9] 데카르트의 철학을 가르치면서, 「철학의 원리」 제2부 전체와 저 기하학적 방식으로 증명된 제3부의 일부를, 그리고 데카르트가 형이상학에서 해결하지 못하고 남긴 주요하고 가장 어려운 문제들도 그 제자에게 기록하게 했다는 것이다. 그리고 그는 친구들의 간절한 부탁과 소원에 따라서 이것들을 수정하고 상술하여 단행본으로 출판하는 것을 허락했다는 것이다. 나 역시 만일 필요하다면 이 책이 출간되도록 흔쾌히 도와줄 것을 제안하면서 그 계획

첬지만, 아리스토텔레스는 제자들과 함께 소요하면서 제자들을 가르쳤기 때문에 산책 내지 소요(Peripatos)로부터 소요하는 자(Peripatetikos), 곧 소요철학자가 나왔고, 이후 아리스토텔레스 철학의 추종자들을 일컬어서 소요학파의 철학자들이라고 부른다.

9 (역주) 스피노자의 「데카르트의 철학의 원리」를 스피노자의 강의를 들으면서 기록한 것은 당시 라이덴 대학 학생 케사리우스(Johannes Caesarius)였다. 스피노자의 이 저술은 원래 데카르트의 「철학의 원리」의 제2부 전체와 제3부의 시작 부분을 소개하고 해설하며 스피노자 자신의 비판적 견해를 표현하는 내용이었다. 그러나 스피노자는 친구들의 요청에 의해서, 특히 친구 마이어의 부탁으로 「철학의 원리」의 제1부도 소개하였다. 스피노자의 「데카르트의 철학의 원리」는 스피노자의 생전에 스피노자의 이름으로 출간된 유일한 저서이다.

을 권했다. 게다가 나는 「철학의 원리」의 제1부를 나머지 부분들보다 앞에 넣도록 요청했고 그렇게 배열된 저서가 더 잘 이해되고 더 큰 만족을 가져다 줄 수 있을 것이라고 제안했다. 그는 이 제안이 얼마나 합리적인지를 알자 친구들의 부탁을 거절할 수 없었고 또한 독자에게도 이익이 된다는 점에서 거절할 수 없었다. 그는 도시에서 떨어진 시골에 살고 이 저서에 모든 주의를 기울일 수 없기 때문에 인쇄하고 출판하는 일 모두를 나에게 맡겼다.

그러므로 친애하는 독자여, 이 작은 책의 내용은 즉 데카르트의 「철학의 원리」(Principia Philosophiae)의 제3부의 단편과 함께 제1부와 제2부와 저자의 「형이상학적 사유」(Cogitata Metaphysica)를 부록으로 첨부하고 있다. 그러나 책 제목이 이미 말하는 것처럼 「철학의 원리」의 제1부에서 데카르트가 말하는 모든 것들이 여기에서도 기하학적 방식으로 증명되는 것처럼 이해하면 안 된다. 제목은 단지 핵심적인 내용들로부터 취해지며, 데카르트가 그의 「성찰」에서 다룬 주요 형이상학적 주제들은 「철학의 원리」에서 취한 것이다(논리학에 관심을 가지고 오직 역사적 방법에만 연관되며 재검토된 모든 다른 문제들은 생략했다). 이것을 더 효과적으로 행하기 위해서 저자는 한마디 한마디 거의 전체 구절을 데카르트가 기하학적 방식으로 배열한 '두 번째 세트의 반대에 대한 답'의[10] 말미로 자리를 바꾸어 놓았다. 저자는 우선 데카르트의 정의들을 상세하게 서술하며 자신의 정리들 가운데 데카르트의 정리들을 삽입하지만, 정의(定義)들 다음에 직접 공리들이 뒤따르게 하지는 않는다. 저자는 공리들을 증명하는 것을 쉽게 하기 위해서 공리들의 순서를 바꾸고 자신이 요구하지 않는 공리들을 생략하였으며 오직

---

10   (역주) AT 7, 160~170을 참조할 것.

정리 4 다음에만 공리들을 서술하였다.

비록 우리의 저자 스피노자가 이 공리들은 (데카르트 자신이 가정 7에서 말하는 것처럼) 일반 원리로서 증명될 수 있으며 정리들로서 간결하게 분류될 수 있다는 것을 잘 알고 또 우리가 그에게 이렇게 하기를 청했지만 그는 훨씬 더 중요한 일로 바빴으며 이 작업을 완수하기 위해서 단지 두 주일 간의 여유밖에 없었다. 그래서 그는 자신의 소원과 우리가 원하는 것을 만족시킬 수 없었다. 저자는 이번에는 서둘러서 만들지만 다음에 나올 새 판에서는 완전하고 더 자세하게 증명할 것을 약속하면서 어떻든 증명으로서 기여할 수 있는 짤막한 설명을 덧붙였다. 우리는 이것을 늘리기 위해서 제3부 "가시적 세계에 대해서: de mundo adspectabili"(저자가 이 곳에서 강의를 끝냈고, 그 내용이 아무리 적을지라도 우리는 그것을 독자들에게 알리려고 지금은 이 강의 중에서 단편만 제공한다) 전체를 저자가 완성하기를 설득하려고 애쓸 것이다. 이것이 적절히 수행되기 위해서는 액체의 본성과 성질에 대한 어떤 정리들이 제2부의 여러 곳에 삽입될 필요가 있을 것이며, 나는 저자가 적절한 시기에 그렇게 하도록 최선을 다해서 설득할 것이다.

우리의 저자는 공리들의 제시와 설명뿐만 아니라 정리들 자체와 다른 결론들을 증명하는 데에도 데카르트와 거리를 두었으며, 그는 데카르트의 논리적 증명과는 매우 다른 논리적 증명을 사용한다. 어느 누구도 이러한 사실을, 저자가 이 문제들에 있어서 저명한 데카르트를 고치려는 의도를 가진 것으로 이해하지 않을 것이고, 오히려 저자의 유일한 목적은 이미 자신이 세운 질서를 더 잘 유지하며 부당하게 공리들의 수를 늘리는 것을 피할 수 있게 하는 것이다. 똑같은 이유에서 저자는 또한 데카르트가 증명 없이 제시한 많은 것들을 증명해야만 했으며, 데카르트가 생략한 다른 것들을 첨부해야만 했다.

그렇지만 나는 특히 다음의 사실을 주의하고 싶다. 즉 이 모든 저술들에서, 곧 「철학의 원리」의 제1부와 2부 그리고 3부의 단편에서, 또한 「형이상학적 사유」에서 저자가 데카르트의 저술들에서 발견되는 그대로 데카르트의 견해들과 그 견해들에 대한 증명들을, 또는 데카르트가 세워 놓은 기초로부터 확실히 도출되어야 하는 그것들을 단순하게 제시했으면 한다. 왜냐하면 저자가 자기 학생에게 데카르트의 철학을 가르쳐 주기로 약속하고 데카르트의 견해를 조금도 벗어나지 않는 것을 그리고 데카르트의 이론에 일치하지 않거나 또는 반대되는 어떤 것도 기술하지 않게 하는 것이 그의 성스러운 의무였기 때문이다. 그러므로 어떤 사람도 저자가 여기에서 자기 자신의 견해들을 아니면 오로지 그가 입증하는 것들만을 가르친다고 판단해서는 안 된다. 왜냐하면, 데카르트의 이론들 중에서 저자는 어떤 이론들을 참다웁다고 주장하며 어떤 이론들을 그 자신의 첨가물이라고 인정할지라도, 그가 매우 다른 의견을 주장하면서 그릇된 것으로 반대하는 많은 이론들이 있기 때문이다.[11]

이러한 종류의 것으로, 많은 것들 중에서 하나를 가려내자면, 비록 그 언명들을 애써서 매우 세심하게 증명한 것으로 보이지만 「철학의 원리」의 제1부 정리 15에 대한 주석과 부록의 제2부 제12장의 언명들이 있다. 왜냐하면 저자는 의지(voluntas)가 지성(intellectus)과 다르지 않다고 여기며 또한 의지가 지성과 같은 종류의 자유(libertas)를 전혀 가지고 있지 않다고 여기기 때문이다. 「방법론」의 제4부와 「성찰」 2에서(ex dissertatione de methodo parte IV et meditatione 2) 그리고

---

11 (역주) 마이어는 데카르트와 스피노자의 세 가지 중요한 차이를 제시하는데 그것들은 인간 영혼(정신)의 실체성, 의지와 지성의 구분, 판단을 유보하거나 중지할 수 있는 자유이다. 데카르트는 이 세 가지를 다 인정한다. 그러나 스피노자는 인간 정신은 실체가 아니고 의지와 지성은 구분되지 않으며 판단을 중지할 수 있는 자유의지란 존재하지 않는다고 본다.

다른 구절들에서 명백히 드러나는 것처럼 데카르트는 인간의 정신
(mens humana)은 절대적으로 사유하는 실체(substantia cogitans)라
고 단순히 추정만 할 뿐이고 증명하지는 않는다. 이에 반해서 비록 저
자가 자연 안에는 사유하는 실체가 존재한다는 것을 인정한다고 할지
라도, 그는 이것이 인간 정신의 본질(essentia mentis humanae)을 형
성한다는 것은 부정한다.¹² 그러나 그는 마치 연장(延長, extensio)이 제
한되어 있지 않은 것처럼 사유(cogitatio)도 전혀 제한되어 있지 않다고
주장한다. 그러므로 마치 인간의 신체가 절대적인 연장이 아니고 운동
과 정지에 의해서 연장된 자연법칙에 따라서 특별한 방법으로 결정된
연장인 것처럼 인간의 정신 내지 영혼(mens sive anima humana)도 절
대적인 사유가 아니고 관념들에 의해서 사유하는 자연법칙에 따라서
특별한 방법으로 결정된 사유이므로 사람들은 인간의 신체가 존재하기
시작할 때 정신도 필연적으로 존재하게 된다고 결론 내린다. 저자는 이
러한 정의로부터 의지가 지성과 다르지 않다는 것을, 그리고 또한 의지
는 데카르트가 의지에 부여한 그러한 자유를 가지고 있지 않다는 것을
증명하는 일이 어렵지 않다고 생각한다.¹³ 실로 그는 다음처럼 주장한
다. 즉 긍정하고 부정하는 능력은 허구(fictitia)이고, 긍정하는 것과 부
정하는 것은 관념들일 뿐이며, 지성(intellectus), 욕망(cupiditas) 등과
같은 다른 능력들은 허구로 헤아려져야 하거나 또는 적어도 인간성
(humanitas), 돌멩이의 본성(lapideitas) 그리고 그러한 종류의 다른
것들처럼 사람들이 추상적 방법으로 사물들을 생각해서 형성한 개념들

---

12 (역주) E2P11을 참조할 것.
13 (역주) 스피노자는 데카르트의 「철학의 원리」를 충실하게 소개하고 해설하면서도
   데카르트와 다른 자신의 입장을 분명히 제시하고 있다. 의지와 지성은 차이가 없
   다든가 의지는 자유가 없다는 주장은 데카르트와 근본적으로 다른 스피노자의 입
   장이다. E2P48, E2P49, 보충과 주석을 참조할 것.

중 하나로 여기지 않으면 안 되는 것이다.

또한 몇 군데서 "이것이나 저것은 인간의 이해력을 뛰어넘는다"(hoc aut illud captum humanum superare)라는 구절을 발견할 때, 그것을 오로지 데카르트가 말한 뜻대로만 받아들여져야 한다는 것을 언급해야만 한다. 이것이 저자의 고유한 견해로 간주되어서는 안 된다. 저자는 그러한 모든 것들과 더 숭고하고 난해하기까지 한 다른 많은 것들을 우리는 명석판명하게(clare et distincte) 파악할 수 있을 뿐만 아니라, 만일 인간의 지성이 사물들에 대한 진리와 인식을 탐구하기 위해서 데카르트가 개방하고 고양시킨 길과 다른 길을 따라서 인도받을 수 있다면, 우리들은 또한 그 많은 것을 매우 만족스럽게 해명할 수 있을 것이라고 주장한다. 그래서 저자는, 데카르트가 세운 학문들의 기초와 그 기초 위에 건립한 상부구조는 형이상학에서 생기는 가장 난해한 모든 문제들을 해명하고 해결하기에 충분치 못하다고 주장한다. 만일 우리가 우리의 지성을 의식의 저 절정으로 드높이고자 애쓴다면 다른 기초들이 요구된다.

마지막으로 (머리말을 끝맺음하기 위해서) 우리는 여기에서 다루어진 모든 것은 진리를 탐구하고 확대시키기 위해서 그리고 사람들을 참답고 순수한 철학의 연구로 향하도록 권고하는 목적을 위해서만 출판된다는 것을 독자들은 명심하기를 바란다. 그래서 모든 사람이, 우리가 그들을 위해서 진지하게 바라는 만큼 풍부한 이익을 거둬들일 수 있도록 독서를 시작하기에 앞서, 그들에게 진심으로 청하는 것은 빠진 구절들을 제자리에 삽입하고 사이사이에 끼어든 오자(誤字)를 조심스럽게 수정하는 것이다. 왜냐하면, 누구나 잘 고찰하면 쉽사리 발견하게 되는 것처럼 약간의 인쇄상의 오자들이 있어서 그것들은 증명의 힘과 저자의 정신을 옳게 파악하는 것을 방해할 수도 있을 것이기 때문이다.

철학의 원리

− 기하학적 방법으로 증명된 −

제1부

서론

⚜

정리들과 정리들의 증명으로(ad ipsas propositiones earumque demonstrationes) 들어가기 이전에, 데카르트는 왜 모든 것을 의심했는지, 어떤 방법으로 학문들의 견고한 토대들을 탐구했는지[1] 그리고 마지막으로 어떤 수단으로 모든 의심스러운 것들로부터 자신이 해방되었는지를[2] 미리 보여 주는 것이 적절하다고 여겨진다. 만일 우리가, 그림의 경우와 마찬가지로 이러한 표현에서 나타나는 장황함이 한번 보아서 알아야만 하는 모든 것을 알맞게 이해하는 데 방해된다고 여기지 않았다면, 우리는 이 모든 것을 수학적 순서로(in ordinem mathematicum) 정리했을 것이다.

그러므로 데카르트는 사물들의 탐구에서(in rerum investigatione) 가장 조심스럽게 진행하기 위해서 다음 네 가지의 것에 힘을 기울였다.

---

1 (역주) "어떤 방법으로 학문들의 견고한 토대들을 탐구했는지"(qua via solida scientiarum fundamenta eruerit)에서 eruo는 탐구하다, 파헤치다, 뒤짚다, 제거하다 등의 뜻을 가진다. 여기서는 eruo를 탐구하다로 옮겼다.

2 (역주) PPH., 제1부 '인간 인식의 원리들에 대해서'를 참조할 것.

1. 모든 편견들(omnia praeiudicia)을[3] 버린다.
2. 모든 것을 세워 놓을 기초들(fundamenta)을 찾는다.
3. 오류의 원인(causa erroris)을 밝힌다.
4. 모든 것을 명석판명하게(clare et distincte) 인식한다.[4]

데카르트는 첫 번째, 두 번째 그리고 세 번째를 얻기 위해 모든 것을
의심하기 시작했으며, 그러나 의심하는 것만을 목적으로 삼는 회의론
자(scepticus)와는 달리 모든 편견으로부터 정신(animus)을 해방시켜
서, (만일 학문들의 견고하고 동요할 수 없는 기초들이 있었다면 그 기
초들은 데카르트를 피할 수 없었을 것이다.) 학문들의 견고하고 동요
할 수 없는 기초들을 발견하려고 했다. 왜냐하면 학문들의 참다운 원리
들(vera scientiarum principia)은 명백하고 확실해야만 하고, 따라서
아무런 증명도 필요로 하지 않고 모든 의심의 위협 밖에 놓여 있어서
그 원리들 없이는 아무것도 증명될 수 없는 것이기 때문이다. 그리고
오랜 의심의 기간이 지난 후 그는 이 원리들을 발견하였다.[5] 그러나 이
원리들을 발견한 다음에는 진리를 허위로부터 구분하고 오류의 원인

---

3 (역주) 편견(praeiudicium)은 선입견을 말한다. 영국 경험론의 선두주자 베이컨
   (1561~1626)은 데카르트보다 조금 앞서서 객관적 세계 고찰을 위해서 모든 편견
   을 버릴 것을 주장하였다. 그가 말하는 편견들은 구체적으로 네 가지인데 그것들은
   종족의 우상(idola tribus), 동굴의 우상(idola specus), 시장의 우상(idola fori), 극
   장의 우상(idola theatri)이다.
4 (역주) '모든 것을 명석판명하게 인식한다'(Omnia clare et distincte intelligere)
   에서 '명석판명하게'는 데카르트는 물론이고 스피노자와 라이프니츠에게 있어서
   도 인식의 목적이다. '명석판명하게'는 '한치의 의심도 없이'의 뜻이다. '인식한
   다'(intelligere)는 이해한다, 지성으로 파악한다 등의 의미를 가진다.
5 (역주) 데카르트는 41세 나던 1637년에 「방법론」을 출판하였다. 데카르트는 「방법
   론」 초반부에서 자신이 약 10년 동안 독서와 여러 곳의 여행, 많은 지식인들과의
   교제 등을 거치면서 모든 것들을 의심하고 명석판명한 관념(idea clara et distinc-
   ta), 곧 학문들의 기초를 발견하려고 애썼다는 것을 기술하고 있다.

(causa erroris)을 밝혀내며, 그릇되고 의심스러운 것을 참답고 확실한
것으로 주장하지 않도록 주의하는 일이 그에게는 어렵지 않았다.

그러나 네 번째의 마지막 것을 마련하기 위한, 곧 모든 것을 명석판
명(明晳判明)하게 인식하기 위한 그의 주요 규칙들은 다른 모든 관념들
을 구성하는 모든 단순 관념들(omnes simples ideas)을 열거하고 하나
씩 따로 다 검토하는 것이었다. 왜냐하면, 그가 단순 관념들을 명석판
명하게 지각할 수 있다면 그는 이 단순 관념들로 구성된 여타의 모든
관념들도 의심의 여지없이 똑같이 명석판명하게 인식할 수 있기 때문
이다. 이렇게 우리가 의도하는 윤곽을 그리면서 그가 어떻게 모든 것을
의심 속으로 불러왔는지, 참다운 학문들의 원리들을 발견했는지 또 어
떻게 그 자신이 의심의 난관들로부터(ex dubitationum difficultatibus)
해방되었는지 짤막하게 설명해 보기로 하자.

1. 모든 것에 대한 의심

그러므로 그는 첫 번째로 감각에 의해 받아들인 모든 것, 곧 하늘과 땅
과 이와 비슷한 것들과 자신의 신체까지도 눈앞에 떠올렸다. 그는 지금
까지 이 모든 것이 자연계 안에 존재한다고 믿었다. 그런데 그는 이것
들의 확실성에 대해서 의심하였다. 왜냐하면 그는 감각이 가끔씩 자신
을 기만했다는 것을 발견했으며, 꿈속에서(in somnis)[6] 그는 자기 자신
의 외부에 많은 것들이 참답게 현존한다(multa extra se vere existere)
고[7] 자주 확신했다가 나중에 가서야 자신이 속은 것을 발견했기 때문이

---

6 (역주) somnus는 잠, 꿈 등의 의미하는데 여기서는 꿈으로 옮겼다.
7 (역주) 데카르트나 스피노자는 현대의 실존주의 철학과는 거리가 있고 그들이 사
    용하는 존재하다(existere)는 전통적인 형이상학 개념이기 때문에 역자는 그것을

다. 그리고 마지막으로 그는, 어떤 사람들이 깨어있으면서도 오래 전에 그들이 상실한 사지(四肢)에서 고통을 느낀다고 주장하는 것을 들었기 때문이다.[8] 그래서 그는 자신의 신체의 존재에 대해서도(etiam de sui corporis existentia) 근거 없지 않게[9] 의심할 수 있었다. 그러므로 그는 이 모든 것으로부터 다음처럼 참답게 결론을 내릴 수 있었다. 즉 감각 (sensus)은 그 위에, 모든 학문들이 세워질 수 있는 가장 확실한 기초가 아니고(왜냐하면 감각은 의심될 수 있기 때문에),[10] 확실성은 우리들이 훨씬 더 확신할 수 있는 다른 원리들에 의존하는 것이다. 그런데 이와 같은 원리를 계속 탐구하기 위해서 그는 두 번째로 사물의 연장 (延長, extensio), 사물의 형태(figure), 양(量, quantitas) 등처럼 물체의 본성에 공통으로 속하는 모든 보편적인 것들(omnia universalia)과 모든 수학적 진리들도 고찰하게 되었다.[11] 비록 이것들이 자신의 감각으로부터 얻는 어떤 것보다 더 확실한 것 같았지만 그는 이것들도 의심할 근거(ratio de iis dubitandi)를 발견하였다.[12] 왜냐하면 다른 사람들도 이것들에 대해서 오류를 범했으며, 특히 그의 정신에는 모든 것을 행할 수 있는 신이 있으며(Deum esse), 그는 존재했던 그대로 신에 의해 창조되고 그리하여 자기에게 가장 명백한 것들에 대해서까지도 신

존재하다 또는 현존하다로 옮겼다.

8 (역주) 처음의 두 가지 논의들에 대해서는 Med 1, 13-5(AT 7, 18-20)과 PPH 1A4를 참조할 것. 세 번째 논의에 대해서는 Med 6, 50(AT 7, 76-77)을 참조할 것.

9 (역주) '근거 없지 않게' (non sine ratione)는 원문을 직역한 것이다. '이미 앞에서 말한 그러한 충분한 근거를 가지고'의 의미이다.

10 (역주) 괄호 안의 원문은 '왜냐하면 모든 학문들은 의심될 수 있으므로' (possunt enim in dubium revocari)이지만, 이 문장의 의미가 제대로 표현되기 위해서는 '모든 학문들'이 아니라 '감각'으로 옮겨야 한다. '할 수 있다' (possum)는 동사가 잘못 사용되었다.

11 (역주) '고찰하게 되었다'는 '눈앞에 놓았다' (ob oculos ponit)를 의역한 것이다.

12 (역주) 다음을 참조할 것. Med 1, 15(AT 7, 20)

은 아마도 자기를 속도록 만들었을지 모른다고 하는 오래된 견해(vetus opinio)가 깊이 뿌리박혀 있었기 때문이다.[13] 그리하여 그는 이런 방식에 의해서 모든 것을 의심 속에서 되물었다.

2. 모든 학문의 기초의 발견

그러나 학문들의 참다운 원리들(vera scientiarum principia)을 발견하기 위해서 그는 자신의 사고(cogitatio) 범위 내에 들어올 수 있는 모든 것을 자기가 의심하게 되었는지 계속 탐구했으며, 그리하여 그는 아직 자신이 의심하지 않은 어떤 것이 여전히 남아 있지 않은지를 해명하려고 했다. 그는 그렇게 의심하면서 만일 자신이 앞에서의 근거들에 의해서 그리고 어떤 다른 근거에 의해서도 의심할 수 없는 어떤 것을 발견한다면, 그는 그것이 그 위에 자신의 모든 인식을[14] 세울 수 있는 기초로서 설립되지 않으면 안 된다고 정당하게 판단하였다.[15] 그는 겉으로 보기에는 이미 모든 것들에 대해서 의심했을지라도(왜냐하면 그는 감각을 통해서 받아들인 것뿐만 아니라 오직 지성으로 지각한 것들에 대해서도 똑같이 의심했기 때문에) 여전히 해명하여야만 할 어떤 것, 곧 그 자신(ille ipse)이 그에게 남아 있었다. 그 자신은, 그가 머리, 손 그리고 여타의 신체 부분들로 구성되어 있는 것 뿐만 아니라 (그는 이것들을 의심했기 때문에) 그가 의심하고 생각하고 등등까지도 의심하였다. 그는 이것을 엄밀하게 검토하면서 앞에서 말한 근거들 중 어떤 근거에 의해서도 이것을 의심할 수 없다는 것을 알았다. 왜냐하면 자면서

---

13 (역주) Med 1, 15-16(AT 7, 21-22)을 참조할 것.
14 (역주) 인식(cognitio)은 문맥에 따라서 인식 또는 지식으로 옮겼다.
15 (역주) Med 2, 17(AT 7, 24)을 참조할 것.

생각하든 아니면 깨어서 생각하든 그는 생각하고 또한 존재하기 때문이다.[16] 그리고 비록 다른 사람들과 그 자신까지도 다른 문제들에 대해서 오류를 범했지만, 그들은 오류를 범했기 때문에 존재하였다(quonuam errabant, erant). 그는 자신의 본성을 만든 자(suae naturae auctor)가 이러한 것에 대해서 자신을 속일 만큼 교활하다고 상상할 수 없었다. 왜냐하면 속고 있다고 가정되는 동안에는 그 자신이 존재한다(ipsum existere)는 사실을 인정하지 않으면 안 되기 때문이다. 마지막으로 그는 어떤 다른 의심의 원인도 생각해 낼 수 없었으며 동시에 자신의 존재에 대해서 그로 하여금 가장 확실하게 생각하도록 하는 이유를 제시할 수도 없었다. 물론 수많은 의심의 근거들이 제시될수록 자신의 존재에 대해서 그를 확신시키는 수많은 논의들이 동시에 제시되었다. 그러므로 의심하기 위해서 그가 어떤 방향으로 향하든지 간에 다음과 같은 말들을 외치지 않을 수 없었다. 나는 의심한다. 나는 생각한다. 그러므로 나는 존재한다(dubito, cogito, ergo sum).[17]

그리하여 그는 진리를 발견함과 동시에 모든 학문들의 기초도 발견하였으며 모든 진리의 척도와 규칙도 발견하였다: 즉 이것처럼 명석판명하게 지각되는 것은 무엇이든지 참답다.[18]

앞에서 말한 것으로부터 이것 이외에는 학문들을 위한 어떤 다른 기초도 있을 수 없다는 것이 너무나도 명백하다. 왜냐하면 다른 모든 것은 우리가 매우 쉽게 의심 속으로 되불러 올 수 있지만 이것은 그럴 수

---

16 (역주) Med 2, 17-18(AT 7, 24-25) 참조.

17 (역주) 데카르트는 Ego cogito(나는 생각한다)를 「방법론」과 「성찰」 모두에서 상세히 논의하고 있다. Med 2, 18(AT 7, 25), DM 4(AT 6, 32-33) 참조.

18 (역주) 이 명제의 원문은 다음과 같다. Quicquid tam clare ac distincte percipitur quam istud verum est. 데카르트나 스피노자는 지각하다(percipio)와 인식하다(cognosco)를 별 차이 없이 '인식하다'의 의미로 사용하고 있다.

없기 때문이다. 그렇지만 이와 같은 기초에 대해서 "나는 의심한다. 나
는 생각한다. 그러므로 나는 존재한다"라는 언명이 대전제(maior
propositio)가 생략된 삼단논법(syllogismus)이 아니라는 것을 특히 주
의하여야 할 것이다. 왜냐하면 만일 그것이 삼단논법이라면 전제들은
"그러므로 나는 존재한다"는 결론보다 더 명백하게 그리고 더 잘 알려
져야만 할 것이고, 그리하여 "나는 존재한다"는 모든 인식의 첫 번째
기초가 아닐 것이기 때문이다. 더 나아가서 이것은 확실한 결론이 아닐
것이다. 왜냐하면 이것의 진리는 저자가[19] 이미 의심 속으로 되불러 온
보편적 전제들에 의존할 것이기 때문이다. 그러므로 "나는 생각한다.
그러므로 나는 존재한다"(cogito, ergo sum)는 단일한 명제(unica
propositio)이며 이것은 "나는 생각하면서 존재한다"(ego sum cogi-
tans)와 동등하다.

더 나아가서 다음에 따라 나오는 것에서 혼란을 피하기 위해서 (왜
냐하면 사물들을 명석판명하게 지각하지 않으면 안 되기 때문에) 우리
는 우리가 무엇인지(quid simus) 알지 않으면 안 된다. 왜냐하면, 이것
을 명석판명하게 인식할 경우 우리는 우리의 본질을 다른 것과 혼동하
지 않을 것이기 때문이다. 그러므로 우리의 저자는[20] 앞에서 말한 것들
로부터 이것을 이끌어 내기 위해서 계속해서 다음처럼 진행한다.

그는 오래 전에 자기 자신에 대해 가졌던 모든 생각들을 기억 속에
떠올렸다. 즉 자신의 영혼(anima sua)은 바람이나 불이나 에테르처럼[21]
신체의 보다 더 촘촘하게 농축된 부분들에 주입된 희박한 어떤 것이다.

---

19 (역주) 데카르트를 가리킨다.
20 (역주) 데카르트를 말한다.
21 (역주) 에테르(aether)는 그리스어 aither에 해당하며 그 뜻은 대기 상층에 있는
    순수하고 빛나는 공기, 신들의 거처, 빛 등 여러 가지가 있다. 현대 물리학은 에테
    르의 존재를 부정한다.

또한 그의 신체는 영혼보다 그에게 더 잘 알려져 있는 것이다. 또한 신
체는 영혼보다 그에게 더 명석하고 판명하게 지각되는 것이다.[22] 그리
고 그는 이 모든 것이 지금까지 자신이 이해한 것들과 분명히 일치하지
않는다는 것을 발견하였다. 왜냐하면 그는 자신이 생각하는 한에서 자
신의 신체에 대해서 의심할 수 있었지만 자신의 본질(essentia)에 대해
서는 의심할 수 없었기 때문이다. 더 나아가서 그는 이것들은 명석하게
도 또 판명하게도 지각하지 못하였고, 그래서 그는 자신의 방법의 지시
에 따라서(ex suae methodi praescripto) 그것들을 거짓된 것으로서 거
절하여야만 했다. 그러므로 그가 지금까지 자기 자신이 아는 한에 있어
서 그것들이 자신에게 속하는지를 알 수 없었으므로 그는 계속해서 무
엇이 원래 자신의 본질에 속하는지, 무엇을 의심할 수 없는지, 무엇으
로부터 자신의 존재(existentia)를[23] 추론하지 않으면 안 되는지를 탐구
하였다.[24] 그런데 이러한 것들에는 다음과 같은 것들이 있다. 즉 그는 속
지 않으려고 스스로 조심하였으며, 많은 것들을 이해하기를 욕망하였
고, 이해할 수 없는 모든 것을 의심하였고, 지금까지 오직 하나만 인정
했고 나머지 모든 것은 부정하고 거짓된 것으로 거절했으며, 많은 것을
또한 의지에 어긋나는 것으로 상상하였으며, 그리고 마지막으로 그는
많은 것이 자신의 감각에서 나오는 것으로 알았던 것이다. 그리고 그는
이것들 각각으로부터 똑같은 명증성을 가지고 자신의 존재를 추리할 수
있었고, 이것들 중 어떤 것도 자신이 의심 속으로 되불러 온 것에서 찾
을 수 없었기 때문에, 그리고 마지막으로 이 모든 것들은 똑같은 속성

22 (역주) Med 2, 18(AT 7, 25-26)을 참조할 것.
23 (역주) 존재(existentia)는 인간이나 사물의 현재 존재를 의미한다. 데카르트의 존
재는 실존주의적 실존의 의미가 없다.
24 (역주) concludo는 결론 내리다, 추론하다 등의 의미를 가지고 있고, 여기에서는
추론하다로 옮겼다.

아래에서(sub eodem attributo)[25] 파악될 수 있기 때문에 이 모든 것은 참다우며 자신의 본성에(ad eius naturam) 속한다는 결론을 내렸다. 그리하여 그가 '나는 생각한다'(cogito)라고 말할 경우 그는 생각하는 모든 양태들(cogitandi modi), 곧 '의심하다, 이해하다, 긍정하다, 부정하다, 원하다, 원하지 않다, 상상하다, 감각하다'(dubitare, intelligere, affirmare, negare, velle, nolle, imaginari et sentire)를[26] 이해하였다.

그러나 여기에서는 나중에 신체로부터 정신을 구분할 경우 중요하게 사용될 다음과 같은 것들에 주목하여야만 한다. 1. 이 생각의 양태들 (hos cogitandi modos)은 여전히 의심되는 여타의 것들을 떠나서 명석판명하게 이해된다. 2. 그것들에 대해서 우리가 가지고 있는 명석판명한 개념은,[27] 만일 그것들을 우리가 여전히 의심하는 것들과 섞을 경우 모호하고 혼란스럽게 될 것이다.

3. 모든 의심으로부터의 해방

마지막으로 그는 자신이 다시 의심하게 된 것들에 대한 확실성을 얻기 위해서 그리고 모든 의심을 제거하기 위해서 가장 완전한 존재자의 본성(natura entis perfectissimi)과 그런 것이 존재하는지를 계속해서 탐구한다. 왜냐하면, 가장 완전한 존재자가 존재하여 그 존재자의 힘이 모든 것들을 산출하고 보존하며, 기만하는 자(deceptor)가 되는 것은 그 존재자의 본성에 모순된다는 것을 그가 알 경우, 이 사실은 자기 자신의 원인(sua causa)을 알지 못하는 데서 생기는 의심의 근거를 제거

---

25 (역주) 여기에서 속성(attributus)은 성질을 뜻한다.

26 (역주) Med 2. 20(AT 7. 28)을 참조할 것.

27 (역주) 개념(conceptus)은 파악된 것으로서 관념(idea)과 똑같은 의미를 가진다.

할 것이기 때문이다. 그 이유는 그는 참다운 것을 그릇된 것으로부터 구분하는 능력은 최고의 선하고 참다운 신이 그를 속이기 위해서 그에게 부여한 것이 아니라는 사실을 알게 되기 때문이다. 그러므로 그는 수학적 진리들 즉 자신에게 가장 명증성을 가진 것으로 보이는 모든 것을 조금도 의심할 수 없다.[28] 그후 그는 의심의 다른 원인들을 제거하기 위해서 우리가 때때로 오류를 범하는 일이 어떻게 생기는지 계속해서 탐구한다. 그러한 사실이 단지 우리들이 혼란스럽게만 지각한 것에 대해서도 동의하기 위하여 우리의 자유의지(libera voluntas)를 사용함으로써 생긴다는 것을 발견했을 때 그는 즉시 다음처럼 결론 내릴 수 있었다. 즉 자신이 명석판명하게 지각한 것에만 동의한다면 앞으로는 그가 오류를 피할 수 있는 것이다. 이것은 누구나 스스로 쉽게 도달할 수 있는 것이다. 왜냐하면 각 개인은 의지를 조종할 수 있는 능력을 가지고 있으며 의지를 조종함으로써 의지를 지성의 관계 내에 머물게 할 수 있기 때문이다.[29] 그러나 우리는 어린 시절부터 우리가 쉽사리 벗어나지 못하는 수많은 편견에 물들어 있다. 그러므로 우리가 그 편견들로부터 해방되기 위해 또한 오로지 명석판명하게 지각하는 것만 받아들이기 위해 그는 우리의 모든 사고(omnes nostrae cogitationes)를 구성하는 모든 개념과 관념을 계속해서 열거하고 그것들을 하나씩 검토함으로써 각각에서 명백한 것과 모호한 것을 알 수 있었다. 왜냐하면 그렇게 함으로써 그는 명백한 것을 모호한 것으로부터 구분할 수 있을 것이며 명석판명한 사고(思考)들을 형성할 수 있기 때문이다. 그리하여 그는 영혼과 신체(anima et corpus) 사이의 실제적 구분을 쉽게 발견할 것이며, 우리의 감각 인식에서 무엇이 명백하고 무엇이 모호한지를 그

---

28 (역주) Med 3, 34-35(AT 7, 51-52), Med 5, 46-47(AT 7, 70-71)을 참조할 것.
29 (역주) Med 4, 35-42(AT 7, 52-62) 참조할 것.

리고 마지막으로 꿈과 깨어 있음이(in quo somnium a vigiliis) 어떤 점에서 다른지를 쉽게 발견할 것이다.[30] 이러한 일이 일어난 다음에 그는 더 이상 자신이 깨어 있는 것을 의심할 수 없었으며 자신의 감각에 의해 기만당할 수도 없었다. 그리하여 그는 앞에서 열거한 모든 의심들로부터 해방되었다.

그러나 끝을 맺기에 앞서 나는 다음처럼 논의하는 사람들을 만족스럽게 하는 것이 좋다고 여겨진다: "신이 존재한다는 것은 우리들에게 자명하지 않기 때문에 우리들은 어떤 것도 확실하게 알 수 없으며, 신이 존재한다는 것(Deum existere)은 결코 우리들에게 알려질 수 없는 것 같다. 왜냐하면 불확실한 전제들로부터는 (우리가 우리들의 근원을 알지 못하는 한에 있어서 모든 것들은 불확실하다고 우리들이 말했기 때문에) 어떤 것도 확실한 것으로 결론을 내릴 수 없기 때문이다."

이와 같은 난점을 제거하기 위해서 데카르트는 다음과 같은 식으로 답한다. "우리가 아직까지 우리의 근원을 만든 자가 우리에게 가장 명증성을 가진 것으로 나타나는 것들까지도 기만당하도록 우리를 창조했는지의 여부를 모른다는 사실이 결코 우리들이 사물들 자체를 통해서 또는 추리 과정을 통해서, 곧 우리가 추리 과정에 주의를 기울이고 있는 한 명석판명하게 이해하는 그것들을 우리가 의심할 수 있다는 사실을 가져오지 않는다. 우리는 전에 참답다고 증명된 것들만을 의심할 수 있는데, 우리가 그러한 것들을 도출해 낸 추리에 더 이상 주의를 기울이지 않아 그 추리를 잊어버렸을 때 우리는 이 사실을 기억할 수 있다. 그러므로 신이 존재한다는 것이 그 자체로가 아니라 오직 다른 것에 의해서만 알려질 수 있다고 할지라도, 만일 우리가 신의 존재를 결론 내

---

30 (역주) Med 6, 47–59(AT 7, 71–90) 참조.

리는 모든 전제들에 조심스럽게 주의를 기울인다면, 우리는 신의 존재에 대한 확실한 인식에 도달할 수 있다. 「철학의 원리」 제1부 제13항 그리고 「성찰」의 '두 번째 반대에 대한 답' 3번과 「성찰」에서 다섯 번째 성찰의 마지막 부분을 보기 바란다.

그러나 이 답이 어떤 사람에게는 만족스럽지 못하기 때문에 나는 다른 것을 제시하겠다. 우리가 앞에서 우리의 존재의 확실성과 명증성에 대해서 말할 때 우리는 다음과 같은 사실로부터 그것을 결론 내렸다. 즉 우리가 정신의 눈길(mentis acies)을 어떤 방향으로 돌리든지 우리의 존재를 확신하지 못하게 하는 의심의 근거는 어떤 것도 발견하지 못하였다. 우리가 우리의 고유한 본성에(ad nostram propriam naturam) 주의를 기울이든지, 우리가 우리의 본성을 만든 자를 교활한 기만자라고 상상하든지 또는 마지막으로 우리의 외부에 있는 다른 의심의 근거를 가져 온다 하더라도 그렇다. 지금까지 우리는 이것을 어떤 다른 것의 경우에서도 발견하지 못하였다. 왜냐하면, 예컨대 삼각형의 본성에 주의를 기울이면서 비록 우리가 삼각형의 세 각들은 2 직각과 똑같다고 결론 내릴 수밖에 없다고 할지라도, 만일 우리의 본성을 만든 자가 우리를 기만할지도 모른다고 가정한다면 우리는 이와 똑같은 결론에 도달할 수 없기 때문이다. 그렇지만 우리는 이러한 가정 자체로부터 가장 확실하게 우리의 존재를 파악한다. 그래서 우리의 눈길을 어느 방향으로 향하든지 우리는 삼각형의 세 각들은 2 직각과 똑같다고 억지로 결론 내려서는 안 되고, 반대로 신이 기만하는 자(deceptor)라고 우리가 생각하는 것을 불가능하게 하는 그와 같은 신의 관념을 우리가 가지고 있지 않다는 사실에서 우리는 의심의 근거(causa dubitandi)를 발견한다. 왜냐하면, 그와 같은 신의 관념을 우리가 가지고 있지 않다고 가정하는 순간에 신의 참다운 관념을 가지고 있지 않은 사람은 마치 삼각형의 관념을 가지지 않은 사람이 삼각형의 각들은 2 직각과 똑같거나 또는 똑같지 않다고 쉽게 생각하는 것과 같이 그는 자기를 만든 자가 기만하는 자가 아니거나 또는 그를 기만하는 자라고 매우 쉽게 생각할 것이기 때문이다.

그러므로 우리는 다음의 사실을 인정한다. 우리가 삼각형에 대해서 가지고 있는 관념이 우리로 하여금 삼각형의 세 각들은 2 직각과 똑같다고 결론 내리게 하는 것처럼, 우리로 하여금 신이 최고로 참답다고 단언하게 하는 명석판명한 신의 개념(conceptus)을 우리가 가지고 있지 않은 한, 제아무리 어떤 것에 주의를 기울인다고 해도 우리는 우리의 존재를 제외하고는(praeter nostram existentiam) 어떤 것에 대해서도 확실하게 알 수 없다. 그러나 그렇기 때문에 우리가 아무것도 인식할 수 없다는 것은 부정한다. 왜냐하면, 이미 말한 모든 것으로부터 분명한 것처럼 전체 문제가 오직 다음과 같은 사실에 달려 있기 때문이다. 즉 우리는 신의 개념을 형성할 수 있는데 그것은 우리로 하여금 신은 기만하는 자가 아니다와 신은 기만하는 자라는 것을 똑같이 생각하는 것이 쉽지 않다는 사실을 보여 준다. 오히려 그것은 우리로 하여금 신은 최고의 참다운 것이라는 사실을 단언하게끔 한다. 왜냐하면 우리가 그와 같은 관념을 형성했을 때 수학적 진리에 대한 의심의 근거가 사라질 것이기 때문이다. 그 이유는 이 진리들 중 어떤 하나를 의심할 목적으로 이제 우리가 우리의 눈길을 어떤 방향으로 돌리더라도, 우리는 바로 우리의 존재에 관해서 그랬던 것처럼 그 자체가 우리로 하여금 이 진리가 가장 확실하다고 결론 내리지 못하게 하는 어떤 것도 발견하지 못할 것이기 때문이다.[31]

31 (역주) 이처럼 긴 논의의 목적은 "나는 생각한다. 그러므로 나는 존재한다"라는
명제가 확실하면 이 명제의 성립 근거인 신의 존재도 확실하고 따라서 수학적 진

예컨대, 신의 관념을 발견한 다음에 만일 우리가 삼각형의 본성에 주의를 기울인다면 삼각형의 관념은 우리로 하여금 삼각형의 세 각들은 2 직각과 똑같다고 확언하게 할 것이고, 그런가 하면 만일 우리가 신의 관념에 주의를 기울인다면 이것 역시 우리로 하여금 신은 최고의 참다운 것이며, 우리의 본성을 만든 자이고 계속해서 보존하는 자이고 따라서 신은 이와 같은 진리에 관해서 우리를 기만하고 있지 않다고 확언하게 할 것이다. 그리고 신의 관념에(지금 우리가 발견했다고 가정하는) 주의를 기울일 경우 신을 기만하는 자라고 생각하는 것은 삼각형의 관념에 주의를 기울이면서 삼각형의 세 각들은 2 직각과 똑같지 않다고 생각하는 것과 마찬가지로 우리들에게 불가능할 것이다. 그리고 우리의 본성을 만든 자가 우리들을 기만하는지의 여부를 알지 못하면서도 우리가 삼각형의 관념을 형성할 수 있는 것처럼 우리들의 본성을 만든 자가 모든 것에 있어서 우리를 기만하고 있는지의 여부를 역시 의심할지라도 우리는 신의 분명한 관념을 얻을 수 있으며, 우리 앞에 그 관념을 제시할 수 있다. 그리고 만일 우리가 이와 같은 관념을 소유한다면, 그것을 어떤 방법으로 얻었든지 간에 바로 앞에서 제시한 것처럼 그것은 모든 의심을 충분히 제거할 것이다.

그러므로 이렇게 논의한 다음에 나는 제시된 난점에 대해서 다음처럼 답하겠다. "우리가 신의 존재(Dei existentia)를 모르는 한에서가 아니라 (나는 신의 존재에 대해서 말하지 않았기 때문에) 우리가 명석판명한 신의 관념을 가지고 있지 않은 한에서 우리는 어떤 것도 확실히 알 수 없다. 그러나 우리는 우리의 본성을 만든 자가 우리를 기만하는지의 여부를 알지 못하는 한 명석판명한 신의 관념을 가질 수 없다. 그

리도 확실하다는 것을 해명하는 데 있다.

러므로 우리의 본성을 만든 자가 우리를 기만하고 있고 등등을 우리가 알지 못하는 한 우리는 아무것도 확실히 알 수 없다." 이것에 대해서 나는 대전제를 인정하고 소전제를 부정함으로써 답하겠다. 왜냐하면, 우리 본성을 만든 자가 우리를 속이고 있는지의 여부를 우리가 알지 못한다고 할지라도 우리는 명석판명한 삼각형의 관념을 가지고 있기 때문이다. 그리고 내가 방금 어느 정도 길게 제시한 것처럼 우리가 그와 같은 신의 관념을 가지고 있다는 것을 인정한다면, 우리는 신의 존재에 대해서도 그리고 또 어떤 수학적 진리에 대해서도 의심할 수 없다.

서론은 이것으로 그치고 이제 본론으로 들어가 보기로 하자.

정의(定義)들[1]

1-10

　1. 사유(cogitatio)라는 명칭에 나는 우리 안에 존재하며 우리가 직접적으로(immediate) 의식하고 있는 모든 것을 포함시킨다. 그러므로 의지(voluntas), 지성(intellectus), 상상(imaginatio) 그리고 감각(sensus)의 모든 작용들은 사유이다. 그러나 나는 그것들로부터 따라 나오는 것들을 배제하기 위해서 "직접적으로"라는 말을 덧붙였다. 예컨대 자발적 운동(motus voluntarius)은 자신의 출발점으로(pro principio) 사유를 가지지만, 그 자체는 사유가 아니다.

　2. 내가 이해하는 관념(idea)이라는 명칭은 특별한 사유 형식(cogitationis forma)인데,[2] 그것을 직접 지각함으로써 나는 동일한 사유를 의식한다.

1　(역주) 스피노자 역시 데카르트와 마찬가지로 수학적 진리를 명석판명하다고 생각했으며 정의들(definitiones)은 수학적으로 진리를 증명하기 위해서 필요한 것들이다.

2　(역주) 형식(forma)은 형태, 수학적 도형, 아름다움, 그림, 현상, 모델 등 다양한 의미를 가지고 있다. 여기서는 사유형식(cogitationis forma)처럼 forma를 형식으로 옮겼다.

그래서 내가 말하고 있는 것을 이해하면서 어떤 것을 내가 단어들로 표현할 때마다 바로 내 안에는 그 말들이 의미한 것에 대한 관념이 존재하는 것이다. 그러므로 나는 상상 속에 묘사된 이미지들만을(solas imagines in phantasia depictas) 관념이라고 부르지 않는다.[3] 실로 나는 여기에서 이미지들이 신체적 상상 속에서, 곧 뇌의 어떤 부분에서 묘사되는 한, 관념들이라고 부르지 않고, 정신 자체(mens ipsa)가 뇌의 어떤 부분으로 향할 때 이미지들이 자기들의 형태를 정신 자체에게 전달하는 한에서 이 이미지들을 관념들이라고 부른다.

3. 관념의 객관적 실재성(realitas obiectiva idae)을 나는 관념에 의해서 표상된 것의 존재가 관념 안에 있는 한 바로 그러한 존재로 이해한다.

똑같은 식으로 사람들은 객관적 완전성(perfectio obiectiva) 또는 객관적 예술 작품(artificium obiectivum) 등을 말할 수 있다. 왜냐하면 우리가 관념들의 대상 안에서 지각하는 것은 관념들 자체 안에 객관적으로(in ipsis ideis obiective) 존재하기 때문이다.

4. 관념들의 대상들 안에 있는 것들이 우리가 지각하는 대로 관념들의 대상들 안에 있다면, 우리는 그것들이 관념들의 대상들 안에 형식적으로(formaliter) 존재한다고 말한다. 그리고 관념들의 대상들 안에 있는 것이 그렇게 존재하지 않고 우리의 지각을 뛰어넘을 정도로 존재한다면 우리는 그것들이 탁월하게(eminenter) 존재한다고 말한다.

원인은 자신의 결과의 완전성을 "탁월하게" 포함한다고 내가 말할 때 의미하는 것은, 원인은 결과 자체가 포함하는 것보다 더 높은 정도의 탁월함을 가진 결과의 완전성을 포함한다는 사실에 주목하기 바란

---

3 (역주) imago는 모사, 모사물, 모사된 것 등을 뜻하는데 역자는 '이미지'로 표현하였다.

다. 또한 공리 8을 볼 것.

5. 우리가 직접 주관에(in subiecto) 속하는 것처럼 지각하는 것이 그 안에 존재하고, 그것을 통해서 우리가 지각하는 것, 곧 어떤 고유성, 성질 또는 속성(aliquas proprietas sive qualitas sive attributum)의 실재적 관념이 우리 안에 있는 모든 것은 실체(substantia)라고 일컬어진다.

왜냐하면 정확히 말해서 우리는 실체 자체에 대해서 오직 다음과 같은 관념만을 가지고 있기 때문이다. 즉 그 안에 우리가 지각하는 어떤 것이, 곧 우리 관념들 중 한 관념 안에 있는 것이 형식적으로 또는 탁월하게 존재할 경우 이것은 실체이다.

6. 그 안에 사유(思惟: cogitatio)가 직접 속하는 실체는 정신(mens)이라고 일컬어진다.

그러나 나는 여기에서 영혼에 대해서(de anima)보다는 오히려 정신에 대해서(de mente) 말한다. 왜냐하면 영혼(anima)이라는 말은 애매하고 흔히 물질적인 것에 대해서 사용되기 때문이다.

7. 연장(延長)과 연장을 전제하는 형태, 위치, 그리고 국소적 운동 등과 같은 우연의 직접적 주관인 실체는 물체(corpus)라고 일컬어진다.[4]

그러나 정신과 신체로 일컬어지는 것들이 하나의 동일한 실체인지 아니면 두 개의 상이한 것인지에 대해서는 나중에 탐구되어야만 할 것이다.

8. 우리가 실체 그 자체를 통해서(per se) 최고의 완전한 것으로 이해하며, 우리가 그 안에서 결함이나 완전성의 한계를 포함하는 어떤 것도 전혀 파악하지 못하는 실체는 신(Deus)이라고 일컬어진다.

9. 어떤 것이 어느 사물의 본성이나 개념 안에 포함되어 있다고 말하

---

4 (역주) corpus는 육신, 신체 또는 물체를 의미한다.

는 것은 그 어떤 것이 그 사물에 대해서 참답다고 또는 그 사물에 대해서 참답게 확인될 수 있다고 말하는 것과 똑같다.

10. 두 실체들 중 하나가 다른 것 없이 존재할 수 있을 경우 두 실체들은 실재적으로 구분된다고 일컬어진다.

여기에서 우리는 데카르트의 자명한 원리들(Cartesii postulate)은 제외한다.[5] 왜냐하면 우리는 다음 부분에서 그 자명한 원리들로부터 아무런 결론도 도출해 내지 못하기 때문이다. 그러나 우리는 독자들이 그 원리들을 통독하고 성찰하면서 고찰하기를 진심으로 요청한다.

---

5 (역주) postulatum은 가정, 요청, 공준(公準) 등의 의미를 가지는데, 여기서는 자명한 원리로 옮겼다.

공리(公理)들[1]

1-3

1. 우리들은 확실성과 인식에 있어서 오직 선행하는 다른 것에 의해서만 알려지지 않은 것의 인식과 확실성에 도달할 수 있다.

2. 우리가 우리의 신체의 존재에 대해서(de nostri corporis existentia) 의심하도록 하는 근거들이 있다.

이것은 사실 서론에서 제시되었으므로 여기에서는 공리로서 정립된다.

3. 만일 우리가 정신과 신체 이외에 어떤 것을 가지고 있다면, 그것은 우리에게 정신과 신체(mens et corpus)보다 덜 알려져 있다.

다음을 주의하지 않으면 안 된다. 즉 이 공리들은 우리의 외부에 있는 것들에 대해서는 아무것도 주장하지 않고, 우리가 사유하는 것에 한해서 우리의 내면에서 발견하는 것들에 대해서만 주장한다.

---

1 (역주) 이 세 가지 공리들은 데카르트가 「철학의 원리」에서 직접 언급한 것들이 아니다. 「데카르트의 철학의 원리」를 편집하고 머리말을 쓴 스피노자의 친구 마이어는 머리말에서 스피노자가 데카르트의 견해와 증명들을 해명할 것이라고 서술하였다. 스피노자는 이 세 공리들을 마치 데카르트의 「철학의 원리」로부터 이끌어 낸 것처럼 여기에서 논의하고 있다. 그러나 데카르트의 원리를 해설하고 비판하기 위한 스피노자의 의도는 충분히 짐작할 수 있다.

정리들

1-21

정리 1

우리가 존재한다는 것을 우리가 알지 못하는 한, 우리는 어떤 것에 대해서도 완전히 확실하게 알 수 없다(non possumus absolute esse certi).[1]

증명

이 정리는 자명하다. 왜냐하면 자신이 존재한다(se esse)는 것을 절대적으로 알지 못하는 사람은 동시에 자신이 긍정하거나 부정하는 존재라는 것, 곧 자신이 확실성을 가지고 긍정하거나 부정한다는 것을 알지 못하기 때문이다.

그러나 여기에서는 다음을 주의하지 않으면 안 된다. 즉 우리는 우리가 존재한다는 사실을 주의하지 않으면서 큰 확실성을 가지고 많은 것

---

1 (역주) 'non possumus absolute esse certi'는 '우리는 완전히 확신할 수 없다'로 직역할 수 있지만 여기서는 '우리는 완전히 확실하게 알 수 없다'의 뜻으로 의역하였다.

들을 긍정하거나 부정한다고 할지라도, 우리의 존재가 의심할 수 없는 것으로 전제되지 않으면 모든 것은 의심 속으로 되돌아 올 수 있다.

정리 2

'나는 존재한다' (Ego sum)는 틀림없이 자명(自明)하다.

증명

만일 이 정리가 부정된다면, 이 정리는 그 인식과 확실성이 "나는 존재한다"는 언명보다 우리 안에서 선행하는 다른 것에 의해서만 알려질 것이다(공리 1에 의해서). 그러나 이것은 부당하다(정리 1에 의해서). 그러므로 그것(나는 존재한다)은 자명하지 않으면 안 된다. 이것은 증명되었다(q.e.d.).

정리 3

'나' (ego)가 신체로 이루어져 있는 한 나는 존재한다(sum)는[2] 최초로 인식된 것도 아니고 그 자체로 인식된 것도 아니다.

증명

우리로 하여금 우리의 신체의 존재에 대해서(de existentia nostri corporis) 의심하게 하는 것들이 있다(공리 2에 의해서). 그러므로 (공리 1에 의해서) 우리는 인식과 확실성에 있어서 선행하는[3] 다른 어떤 것의

---

2 (역주) sum이나 ego sum이나 다 나는 존재한다의 뜻을 가진다.
3 (역주) '우리들의 신체의 존재에 대한 인식과 확실성보다 선행하는'의 의미이다.

인식과 확실성에 의해서가 아니면 그것의 확실성에 도달할 수 없다. 그러므로 다음의 언명이 성립한다: "나"(ego)가 신체로 성립되는 것인 한 "나는 존재한다"(sum)는 최초로 인식된 것도 아니고 그 자체로 인식된 것도 아니다. q.e.d.

정리 4

'나는 존재한다' (ego sum)는 우리가 사유하는 한(quatenus cogitamus) 최초로 인식된 것일 수 있다.

증명

"나는 물질적인 것 또는 신체로 성립되는 것이다"라는 언명은 최초로 인식된 것도 아니고(정리 3), 또한 '나' 가(내가) 정신과 신체 이외의 다른 어떤 것으로 성립되어 있는 한 나는 나의 존재를 확실하게 알지 못한다. 왜냐하면, 만일 우리가 정신과 신체와는 다른 어떤 것으로 성립된다면 이것은 우리에게 신체보다 덜 알려진 것이기 때문이다(공리 3). 그러므로 "나는 존재한다"는 만일 우리가 사유하지 않는다면 최초로 인식된 것일 수 없다.

보충(corollarium)[4]

이것으로부터 정신(mens) 또는 사유하는 것(res cogitans)이 신체보다

---

4 (역주) corollarium은 원래 화환을 뜻했다. 원래는 공적이 많은 배우나 음악의 거장이 명예의 상징으로 받은 화환을 뜻했으나, 후에는 선물의 의미도 가지게 되었다. 여기에서는 '보충'으로 옮겼다.

더 잘 알려져 있다는 것이 분명하다.

그러나 더 상세한 해명을 위해서는 데카르트의 「철학의 원리」 제1부 제11항과 12항을 읽기 바란다.

주석

누구든지 자신이 긍정하고, 부정하며, 의심하고, 이해하며, 상상한다는 것 등을 또는 자신이 의심하면서, 이해하면서, 긍정하면서 등등, 또는 한마디로 사유하면서 존재한다는 것을 가장 확실하게 지각한다. 그리고 아무도 이것을 의심 속으로 되불러 올 수 없다. 그러므로 "나는 생각한다"(cogito) 또는 "나는 생각하면서 존재한다"(sum cogitans)는 이 언명은 유일하며(정리1에 의해서) 가장 확실한 모든 철학의 기초 (fundamentum totius philosophiae)이다. 그런데 학문들에서 최대의 확실성을 얻기 위한 우리의 목표이자 목적은 가장 견고한 제1원리들로 부터 모든 것을 도출해 내는 것 그리고 추론들을 이끌어 내는 제1원리 들처럼 명석판명하게 추론하는 것 이외의 다른 것일 수 없다. 그러므로 분명히 다음의 사실이 따라 나온다. 즉 우리에게 똑같이 명백하며, 이미 발견한 제1원리처럼 똑같이 명석판명하게 우리가 지각하는 모든 것을, 그리고 또한 이 제1원리와 일치하고 그것에 의존함으로써 이 제1원리를 의심하지 않고서는 우리들이 의심할 수 없는 모든 것을 우리는 가장 확실하게 참다운 것으로 고찰하지 않으면 안 된다.

그러나 이 문제들을 검토할 때 가장 조심스럽게 진행하기 위해서 나는 우리들 각자가 사유하는 한 자기 자신 안에서 관찰하는 것들만을 첫 단계에서 똑같이 명백하며 우리가 똑같이 명석판명하게 지각하는 것으로서 인정할 것이다. 그것들은 예컨대 다음과 같다. 즉 각자는 이것저것을 원하고, 각자는 이러저러한 확실한 관념들을 가지고 있고, 그리고 하나의 관념에 다른 관념보다 더 많은 실재성과 완전성(realita et per-fectio)을 자신 안에 부여하고 있다. 곧 객관적으로 실체의 존재와 완전성을 포함하는 것은 오직 어떤 우연물의 객관적 완전성만 포함하는 다른 것보다 훨씬 더 완전하며, 그리고 마지막으로 가장 완전한 존재자의 관념은 모든 것 중에서 가장 완전하다. 내가 말하건대, 우리는 이것들을 똑같이 분명하고 확실하게 지각할 뿐만 아니라 아마도 한층 더 명백하게 지각할 것이다. 왜냐하면 그것들은 우리가 생각한다는 것뿐만 아니라 어떻게 생각하는지도 확인해 주기 때문이다.

더 나아가서 또한 우리는 우리의 이 동요하지 않는 기초가 의심되지 않고 동시에 의심될 수 없는 그러한 것들이 이 원리와 일치한다는 사실도 말한다. 예컨대 만일 어떤 사람이 무로부터(ex nihilo) 어떤 것이 생길 수 있는지에 대해서 의심한다면, 그는 우리가 생각하는 동안 과연 우리가 존재하는지의 여부를 동시에 의심할 수 있을 것이다. 왜냐하면 만일 내가 무(無)에 대해서 어떤 것(de nihilo aliquid)을, 곧 무(無)는 어떤 것의 원인일 수 있다는 것을 주장할 수 있다면, 나는 동시에 그리고 똑같은 권리를 가지고 무에 대한 사유(cogitatio de nihilo)를 주장할 수 있으며 또한 내가 생각하는 동안 나는 무(無)라고 말할 수 있다. 이것은 내가 보기에 불가능하므로 무로부터 어떤 것이 생긴다는 것 역시 불가능할 것이다.

이것들을 이렇게 고찰한 다음에 나는 앞으로의 진행을 위해서 현재 우리에게 필요한 것으로 여겨지는 것들을 여기에서 순서대로 제시하고 여러 개의 공리를 추가하기로 결정하였다. 왜냐하면 이것들은 데카르트의 "두 번째 반대들에 대한 답"의 끝부분에서 공리들로서 제시되었으며 나는 그보다 더 엄밀하기를 바라지 않기 때문이다. 그렇지만 우리들이 이미 받아들인 순서를 벗어나지 않기 위해서 나는 하나가 어떻게 다른 것에 의존하며 또한 모든 것이 어떻게 "나는 생각하면서 존재한다"(ego sum cogitans)라는 원리에 의존하는지 또는 모든 것의 명증성과 합리성이 이 원리와 어떻게 일치하는지를 밝히도록 애쓸 것이다.

데카르트에게서 가져온 공리들 4-11

4. 다양한 등급(diversi gradus)의 사물의 실재성 내지 본질(realitas sive entitas)이 존재한다. 왜냐하면 실체(substantia)는 우연 내지 양태(accidens vel modus)보다 더 많은 실재성을 가지고 있으며, 또한 무한 실체는 유한 실체보다(substantia infinita quam finita) 더 많은 실재성을 가지고 있기 때문이다.[5] 그러므로 우연의 관념 안 보다는 실체의 관념 안에 그리고 유한한 실체의 관념 안 보다는 무한한 실체의 관념 안에 더욱 더 객관적인 실재성이 있다.[6]

　이 공리는 오직 우리의 관념들에 대한 사색으로부터 알려지는데, 이 관념들은 사유의 양태들이기 때문에 우리는 이 관념들의 존재를 확신한다. 왜냐하면 우리는 실체의 관념이 실체에 대해서 얼마나 많은 실재성이나 완전성을 주장하는지 그리고 양태의 관념이 양태에 대해서 얼마나 많은 실재성이나 완전성을 주장하는지 알기 때문이다. 그렇기 때문에 우리는 실체의 관념이 어떤 우연의 관념보다 더 객관적인 실재성을 포함하며 등등을 또한 필연적으로 알게 된다. 정리 4의 주석을 볼 것.

5　(역주) 데카르트는 신을 무한 실체라고 하고 정신과 물질(신체)을 유한 실체라고 한다. 우연(accidens)은 일반 사물들(존재자들)을 지칭한다. 그러나 스피노자는 범신론적, 자연주의적 입장에서 자연＝신＝실체라고 보기 때문에 그에게서는 무한 실체와 유한 실체의 구분이 사라진다.

6　(역주) Med 3, 27-28(AT 7, 40-42)을 참조할 것.

5. 만일 사유하는 것(res cogitans)이[7] 자신이 결여하고 있는 어떤 완전성들을 안다면, 사유하는 것은 그 완전성들이 자신의 능력 안에 있을 경우 그것들을 직접 자기 자신에게 줄 것이다.[8]

모든 사람들 각자는 자신이 사유하는 것인 한 이것을 자기 자신 안에서 관찰한다. 그러므로 (정리 4, 주석에 따라서) 우리는 그것을 가장 확신한다. 그리고 똑같은 이유에서 우리는 다음과 같은 것도 마찬가지로 확신한다.

6. 모든 것의 관념이나 개념 안에는 가능적이거나 아니면 필연적인 존재(existentia vel possibilis vel necessaria)가 포함되어 있다(데카르트의 공리 10을 볼 것).

필연적 존재는 신 또는 최고의 완전한 존재자의 개념 안에 포함되어 있다. 왜냐하면 그렇지 않을 경우 그것은 불완전한 것으로 파악될 것이고 이는 파악되는 것으로 가정되는 것에 모순되기 때문이다. 그러나 우연적인 또는 가능한 존재는 제한된 사물의 개념 안에(in conceptu rei limitate)[9] 포함되어 있다.

7. 어떤 것도 그리고 실제로 존재하는 사물의 어떤 완전성도 자신의 존재의 원인(causa suae existentiae)으로서 무(nihil)나 존재하지 않는 것을 가질 수 없다.

나는 이 공리가 "나는 생각하면서 존재한다"(ego sum cogitans)와 마찬가지로 우리에게 명백하다는 것을 정리 4의 주석에서 증명하였다.

8. 어떤 사물의 실재성, 곧 완전성인 것은 형식적으로 또는 탁월하게

---

7 (역주) 데카르트는 유한한 실체(substantia)를 사유하는 것(res cogitans)과 연장된 것(res extensa), 곧 정신(mens 또는 anima)과 신체(corpus) 두 가지로 나누었다.

8 (역주) Med 3, 32-33(AT 7, 48)을 참조할 것.

9 (역주) 제한된 것은 제한된 사물을 말한다.

그 사물의 제1원인 그리고 일치하는 원인 안에 있다.[10]

내가 이해하는 '탁월하게(eminenter)'는, 원인이 결과의 모든 실재성을 결과 자체보다 더 완전하게 포함할 경우이다. 내가 이해하는 '형식적으로(formaliter)'는, 원인이 결과의 모든 실재성을 똑같이 완전하게 포함할 경우이다.

이 공리는 선행하는 공리에 의존한다. 왜냐하면, 만일 원인 안에 아무것도 없거나 또는 결과 안에 있는 것보다 원인 안에 있는 것이 적다고 가정된다면 원인 안에 있는 어떤 것도 결과의 원인이 될 수 없기 때문이다. 그러나 이것은 부당하다(공리 7). 그러므로 무엇이든지 특정한 결과의 원인이 될 수 없고, 정확히 말해서 그 안에 탁월하게 아니면 적어도 형식적으로 결과 안에 있는 모든 완전성이 존재하는 것이 있어야 한다.

9. 우리의 관념들의 객관적 실재성(realitas obiectiva nostrarum idearum)은 그 안에 객관적으로뿐만 아니라 형식적으로 또는 탁월하게 똑같은 실재성이 포함되어 있는 원인을 요구한다.[11]

비록 많은 사람이 이 공리를 잘못 사용할지라도 모든 사람은 이 공리를 인정한다. 왜냐하면 어떤 사람이 새로운 어떤 것을 파악할 경우 모든 사람은 이 개념이나 관념의 원인을 알고자 하기 때문이다. 그런데 그들이, 그러한 개념 안에 객관적으로 포함되어 있는 실재성처럼 형식적으로 또는 탁월하게 실재성을 포함하는 원인을 부여할 수 있을 때 그들은 만족한다. 이것은 데카르트가 「철학의 원리」 제1부, 제17항에서 제시하는 기계의 예에서 충분히 해명된다.[12] 또한 만일 어떤 사람이, 인

---

10 (역주) Med 3, 28(AT 7, 40-41)을 참조할 것.
11 (역주) (역주) 10을 참조할 것.
12 (역주) AT 7, 104-106을 참조할 것.

간은 어디에서 자신의 사유와 신체에 대한 관념들(ideas suae cogita-
tionis et corporis)을 가지느냐고 묻는다면, 누구든지 자신의 관념들이
객관적으로 포함하는 모든 것을 형식적으로 포함하는 것으로서 그 관
념들을 자기 자신으로부터 가진다는 것을 물론 다 안다. 그러므로 만일
어떤 인간이, 그 자신이 형식적 실재성에 대해서 포함한 것보다 더 많
은 객관적 실재성을 포함한 어떤 관념을 가진다면, 필연적으로 우리들
은 그 인간 자신의 외부에 있는 또 다른 원인을, 곧 모든 완전성을 형식
적으로 또는 탁월하게 포함한 원인을 자연의 빛에 의해서(lumine
naturali)[13] 찾도록 자극받을 것이다. 그리고 그와 같은 원인을 떠나서
는 어느 누구도 자신이 그토록 명석판명하게 파악한 다른 원인을 일찌
기 부여한 적이 없다.

　그리고 더 나아가서 이 공리의 진리에 대해서 말하자면 그것은 선행
하는 공리에 의존한다. 왜냐하면 (공리 4에 의해서) 관념들 안의 실재
성이나 존재자에 대해서는 상이한 등급들이 있기 때문이다. 그러므로
그러한 상이한 등급들은 (공리 8) 그것들의 완전성의 정도에 따라서 더
완전한 원인을 필요로 한다. 그러나 우리가 관념들 안에서 주목하는 실
재성의 등급들은 그것들이 사유의 양태들(modi cogitandi)로서 고찰
되는 한 관념들 안에 있는 것이 아니고, 한 등급은 실체를 제시하고 다
른 등급은 단지 실체의 양태만을 제시하는 한, 또는 간단히 말해서 그
등급들이 사물들의 이미지들로서(ut imagines rerum) 고찰되는 한 관
념들 안에 있으므로 분명히 다음과 같은 사실이 따라 나온다. 즉 우리
들이 방금 제시한 것처럼 모든 사람들이 자연의 빛에 의해서 명석판명
하게 이해하는 원인, 곧 그 안에 관념들이 객관적으로 가진 똑같은 실

13　(역주) 자연의 빛(lumen naturale)은 지성 내지 이성을 말한다. 자연의 빛은 신이
　　부여한 인간의 인식능력을 말한다. AT 7, 104–106 참조

재성을 형식적으로 또는 탁월하게 포함하는 원인 이외의 어떤 다른 원인도 관념들의 제1원인으로 인정될 수 없다.[14]

이와 같은 결론을 보다 더 분명하게 이해할 수 있게 하기 위해서 나는 한두 가지 예들을 가지고 설명할 것이다. 만일 어떤 사람이 한 사람이 필사한 두 책들을 (한 권은 뛰어난 철학자의 책이고 다른 한 권은 수다쟁이: nugator의 책이라고 상상해 보자) 본다면, 그리고 만일 그가 단어들(곧 그것들이 형태들인 한)의 의미에 대해서 아무런 주의도 기울이지 않고 오직 글쓰기의 특징과 글자들의 질서에만 주의를 기울인다면, 그는 그것들의 상이한 원인들을 찾게 하는 차이를 그것들 사이에서는 전혀 발견할 수 없을 것이다. 그에게 그것들은 똑같은 원인으로부터 그리고 똑같은 방식으로 만들어진 것이다. 그러나 만일 그가 단어들과 말의 의미에 주의를 기울인다면, 그는 그것들 사이의 중요한 구분을 발견할 것이다. 그러므로 그는 다음처럼 결론 내릴 것이다. 즉 한 책의 제1원인은 다른 책의 제1원인과 매우 다르며, 두 책들의 언어나 또는 형태들로서 고찰된 두 책들의 단어들의 의미가 서로 다른 것으로 발견될 정도로 하나의 원인은 사실상 다른 원인보다 한층 더 완전했던 것이다.

비록 내가, 하나의 책이 자명하게 다른 책을 베껴 쓴 것일 수 있다는 것을 인정한다고 할지라도, 실로 그렇게 전제한다고 할지라도, 나는 책들의 제1원인에 대해서 말하고 있으며, 또한 필연적으로 하나의 제1원인이 존재하지 않으면 안 된다.

똑같은 것이 어떤 왕자의 초상화의 예에 의해서 분명하게 해명될 수 있다. 만일 우리가 그것을 만든 재료들에만 주의를 기울인다면, 우리는

---

14 우리가 또한 이것을 확신하는 이유는, 우리가 사유하는 한 그것을 우리 자신이 경험하기 때문이다. 앞의 주석을 볼 것.

그것과 다른 초상화들 사이의 서로 다른 원인들을 찾을 수 있는 어떤 구분도 발견하지 못할 것이다. 실로 그 초상화는 다른 유사한 것을 모사하였고 또한 이것은 다시금 또 다른 것을 복사하였으며 이렇게 무한히 진행한다고 우리가 생각하는 것을 방해할 것은 아무것도 없을 것이다. 왜냐하면 우리들은 이 초상화를 그리기 위해서 아무런 다른 원인도 필요치 않다는 사실에 매우 만족할 것이기 때문이다. 그러나 만일 우리가 그것이 어떤 것의 이미지인 한 이미지에 주의를 기울인다면 우리는 그 이미지가 포함하는 것을 형식적으로 또는 탁월하게 포함하는 그러한 제1원인을 직접 찾게 될 것이다. 나는 이 공리를 확인하고 해명하기 위해서 더 이상 무엇을 말할 필요가 있는지 모르겠다.

10. 어떤 사물을 보존하기 위해서는 처음에 그 사물을 산출하기 위해서 요구되었던 원인이 요구된다.

지금 우리가 생각하고 있다는 것(quod hoc tempore cogitamus)에서 다음에 우리가 생각할 것이다(nos postea cogitaturos)가 필연적으로 따라 나오지는 않는다. 왜냐하면 우리의 사유에 대한 개념은 사유의 필연적 존재를 감싸거나 포함하지 않기 때문이다. 비록 내가 사유를 존재하지 않는 것으로 전제한다 할지라도 나는 명석판명하게 사유를 파악할 수 있다.[15] 이제 모든 원인의 본성은 그 자체 안에 자신의 결과의 완전성을 감싸거나 포함하지 않으면 안 된다(공리 8). 그러므로 다음의 사실이 분명히 따라 나온다. 즉 우리의 내면이나 외부에 우리가 아직 이해하지 못한 것의 개념이나 본성에 존재를 포함하는 어떤 것이 꼭 있어야 하며 이것이 바로 왜 우리의 사유가 존재하기 시작했으며 계속해서 존재하는지에 대한 이유이다. 왜냐하면, 비록 우리가 사유하기 시작

---

15 모든 사람 각자는 자신이 사유하는 것(res cogitans)에 한해서 이것을 자신 안에서 파악할 수 있다.

했다고 할지라도, 사유의 본성과 본질(eius natura et essentia)은 사유가 존재하기 이전보다 더 필연적인 존재(necessaria existentia)를 포함하지 않으며, 또한 존재 상태를 보존하기 위해서 사유는 존재하기를 시작하기 위해서 필요로 했던 똑같은 힘을 필요로 한다. 그리고 우리가 여기에서 사유에 대하여 말하는 것은 그 본질이 필연적 존재를 포함하지 않는 모든 것에 대해서도 언급되어야만 한다.

11. 존재하는 모든 것의 존재 원인이 (또는 근거가) 무엇인지 물을 수 있다.

존재하다(existere)는 긍정적인 것이므로, 우리는 그것이 자신의 원인을 위하여 아무것도 가지고 있지 않다고(quod habeat nihil pro causa) 말할 수 없다(공리 7). 그러므로 우리는 그것이 왜 존재하는지에 대한 어떤 긍정적인 원인이나 근거를 부여하지 않으면 안 된다. 그리고 이것은 외부에, 곧 사물 자체의 바깥에 있거나 아니면 내면에, 곧 존재하는 사물 자체의 본성과 정의 안에 포함되어 있어야만 한다.

정리 5

신의 존재(Dei existentia)는 오직 그의 본성에 대한 고찰로부터만 인식된다.

증명

어떤 것이 어떤 사물의 본성이나 개념 안에 포함되어 있다고 말하는 것은 그 어떤 것이 그 사물에 대해서도 참답다고 말하는 것과 똑같다(정리 9). 그런데 필연적 존재(existentia necessaria)는 신의 개념 안에 포함되어 있다(공리 6). 그러므로 신에 대해서 필연적 존재가 신 안에 있

다거나 또는 신은 존재한다고 말하는 것은 참다웁다.[16]

주석

이 정리로부터 많은 중요한 것들이 따라 나온다. 실로 존재는 신의 본성에 속하고 마치 삼각형의 개념이 삼각형의 세 각들은 두 직각과 동일하다는 것을 포함하는 것과 마찬가지로 신의 개념은 필연적 존재를 포함하며 신의 존재는 신의 본질과 또한 영원한 진리(aeterna veritas)이다라는 신의 속성들에 대한 거의 모든 인식은 오직 앞의 사실에만 의존한다.[17] 그러한 인식에 의해서 우리는 신에 대한 사랑으로 또는 최고의 지복(至福)으로 들어서게 된다. 그러므로 우리는 언젠가 인류가 이것을 우리와 함께 파악하기를 간절히 바란다.

실로 나는, 모든 사람이 이것을 쉽게 이해하지 못하도록 방해하는 편견들(praeiudicia)이 있다는 사실을 인정한다.[18] 만일 어떤 사람이 선한 마음으로, 그리고 진리와 자기 자신의 참다운 이익에 대한 사랑에 의해서 문제를 상세하게 검토하게 되고 또한 "다섯 번째 성찰"에 그리고 "첫 번째 반대들에 대한 대답"에 포함되어 있는 것과 우리들의 부록 제2부, 제1장에서 영원성(aeternitas)에 대해서 우리가 말하는 것을 반성하게 된다면, 그는 문제를 아주 분명하게 이해할 것이며 자신이 신의 관념을 (물론 이 관념은 인간의 축복의 첫 번째 기초이다) 가지고 있는지의 여부에 대해서 결코 의심할 수 없을 것이다. 왜냐하면, 그가 신의 본질과 존재는 다른 것들과 완전히 다르다는 것을 알게 될 때, 그는 신의 관념이 다른 것들의 관념들과 전혀 다르다는 것을 곧바로 분명하게

---

16 (역주) Med 5, 43-46(AT 7, 65-69) 참조.
17 (역주) 앞의 사실은 정확히 말해서 바로 앞에서 언급한 정리 5의 내용이다.
18 데카르트의 「철학의 원리」 제1부 16항을 읽을 것.

알 것이기 때문이다. 그러므로 이 문제에 대해서 더 이상 길게 독자를
붙들고 있을 필요가 없다.

정리 6

신의 존재는 단지 신의 관념이 우리 안에 있다는 것으로부터만 후천적
으로(a posteriori)[19] 증명된다.

증명

우리의 관념들의 객관적 실재성(realitas obiectiva)은 그 안에 동일한
실재성이 바로 객관적으로가 아니라 형식적으로 또는 탁월하게 포함되
어 있는 원인을 요구한다(공리 9). 그런데 우리는 신의 관념을 가지고
있으며(정의 2와 8), 이 관념의 객관적 실재성은 형식적으로든지 아니
면 탁월하게든지 우리 안에 포함되어 있지 않으며(공리 4), 또한 그것
은 신 자신 이외의 어떤 다른 것 안에도 포함되어 있을 수 없다(정의
8). 그러므로 우리 안에 있는 이 신의 관념은 자신의 원인을 위해서 신
을 요구하며 따라서 신은 존재한다(공리 7).[20]

주석

자기들이 신의 어떤 관념을 가지고 있다는 것을 부정하는 사람들이 있
지만, 그들은 신을 숭배하고 사랑한다고 말한다. 그런데 당신이 그들

---

19 (역주) '후천적으로'(a posteriori)는 '경험적으로'와 같은 의미이다. 이것은 '선
천적으로'(a priori)와 반대된다. '선천적으로'는 '본래부터' 또는 '내재적으로'
등과 같은 의미를 가지고 있다.

20 (역주) Med 3, 28-31(AT 7, 40-45) 참조.

앞에 신의 정의(定義)와 속성들을 제시한다고 할지라도, 태어날 때부터 눈 먼 사람에게 우리가 보는 색깔들의 차이를 가르칠 수 없는 것처럼 당신은 성공을 거두지 못할 것이다. 그렇지만 그들을 인간과 짐승 사이에 있는 낯선 유형의 피조물로 바라보는 것을 제외한다면 우리는 그들의 말에 약간 주의를 기울일 것이다. 나는 묻고 싶다. 우리가 어떤 것의 관념을 제시할 때 그것의 정의를 내리고 속성들을 설명하는 것 말고 달리 할 것이 있을까? 신의 관념의 경우에 있어서도 이렇게 하고 있기 때문에 단순히 자기들의 뇌 안에 신의 이미지를 형성할 수 없다는 근거로 신의 관념을 부정하는 사람들의 말에 우리가 관심을 가질 이유는 전혀 없다.

더 나아가서 우리는 다음을 주목해야 할 것이다. 즉 신의 관념의 객관적 실재성이 형식적으로든지 아니면 탁월하게든지 우리 안에 포함되어 있지 않다는 것을 제시하기 위해서 데카르트가 공리 4를 인용할 때, 그는 누구든지 자신이 무한한 실체, 곧 최고로 지성적인 실체, 최고로 힘 있는 실체가 아니라는 것 등등을 안다는 사실을 인정한 것으로 여긴다. 그런데 그는 이렇게 할 자격이 있다. 왜냐하면 자신이 생각하는 것을 아는 사람은 자신이 많은 것들을 의심한다는 것과 자신이 명석판명하게 모든 것을 이해하지 못하고 있다는 것도 알기 때문이다.

마지막으로 우리들은 정리 8로부터 다음의 사실도 분명하게 따라 나온다는 것을 주의하여야 할 것이다. 즉 우리들이 이 책의 제1부 정리 11에서 그리고 우리들의 부록 제2부 제2장에서 분명하게 증명하는 것처럼 다수의 신들(plures deos)이 있을 수 없고 오로지 하나의 신만 있을 수 있는 것이다.

정리 7

신의 존재는 또한 우리가 신의 관념을 가지는 동안 우리는 존재한다는 사실로부터도 증명된다.

주석

이 정리를 증명하기 위하여 데카르트는 다음과 같은 두 가지 공리들을 사용한다.

1. 더 크거나 또는 더 어려운 것을 행할 수 있는 것은 이보다 더 작은 것도 행할 수 있다. 2. 실체를 창조하거나(공리 10) 보존하는 것은 실체의 속성들이나 성질보다 더 큰 것이다.

이 공리들로 그가 무엇을 말하려고 했는지 나는 모르겠다. 그는 무엇을 쉽다고 하며 무엇을 어렵다고 하는가? 쉽다 어렵다는 절대적인 의미에서 이야기되지 않고 오로지 원인과 관계해서만 그렇게 이야기된다. 그러므로 동일한 것이 서로 다른 원인들과의 관계에서 동시에 쉽다고 그리고 어렵다고 이야기될 수 있다.[21] 그런데 똑같은 원인에 의해서 생길 수 있는 것들 중에서 만일 그가 많은 노력을 필요로 하는 것들을 어렵다고 부르고 적은 노력을 필요로 하는 것들을 쉽다고 부른다면(예컨대 50파운드를 들어 올릴 수 있는 힘은 25파운드를 절반의 힘으로 더 쉽게 들어 올릴 수 있다), 확실히 공리는 절대적으로 참답지 않으며 또한 그는 자신이 증명하려고 의도하는 것을 증명할 수도 없을 것이다. 왜냐하면 그가 "만일 내가 나 자신을 보존할 힘이 있다면, 나는 또한

---

21 오직 하나의 예로 거미를 들어 보자. 사람들은 거미가 매우 짜기가 어려운 거미집을 쉽게 짠다는 것을 발견한다. 다른 한편으로 아마 천사들에게도 불가능할 것 같은 수많은 것들을 인간들이 매우 쉽게 행할 수 있다는 것을 발견하게 된다.

나에게 없는 모든 완전성들을 내 자신에게 주기 위한 힘도 가져야만 할 것이다"(왜냐하면 뒤의 힘은 많은 힘을 요구하지 않기 때문에), 나는 그에게 다음의 사실을 인정할 것이다. 내가 나 자신을 보존하기 위해서 그 힘을 필요로 하지 않았더라면 그 힘으로 나는 다른 많은 것을 훨씬 더 쉽게 해낼 수 있었겠지만, 내가 나 자신을 보존하기 위해서 그 힘을 사용하고 있는 한, 우리의 예에서 분명하게 알 수 있는 것처럼, 나는 그 힘으로 다른 것들을 매우 쉽게 해낼 수 있다는 사실을 부정한다.

그런데 나는 사유하는 것(res cogitans)이기 때문에 나는, 내 모든 힘을 나 자신을 보존하는 데 소비하고 있는지, 또한 이것이 내가 나 자신에게 다른 완전성들을 부여하지 못하는 근거인지를 필연적으로 알지 않으면 안 된다고 하더라도 이런 난점은 제거되지는 않는다. 왜냐하면 (이것에 대해서 더 이상 논쟁하지 말고, 이 정리의 필연성이 어떻게 이 공리에서 따라 나오는지 보자.) 만일 내가 이것을 알았더라면 나는 더 큰 존재자여야 할 것이며 아마도 나 자신을 더 큰 완전성 안에 보존하기 위해서 내가 가진 힘보다 더 큰 힘을 요구하여야만 할 것이다. 더 나아가서 실체를 창조하는 일이 (또는 보존하는 일이) 속성들을 창조하거나 보존하는 일보다 더 큰 과제인지 아닌지를 나는 모르겠다. 곧 더 분명하게 더 철학적으로 말하자면 실체가 자신의 속성들을 보존하기 위하여 자기 자신과 함께 보존할 수 있는 자신의 모든 덕과 본질을 필요로 하는지, 하지 않는지의 여부를 모르겠다.

그러나 이것은 남겨 두고, 계속해서 가장 고귀한 저자가 여기에서 무엇을 원하는지, 곧 그가 '쉽게'(facile)와 '어렵게'(difficile)라는 말을 무엇으로 이해하는지 검토해 보자. 비록 "세 번째 성찰"에서 그가 다음과 같이 말할 때 그는 처음 느끼기에 그렇게 생각하는 것처럼 보인다고 할지라도 나는 그가 '어렵게'라는 말은 불가능한 것(그러므로 존재하게 되는 것을 어떤 식으로든지 파악될 수 없는 것)으로 이해하며, '쉽게'라는 말을 어떤 모순도 포함하지 않는 것으로(그러므로 존재하게 되는 것으로 미리 파악될 수 있는 것) 이해한다고 생각하지도 않으며 확신할 수도 없다. "나는, 내게 결여되고 있는 것들이 아마도 이미 내 안에 있는 것들보다 얻기가 더 힘들 것이라고 생각해서는 안 된다. 왜냐하면 반대로 내가, 곧 사유하는 것 즉 사유하는 실체(res sive substantia cogitans)가 … 무(無)로부터(ex nihilo) 생기는 것이 매우 어렵다는 것은 분명하기 때문이다." 등등.[22] 그 이유는 그것은 저자의 말과 일치하지도 않으며 저자의 천재성이 보이지도 않기 때문이다. 왜냐하면, 첫 번째 공리는 생략하고, 마치 어떤 것과 무(aliquid et nihil) 사이에는 아무런 관계(ratio)가 없는 것처럼 가능한 것과 불가능한 것 사이에, 또는 이해할 수 있는 것(quod intelligibile est)과[23] 이해할 수 없는 것 사이에도 아무런 관계가 없기 때문이다. 그리고 또한 창조와 생성이 비존재자와(ad non entia) 관계하지 않는 것처럼 힘도 더 이상 불가능한 것과 관계하지 않기 때문이다. 그러므로 그것들은 어떤 식으로도 비교할 수 없다. 게다가 나는 모든 사물에 대한 명석판명한 개념을 가졌을 때만 서로 비교할 수 있고 그 관계를 인식할 수 있다. 그래서 나는, 불가능한 것을 행할 수 있는 사람이 가능한 것도 행할 수 있다는 결론을 부정한다. 왜냐하면 나는 다음과 같은 것은 어떤 종류의 결론인지 묻기 때문이다. "만일 어떤 사람이 네모난 원을 만들 수 있다면, 그는 또한 중심으로부터 원둘레로 그어진 모든 선들의 길이가 똑같은 원도 만들 수 있을 것이다." 또는 "만일 어떤 사람이 무(無, nihil)에 작용을 미칠 수 있고 어떤 것을 산출하기 위해서 무(無)를 재료로 사용할 수

---

22 (역주) Med 3, 32–33(AT 7, 48) 참조.
23 (역주) 이해할 수 있는 것은 가지적(可知的)인 것을 말한다.

있다면, 그는 어떤 것으로부터 무언가를 만들기 위한 능력도 가질 것이다.” 왜냐하면 내가 말한 것처럼 이것들과 이와 유사한 것들 사이에는 어떤 일치도, 유사성도 그리고 비교할 것이 아무것도 없으며 또한 어떤 관계도 전혀 없기 때문이다. 어떤 사람이라도 이 문제에 조금만 주의를 기울인다면 이 사실을 알 수 있다. 그러므로 이것은 데카르트의 천재성을 생각한다면 전혀 맞지 않는 일이다.

그러나 방금 끌어들인 두 공리들 중에서 두 번째 공리에 주의를 기울인다면, 그가 ‘더 큰’(maius)과 ‘더 어려운’(difficilius)에 의해서는 ‘더 완전한’(perfectius)을 의미하고 ‘더 작은’(minus)과 ‘더 쉬운’(facilius)에 의해서는 ‘더 불완전한’(imperfectius)을 의미하는 것 같다. 그렇지만 이것은 또한 매우 애매하게 여겨진다. 왜냐하면 여기에는 앞에서와 마찬가지의 난점이 있기 때문이다. 왜냐하면 나는, 더 큰 것을 행할 수 있는 사람은 동시에 똑같이 노력하여 (정리에서 전제되지 않으면 안 되는 것처럼) 더 작은 것을 행할 수 있다는 것을 부정하기 때문이다.

더 나아가서 그가 “속성들을 창조하고 보존하는 것보다 실체를 창조하고 보존하는 것이 더 큰 것이다”라고 말할 때 확실히 그는, 형식적으로 실체 안에 포함되어 있고 단지 개념적 추상에 의해서만 실체 자체와 다른 것을 속성들로 이해할 수 없었다. 왜냐하면 그럴 경우[24] 실체를 창조하는 것과 속성들을 창조하는 것은 똑같은 일이기 때문이다. 그리고 똑같은 이유로 실체의 본질과 정의로부터 필연적으로 따라 나오는 실체의 속성들 역시 이해할 수 없다.

---

24 (역주) ‘형식적으로 실체 안에 포함되어 있으며 단지 개념적 추상에 의해서만 실체 자체와 다른 것을 속성들로 이해할 수 없다면’의 의미를 지시하는 것이 바로 ‘그럴 경우’이다.

게다가 그는, 비록 그가 원한 것처럼 보이긴 해도, 또 다른 실체의 성질들과 속성들을 이해할 수도 없다. 예컨대, 나는 사유하는 유한한 실체(substantia cogitans finita)로서 나 자신을 보존하기 위한 능력을 가지고 있다 하더라도, 그 이유로 인해서 나의 본질과 전적으로 다른 무한 실체의 완전성(perfectio substantiae infinitae)을 나 자신에게 부여할 능력도 가지고 있다고 말할 수 없다. 왜냐하면 나의 존재 안에서(in meo esse) 나 자신을 보존하는 힘이나 본질은 절대적으로 무한한 실체가 자기 자신을 보존하는 힘이나 본질과 유(類)에 있어서 전혀 다르기 때문이다. 무한 실체의 힘들과 성질들은 오직 이성에 의해서만 구분된다.[25] 그래서 내가 나 자신을 보존한다고 가정할지라도, 만일 내가 절대적으로 무한한 실체의 완전성을 나 자신에게 줄 수 있다고 파악하려 한다면 나는 나의 전체 본질을 무(無)로 환원하고 새롭게 무한 실체를 창조할 수 있다는 것 이외의 어떤 다른 가정도 없을 것이다. 물론 이러한 가정은 오로지 유한 실체인 나 자신을 보존할 수 있다고 가정하기만 하는 것보다 훨씬 더 큰 일이라는 것은 확실하다.

그러므로 데카르트는 속성들이나 성질들(attributa sive proprietates)을 통해 이것들 중 아무것도 이해할 수 없기 때문에 실체 자체가 탁월하게 포함하는 성질들(내가 정신 속에서(in mente) 내 안에 결여하고 있는 것으로 확실하게 지각하는 이러저러한 사유처럼)만이 유일하게 남아 있고 또 다른 실체가 탁월하게 포함하는 성질들(연장 안의, in extensione) 이러저러한 운동처럼. 왜냐하면 그러한 완전성들은 사유하는 것인 나를 위한 완전성들이 아니기 때문이다. 그러므로 그것들

---

25 실체가 자기 자신을 보존하는 힘은 실체와 단지 명칭에서만 다른 실체의 본질임을 주의할 것. 이것은 부록에서 신의 능력(Dei potentia)에 대해서 다룰 때 특별히 논의될 것이다.

은 나에게 결여되어 있지 않다)은 남아 있지 않다. 그러나 데카르트가 증명하기를 원하는 것, 곧 만일 내가 나 자신을 보존하고 있다면 나는 최고의 완전한 존재자에게(ad ens summe perfectum) 속하고 내가 확실하게 아는 모든 완전성들을 나 자신에게 줄 수 있는 능력도 가지고 있다는 사실은 (내가 앞에서 분명하게 말한 것처럼) 결코 이 공리로부터 결론 지어지지 않는다. 그렇지만 문제를 증명되지 않은 채 남겨 두지 않기 위해서 그리고 모든 혼동을 피하기 위해서 나는 우선 다음의 보조정리들을 증명하고 그것을 근거로 정리 7을 증명하는 것이 바람직하다고 생각하였다.

보조정리 1

어떤 사물이 자신의 본성에 따라서 더 완전할수록 그것은 그만큼 더 큰 그리고 더 필연적인 존재를 포함한다. 반대로 어떤 사물이 자신의 본성에 의해서 필연적인 존재를 포함하면 할수록 그것은 더욱더 완전하다.

증명

모든 사물들의 관념이나 개념 안에는 존재(existentia)가 포함되어 있다(공리 6). 그러면 A가 열 등급의 완전성을 가진 사물이라고 가정해 보자. 나는 다음처럼 말한다. 즉 그 사물의 개념은 그 사물이 단지 다섯 등급의 완전성을 가진다고 가정하는 것보다 더 많은 존재를 포함하고 있다는 것이다. 왜냐하면 우리는 무(無, nihil)에 대해서 결코 존재를 주장할 수 없으며(정리 4의 주석을 볼 것), 우리가 사유(思惟)를 통해 그 사물의 완전성을 제거함에 따라 우리는 더욱더 그것을 무(無)에 참여하고 있는 것으로 파악하며 그 사물 자체의 존재의 가능성도 부정하기 때문이다. 그러므로 만일 우리가 그 사물의 완전성의 등급이 무한히 영(零), 곧 제로(ciphra)로까지 줄어든다고 파악한다면, 그 사물은 어떤 존재도 포함하지 못하거나 절대적으로 불가능한 존재를 포함할 것이다. 그러나 반대로 만일 우리가 그것의 등급을 무한히 확대한다면, 우리는 그것이 최고의 존재를, 따라서 최고의 필연적 존재를 포함한다고 파악할 것이다. 이것이 첫 번째로 증명되어야 할 것이었다. 다음으로 이들 두 가지는 결코 분리되지 않기 때문에(이 책의 공리 6과 제1부 전체로부터 매우 분명한 것처럼) 우리가 두 번째로 증명하기로 의도했던 것도 명백하게 따라 나온다.

　주(註) 1. 많은 사물들을 산출하기 위해서는 결정된 하나의 원인이 있다는 유일한 근거 위에 많은 사물들이 필연적으로 존재한다고 이야기 할지라도, 우리가 여기에서 말하고자 하는 것은 사물의 원인에 대해서는 어떤 거론도 하지 않고 오로지 사물의 본성이나 본질에 대한 고찰로부터만 따라 나오는 필연성과 가능성에 대한 것만을 말하고자 한다.

　주(註) 2. 우리는 여기서 사람들이 미신과 무지로 인해 완전성이라고 부르고자 하는 아름다움과 다른 완전성들에 대해서(de pulchritudine et de aliis perfectionibus) 이야기하지 않는다. 그러나 내가 이해하는 완전성은 오직 실재, 즉 존재(realitas sive esse)이다.[26] 예컨대 나는 양태나 우연들 안보다(quam in modis sive accidentibus) 실체 안에 더 많은 실재들이 있는 것으로 지각한다. 그러므로 나는 공리 4와 6으로부터 충분히 확신한 것처럼 실체는 우연들보다 더 필연적이며 더 완전한

26　(역주) 실재(realitas)는 불변하게, 곧 참답게 존재하는 것이다. 존재(esse)는 존재자(ens 혹은 existentia) 또는 사물(res)의 존재근거 내지 존재 원리를 의미한다. 예컨대 세상 만물은 존재자들(사물들)이고 그것들의 근거 내지 원리인 하나님이나 도(道)는 존재(esse)라고 할 수 있다. 그러나 하이데거는 존재론의 입장에서 존재자(Seiendes)의 존재근거 내지 존재 원리를 존재(Sein)라고 하였다.

존재(existentia)를[27] 포함한다는 사실을 명백하게 이해한다.

보충

그러므로 필연적 존재(necessaria existentia)를 포함하는 것은 무엇이든지 최고로 완전한 존재자, 즉 신이다.

보조정리 2

자기 자신을 보존할 능력을 가지고 있는 자의 본성은 필연적 존재를 포함한다.

증명

자신을 보존할 힘을 가지고 있는 자는 자기를 창조할 힘도 가지고 있다 (공리 10). 곧 (모든 사람이 쉽게 인정하듯이) 그는 존재하기 위해서 아무런 외적 원인도 필요로 하지 않고, 오로지 그 자신의 본성만이 가능적으로(공리 10) 아니면 필연적으로 그의 존재에 대한 충분한 원인이 될 것이다. 그러나 가능적으로는 아니다. 왜냐하면 그럴 경우(내가 공리 10에 관해서 증명한 것에 의해서) 그가 지금 존재했다는 사실로부터 그가 앞으로도 존재하리라는 것이 (이것은 가정에 모순된다) 귀

---

27 (역주) 존재(existentia)의 의미는 존재자(ens)와 거의 동일하다. 따라서 esse는 existentia의 근거 내지 원리라고 할 수 있다. 중세 기독교 철학 이래로 근대 철학에 이르기까지 일반적으로 존재(existentia)는 본질(essentia)과 질적으로 구분되는 것으로 생각되어 왔다. 현대의 실존철학에서는 자기 결단에 의해서 행동하고 존재하는 주체적 인간을 가리켜 실존(existentia)이라고 하였다. 그러나 근대까지 existentia는 존재자 내지 존재를 의미하였고 실존주의적 실존과는 무관하다고 할 수 있다.

결되지 않을 것이기 때문이다. 그러므로 필연적으로, 즉 그의 본성은 필연적 존재를 포함한다. 이것은 이미 증명되었다(Q.E.D., Quod Erat Demonstrandum).

정리 7에 대한 증명

만일 내가 나 자신을 보존할 힘을 가지고 있다면, 나의 본성은 필연적 존재를 포함할 것이다(보조정리 2). 그러므로 (보조정리 1의 보충에 의해서) 나의 본성은 모든 완전성들을 포함할 것이다. 그런데 내가 사유(思惟)하는 것(res cogitans)인 한에 있어서 나는 내 안에서 수많은 불완전성들, 곧 내가 의심한다는 것, 내가 욕망한다는 것 등을 발견하며, 나는 이것들에 대해서 확신한다(정리 4의 주석에 의해서). 그러므로 나는 나를 보존할 어떤 힘도 가지고 있지 않다. 그리고 지금 나는 그러한 완전성들을 원하지 않기 때문에 내가 지금 그것들을 결여하고 있다고 말할 수도 없다. 왜냐하면 이것은 보조정리 1에 그리고 내가 내 안에서 (공리 5에 의해서) 분명히 발견하는 것과 확실히 모순되기 때문이다.

다음으로, 존재하는 동안 나는 나 자신에 의해서 보존되지 않거나 또는 내가 나 자신을 보존할 힘을 가지고 있지 않을 경우 그런 힘을 가지고 있는 다른 것에 의해서 보존되지 않으면 나는 지금 존재할 수 없다. 그런데 나는 (정리 4의 주석에 의해서) 존재하지만 이미 증명된 것처럼 나 자신을 보존할 힘을 가지고 있지 않다. 그러므로 나는 다른 것에 의해서 보존된다. 그러나 나는 자신을 보존할 힘을 가지지 않은 다른 것에 의해서는 보존되지 않는다(내가 나 자신을 보존할 수 없다는 것을 증명했던 것과 똑같은 근거에 의해서). 그러므로 나는 자신을 보존할 힘을 가지고 있는 다른 것에 의해서, 곧 (보조정리 2에 의해서) 그 본성이 필연적 존재를 포함하고 있는 것에 의해서, 곧 (보조정리 1의 보충에 의해서) 가장 완전한 존재자에 포함되는 것으로 내가 확실하게 이해하는 모든 완전성들을 가지고 있는 것에 의해서 보존된다. 그러므로 최고의 완전한 존재자(ens summe perfectum), 곧 신은 (정의 8에 의해서) 이미 증명된 것처럼 존재한다.

보충

신은 우리가 확실하게 지각하는 모든 것을 우리가 그것 자체를 지각하는 것과 같이 산출할 수 있다.[28]

증명

이 모든 것은 선행하는 정리로부터 명백히 따라 나온다. 왜냐하면 거기에서는 신의 존재가 다음과 같은 사실로부터 증명되었기 때문이다. 즉 그 안에 모든 완전성을 가진 어떤 자가 존재해야만 하고, 그 모든 완전성에 대한 하나의 관념이 우리 안에 있다. 그런데 우리 안에는 매우 큰 어떤 능력에 대한 관념이 있어서 오직 그러한 능력을 가진 자에 의해서만 하늘과 땅과 또한 내가 가능한 것으로 이해하는 다른 모든 것이 만들어질 수 있다. 따라서 신의 존재와 함께 또한 신 자신에 대한 이 모든 것도(haec etiam omnia de ipso) 동시에 증명된다.

정리 8

정신과 신체(mens et corpus)는 실재적으로[29] 구분된다.

---

28 (역주) '신은 산출할 수 있다'(Deus potest efficere)는 '신은 창조할 수 있다'(Deus potest creare)와 똑같은 의미이다.

29 (역주) 실재(realitas)는 불변하는 참다운 존재이다. '실재적으로'(realiter)는 '참

증명

우리가 명백하게 지각하는 것은 무엇이든지 우리가 그것을 지각하는
그대로 신에 의해서 산출될 수 있다(정리 7의 보충에 의해서). 그러나
우리는 정신을, 곧(정의 6에 의해서) 신체 없이 사유하는 실체를, 다시
말해 (정의 7에 의해서) 어떤 연장된 실체 없이(정리 3과 4에 의해서)
사유하는 실체를 명백하게 지각한다. 그리고 거꾸로 (모든 사람이 쉽
게 인정하는 것처럼) 우리는 정신과 관계 없이 신체를 명백하게 지각
한다. 그러므로 적어도 신의 능력에 의해(per divinam potentiam) 정
신은 신체 없이, 신체는 정신없이 있을 수 있다.

그러나 이미 한 실체가 다른 실체 없이 있을 수 있는 실체들은 실재
적으로 구분된다(정의 10에 의해서).

그러나 정신과 신체는 방금 증명한 것처럼 서로 따로 존재할 수 있는
실체들이다(정의 5, 6, 7). 따라서 정신과 신체는 실재로 구분된다.

데카르트의 두 번째 반박에 대한 답의 마지막 부분에 있는 정리 4와
「철학의 원리」 1부 22항부터 29항까지를 보라. 왜냐하면 여기에 그것
을 기재하는 일은 바람직하지 않은 것으로 판단되기 때문이다.

정리 9

신은 최고의 인식하는 자이다.[30]

답게' 내지 '불변하게'의 의미를 가진다.
30 (역주) '신의 최고의 인식하는 자이다'(Deus est summe intelligens)에서 intel-
lego는 지각하다, 인식하다, 이해하다, 파악하다, 통찰하다 등의 의미를 가진다.

증명

만일 당신이 이것을 부정한다면, 신은 아무것도 인식하지 못하거나 아니면 모든 것이 아니라 오직 몇 가지만을 인식할 것이다. 그러나 단지 어떤 것만 인식하고 나머지를 모른다는 것은 제한된 불완전한 지성(intellectus)을 전제하며, 이러한 지성을 신에게 귀속시키는 것은 부당하다(정의 8에 의해서). 그러나 신이 아무것도 인식하지 않는다는 것은, 마치 인간들이 아무것도 인식하지 못할 때 지성의 결함(carentia intellectionis)이 있는 것처럼, 신 안에 지성의 결함이 있다는 것을 가리킨다. 그런데 이러한 사실은 불완전성을 포함하며 (똑같은 정의에 의해서) 신에게 속할 수 없다. 또는 그러한 사실은 신이 어떤 것을 인식한다는 것이 신의 완전성에 모순된다는 것을 가리킨다. 그러나 만일 신에게 있어서 인식(intellectio)이[31] 전적으로 부정된다면 그는 어떤 지성(intellectus)도 창조할 수 없을 것이다(공리 8). 그러나 지성은 명석판명하게 우리들에게 지각되기 때문에 신은 지성의 원인일 수 있다(정리 7의 보충). 그러므로 신이 어떤 것을 인식한다는 것이 그의 완전성에 모순된다는 사실은 전혀 참답지 못하다. 그러므로 신은 최고의 인식하는 자일 것이다. q.e.d.[32]

주석

신은 비물질적이라는 것을(Deum esse incorporeum) 정리 16에서 증명된 것처럼 인정한다고 할지라도, 이것이 연장의 모든 완전성들을 신

---

[31] (역주) 보통 인식(cognotio)과 이해(intellectio)를 구분하지만 여기서는 문맥에 따라서 intellectio를 이해나 인식으로 옮겼다. 따라서 intellegeo도 문맥에 따라서 인식하다 내지 이해하다로 옮겼다.

[32] (역주) q.e.d.는 Q.E.D.(Quod Erat Demonstrandum): '이것은 이미 증명되었다'의 약자이다.

으로부터 제거하여야 하는 의미로 받아들여져서는 안 된다. 연장의 모든 완전성들은 단지 연장의 본성과 성질들이(extensionis natura et proprietates) 어떤 불완전성을 포함하고 있는 한에서 신으로부터 제거되어야 한다. 신의 지성에 대해서(de Dei intellectione) 사람들은 똑같이 말하며, 이 책의 부록 제2부 제7장에 상세하게 해명되는 것처럼 이것은 철학자들의 통상적인 지식을 뛰어넘어(ultra vulgus philosophorum) 지혜롭게 알려고 하는 모든 사람들이 인정하는 것이다.

정리 10

신 안에서 발견되는 모든 완전성은 신으로부터 나온다.

증명

만일 당신이 이것을 부정한다면, 당신은 신으로부터 나오지 않은 어떤 완전성이 신 안에 있다고 가정하는 것이다. 그 완전성은 신으로부터 나와서 또는 신과 다른 어떤 것으로부터 나와서 신 안에 있을 것이다. 만일 그 완전성이 신 자신으로부터 나온다면, 그것은 그렇기 때문에 필연적인, 즉 전혀 가능성을 지니지 않은 존재를(minime possibilem existentiam) 가질 것이며(정리 7의 보조정리 2에 의하면), 따라서 (정리 7의 보조정리 1의 보충에 의해서) 그것은 최고의 완전한 어떤 것(quid summe perfectum)일 것이다. 그러므로 그것은 (정리 8에 의해서) 신일 것이다. 따라서 신 안에 신 자신으로부터 나온 어떤 것이 있다고 말하는 것은 동시에 그것이 신으로부터 나왔다고 말하는 것이다. 이것은 이미 증명되었다. 그러나 만일 이 완전성이 신과 다른 어떤 것으로부터 나왔다면, 신은 그 자체로 최고의 완전한 자로 파악될 수 없는데, 이것은 정의 8에 모순된다. 그러므로 신 안에서 발견되는 모든 완전성은 다 신으로부터 나온다. q.e.d.

정리 11

여러 신들은 존재할 수 없다.

증명

만일 당신이 이것을 부정한다면, 당신이 가능하다면 여러 신들을, 예컨 대 A와 B를 생각해 보라. 그러면 필연적으로 (정리 9에 의해서) A와 마찬가지로 B도 최고로 인식하는 자일 것이다. 곧 A는 모든 것을, 즉 자기와 B를 인식할 것이다. 그리고 B도 자신과 A를 인식할 것이다. 그 러나 A와 B가 필연적으로 존재하기 때문에(정리 5) A안에 있는 B자체 의 관념의 진리와 필연성의 원인(causa veritatis et necessitatis ideae ipsius B)은 B 자체이다. 그리고 반대로 B안에 있는 A자체의 관념의 진 리와 필연성의 원인은 A자체이다. 그러므로 A로부터 나오지 않은 완 전성이 A안에 있을 것이고 B로부터 나오지 않은 완전성이 B안에 있을 것이다. 그러므로 (앞의 정리 10에 의해서) A도 그리고 B도 신들일 수 없다. 그러므로 여러 신들은 존재하지 않는다. q.e.d.

   여기에서 다음의 사실을 주목하지 않으면 안 된다. 즉 어떤 것은 마 치 신처럼 그 자신으로부터 나오는 필연적 존재를 포함한다는 사실로 부터만 그것이 유일하다는 것이 필연적으로 따라 나온다. 이것은 누구 든지 조심해서 성찰해 보면 이해할 수 있을 것이다. 그리고 나는 여기 에서 이것을 증명할 수도 있었다. 그러나 이 정리에서 이루어진 것처럼 모든 사람이 지각할 수 있는 방식으로 증명하지는 않았다.

정리 12

존재하는 모든 것은 오직 신의 힘에 의해서만 보존된다.

증명

만일 당신이 이것을 부정한다면, 당신은 어떤 것이 자기 자신을 보존한다고 가정하게 된다. 그러므로(정리 7의 보조정리 2) 그것의 본성은 필연적 존재를 포함한다. 따라서(정리 7의 보조정리 1의 보충에 의해서) 신이 존재할 것이고 그것도 여러 신들이 있을 터인데 이것은 부당하다(앞의 정리 11에 의해서). 아무것도 신의 힘에 의해서(sola vi Dei) 보존되지 않으면 존재하지 않는다.

보충 1

신은 만물의 창조자(omnium rerum creator)이다.

증명

신은 모든 것을 보존한다(정리 12에 의해서). 곧(공리 10에 의해서) 신은 존재하는 모든 것을 창조하였으며 지금도 계속해서 창조하고 있다.

보충 2

사물들은 신에 대한 인식의 원인(causa cognitionis Dei)인 어떤 본질도 자신이 가지고 있지 않다. 오히려 반대로 신은 사물들의 본질에 관련해서도 사물들의 원인(causa rerum)이다.

증명

신 안에서는 신으로부터 나오지 않은 어떤 완전성도 발견되지 않기 때문에(정리 10) 사물들은 신에 대한 인식의 원인이 될 수 있는 어떤 본질도 자기들 자체가 가지고 있지 않을 것이다. 그러나 반대로 신은 모든 것을 다른 것으로부터 창조하지 않고 모든 것을 전부 창조했기 때문에(정리 12와 보충 1에 의해서) 그리고 창조활동(actio creandi)은 신인 작용인(作用人)만을 인정하기 때문에(왜냐하면 나는 창조를 그렇게 정의하므로) 다음의 사실이 귀결된다. 즉 사물들은 창조되기 이전에는 전적으로 무(nihil)였다. 그러므로 신은 또한 사물들의 본질의 원인이었다. q.e.d.

이 보충은 다음과 같은 사실로부터도 명백하다는 것을 주의해야 한다. 즉 신은 만물의 원인 내지 창조자(omnium rerum causa sive creator)이고(보충 1에 의해서), 모든 사람이 쉽게 알 수 있는 것처럼 이 원인은 결과의 모든 완전성을 자신 안에 포함하여야 한다(공리 8에 의해서).

보충 3

신은 감각하지도 않고, 더 정확히 말하자면 지각하지도 않는다.[33] 왜냐하면 신의 지성은 자신 이외의 어떤 것으로부터도 규정되지 않고, 모든 것은 신으로부터 흘러나오기 때문이다.

---

33 (역주) '감각하지도 않고 더 정확히 말해서 지각하지도 않는다'(non sentire nec proprie percipere)에서 sentire(sentio)는 느끼다, 지각하다 등을 의미하지만 지각한다(percipere)와 구분하게 위해서 여기에서는 '감각하다'의 뜻으로 옮겼다.

보충 4

정리 12의 보충 1과 그로부터 명백하게 귀결되는 것처럼 신은 인과성
(因果性, causalitas)에 있어서 사물들의 본질과 존재에 선행한다.

정리 13

신은 가장 참다우며 결코 기만하는 자가 아니다.[34]

증명

우리가 어떤 것 안에서 불완전성을 발견할 때 우리는 그것을 신에게 귀
속시킬 수 없다(정의 8에 의해서). 그리고 (자명한 것처럼) 모든 기만
이나 속이려는 의지는 오로지 악의나 공포로부터 나오며, 공포는 감소
된 능력을 전제로 삼고 악의는 선의 결여를 전제로 삼기 때문에 신에
게, 곧 가장 힘세고 가장 선한 존재자에게 기만이나 속이려는 의지는
어떤 것도 귀속시켜서는 안 될 것이다. 그러므로 반대로 신은 가장 참
다우며 결코 기만하는 자가 아니라고 말하지 않으면 안 된다. q.e.d. 데
카르트의 두 번째 반박에 대한 답 4번을 보라.[35]

---

34 나는 이 공리를 공리들에 포함시키지 않았는데, 그럴 필요가 전혀 없었기 때문이
   다. 나는 오직 이 정리의 증명을 하기 위해서 필요로 했으며, 더 나아가서 내가 신
   의 존재(Dei existentia)를 알지 못하는 한, 정리 4의 주석에서 말한 것처럼 첫 번
   째로 알려진 것인 '나는 존재한다'(ego sum)로부터 내가 연역할 수 있었던 것 이
   외에는 어떤 것도 참다운 것으로 주장하기를 원치 않았다. 다시금 나는 내 정의들
   에 공포와 악의 정의들(definitiones metus et malitiae)을 포함시키지 않았다. 왜
   냐하면 누구나 그것들을 알며 나는 바로 이 정리를 위해서가 아니면 그것들을 아
   예 필요로 하지 않았기 때문이다.

35 (역주) AT 7, 142-147 참조.

정리 14

우리가 명석판명(明晳判明)하게 지각하는 모든 것은 참다웁다.

증명

우리 안에 있는(모든 사람이 자신 안에서 발견할 수 있고 이미 증명된 모든 것으로부터 분명한 것처럼) 참다운 것을 거짓된 것으로부터 구분하는 능력은 신에 의해서, 곧 결코 기만하는 자가 아닌 가장 참다운 존재자인(정리 13에 의해서) 신에 의해서 창조되었으며 계속해서 보존된다(정리 12와 보충에 의해서). 그리고 그는 우리에게 (모든 사람이 자신 안에서 발견할 수 있는 것처럼) 명석판명하게 지각하는 것들을 멀리하거나 또는 동의하지 않는 능력은 어떤 것도 부여하지 않았다. 그러므로 만일 우리가 그것들에 관해서 기만당했다고 한다면 우리는 전적으로 신에 의해서 기만당한 것일 텐데 이것은 부당하다(정리 13에 의해서). 그러므로 우리가 명석판명하게 지각하는 것은 무엇이든지 참다웁다. q.e.d.

주석

우리에 의해서 명석판명하게 지각되어 필연적으로 동의할 수밖에 없는 것들은 필연적으로 참다웁기 때문에, 그리고 모든 사람이 자신 안에서 확실하게 경험하는 것처럼 우리는 어두운 것과 의심스러운 것들, 곧 가장 확실한 원리들로부터 연역되지 않은 것들에 동의하지 않을 능력을 가지고 있다. 그리하여 우리는 명석판명하게 지각하지 않은 것, 곧 그 자체로 분명하고 확실한 제1원리들로부터 연역되지 않은 것은 어떤 것도 주장하지 않겠다고 진지하게 결단한다면 우리는 언제나 오류에 빠지지 않고 기만당하지 않도록 (다음에 계속되는 것으로부터 한층 더 명백하게 이해될 점이다) 조심할 수 있다.

정리 15

오류는 긍정적인 어떤 것이 아니다.

증명

만일 오류가 긍정적인 것이라면, 오직 신만이 오류의 원인으로 될 것이며 신에 의해서 계속해서 창조되지 않으면 안될 것이다(정리 12에 의해서). 그러나 이것은 부당하다(정리 13에 의해서). 그러므로 오류는 긍정적인 것이 아니다. q.e.d.

주석

오류는 인간에게 긍정적인 것이 아니며 그것은 자유의 올바른 사용의 결핍(privatio recti usus libertatis)일 뿐이다(정리 14의 주석에 의해서). 그러므로 태양의 부재는 암흑의 원인이라거나 신이 어떤 어린아이에게 시력만을 제외하고는 다른 아이들과 유사하게 만들었을 때 어린 아이의 눈이 먼 것(caecitas)의 원인은 신이라고 말하는 것을 제외하고는 신을 오류의 원인이라고 말해서는 안 된다. 신이 우리에게 몇 가지 안 되는 지성만을(intellectum ad pauca tantum se extendentem) 주었다고 해서 신을 오류의 원인이라고 말해서는 안 된다. 이것을 명백하게 이해하기 위해서, 동시에 어떻게 오류가 오직 우리의 의지의 잘못 사용에만(a solo abusu nostrae voluntatis) 의존하는지, 그리고 마지막으로 어떻게 우리가 오류를 피할 수 있는지 이해하기 위해서 우리가 소유하고 있는 사유의 양태들을, 곧 모든 지각의 양태들(감각하기, 상상하기, 순수하게 인식하기와 같은)과 의욕의 양태들(욕망하기, 거부하기, 긍정하기, 부정하기 그리고 의심하기와 같은)을 기억해 보자. 왜냐하면 이 모든 것은 이 두 가지에 귀속될 수 있기 때문이다.

그러나 이 양태들에 대해서 우리는 다음과 같은 것을 주의해야 한다.

1. 정신이 사물들을 명석판명하게 이해하고 사물들에 동의하는 한 정신은 기만당할 수 없다(정리 14에 의해서). 또한 정신은 사물들을 단지 지각만 하고 사물들에 동의하지 않는 한 기만당할 수 없다. 왜냐하면 내가 지금 날개 달린 말을 지각한다고 할지라도 내가 날개 달린 말이 있다는 것을 참답다고 동의하지 않는다면, 또한 날개 달린 말이 있는지의 여부에 대해서 내가 의심한다면 이 지각이 어떤 오류도 포함하지 않는다는 것은 확실하기 때문이다. 그리고 동의하는 것(assentiri)은 의지를 결정하는 것(voluntatem determinare)과 같기 때문에 오류는 오로지 의지의 사용에(a solo usu voluntatis) 달려 있다는 결론이 따라 나온다.

여기에서 이 사실들을 보다 더 명백하게 하기 위해서 우리는 다음의 것들을 주의해야 한다(명심해야 한다).

2. 우리는, 우리가 명석판명하게 지각하는 것들에 동의하는 능력뿐만 아니라 우리가 다른 방식으로 지각하는 것들에 동의하는 능력도 가지고 있다. 왜냐하면 우리의 의지는 어떤 제한에 의해서도(nullis limi-tibus) 결정되지 않기 때문이다.[36] 이것은 누구든지 다음의 사실에 주의하면 명백하게 알 수 있다. 즉 만일 신이 우리의 인식능력을 무한하게 만들려고 했더라면, 그는 우리가 인식한 모든 것에 우리가 동의할 수

---

36 (역주) 우리의 의지는 전혀 제한되어 있지 않다는 의미이다.

있도록 이미 가지고 있는 것보다 더 광범위한 동의하는 능력을 우리에
게 줄 필요가 없었을 것이다. 그러나 우리가 지금 가지고 있는 이 동의
능력은 무수하게 많은 사물들에 동의하기에 충분할 것이다.[37] 그리고
우리는 우리가 확실한 원리들로부터 연역하지 않은 많은 것에 동의한
다는 것을 실제로 경험한다. 더 나아가서 만일 지성이 의지의 능력(vo-
lendi facultas)과 똑같이 넓게 확장되었다면, 또는 만일 의지의 능력이
지성보다 덜 넓게 확장될 수 있었다면, 또는 마지막으로 우리가 의지의
능력을 지성의 한계 내에 제한할 수 있었다면, 우리는 결코 오류에 빠
지지 않을 것이다(정리 14에 의해서).

　　그러나 우리는 앞의 두 조건들에 대해서 아무런 힘도 없다. 왜냐하면
이것들은 의지가 무한하지 않으며, 지성은 유한하게 창조되었다는 것
을 의미하기 때문이다. 그러므로 세 번째 가능성을, 곧 우리의 의지의
능력을 지성의 한계 내에 제한할 힘이 우리에게 있는지의 여부를 고찰
할 일이 남아 있다. 그러나 의지는 자기 자신을 결정하는 데 자유롭기
때문에 우리는 긍정하는 힘(facultas assentiendi)을 지성의 한계 내에
제한할 능력을 가지고 있으며, 이와 마찬가지로 오류에 빠지지 않게 긍
정하는 힘을 가져 올 능력도 가지고 있다. 이로부터 가장 명백한 것은
우리가 결코 오류에 빠지지 않으려면 오로지 의지의 자유의 사용에만
(a solo usu libertatis voluntatis) 의존해야 한다. 우리의 의지가 자유롭
다는 것은 데카르트의 「철학의 원리」 제1부 39항과 「제1철학에 대한
성찰」 4(참다운 것과 그릇된 것에 대해서)에서 증명되었으며, 이 책의
부록 마지막 장에서도 내가 상세하게 제시하였다. 그리고 우리가 어떤
사물을 명석판명하게 지각할 때, 비록 우리가 그 사물에 동의할 수밖에

37　(역주) Med 4, 38(AT 7, 56-57) 참조.

없다고 할지라도, 그 필연적 동의는 우리의 의지의 허약함이 아니라 오로지 우리의 의지의 자유와 완전성에 의존한다. 왜냐하면 진리에 동의하는 것은 우리 안의 완전성이며(자명한 것처럼), 의지는 완전히 자기 자신이 결정할 때 말고는 결코 더 이상 완전하지 못하고 또한 더 이상 자유롭지 못하기 때문이다. 이와 같은 완전성은 정신이 어떤 것을 명석판명하게 인식할 때 일어날 수 있기 때문에 정신은 즉시 자기 자신에게 이 완전성을 필연적으로 부여할 것이다(공리 3에 의해서). 그러므로 우리는 진리를 맞이함에 있어서 전혀 무관심하지 않기 때문에 결코 우리를 덜 자유롭다고 인식하지 않는다. 왜냐하면 반대로 우리가 무관심하면 할수록(quo magis indifferentes sumus) 그만큼 덜 자유롭다는 것이 확실하다고 주장하기 때문이다.

그래서 이제 남은 것은 어떻게 오류가 신에 대해서는 단지 부정인데 비해 인간에 대해서는 결여(privatio)에 지나지 않는지를 밝히는 일뿐이다.[38] 만일 우리가 우선 다음을 주의한다면 우리는 이것을 쉽게 알 것이다. 우리가 명석하게 인식하는 것들 이외의 많은 것을 우리가 인식하는 것은 우리가 그것들을 인식하지 못할 경우보다 우리를 한층 더 완전하게 만드는 것이다. 이것은 다음의 사실로부터 분명하게 확립된다. 즉, 만일 우리가 명석판명하게 지각할 수 없고 오직 혼란스럽게만 지각한다고 가정한다면 우리는 이와 같이 사물들을 혼란스럽게 지각하는 것보다 더 완전한 것을 가지고 있지 않을 것이며, 다른 어떤 것도 우리의 본성에게 기대될 수 없을 것이다. 더 나아가서 제아무리 혼란스러운 사물들일지라도 그러한 사물들에 동의하는 것은, 그것 역시 어떤 활동(actio quaedam)인 한에서 완전성(perfectio)이다. 앞에서처럼 만일 모

---

[38] (역주) 데카르트의 「철학의 원리」 제1부 31항을 참조할 것.

든 사람 각자가 사물들을 명석판명하게 지각하는 일이 인간의 본성에 반대된다고 가정한다면 이것은 또한 모든 사람에게 명백할 것이다. 왜냐하면 그럴 경우 다음의 사실이 매우 확실하게 될 것이기 때문이다. 즉 제아무리 혼란스러운 사물들일지라도 항상 무관심하게, 즉 (우리가 방금 제시한 것처럼) 자유의 가장 낮은 단계에 남아 있는 것보다는 그 사물들에 동의하고 자신의 자유를 실행하는 것이 인간에게는 훨씬 더 좋은 일이다. 또한 인간의 삶의 풍습과 유용성을(ad usum et utilitatem vitae humanae) 주목해 보면, 마치 매일의 경험이 우리 각자에게 충분히 가르쳐 주는 것처럼 우리는 이것이 절대적으로 필연적이라는 것을 발견할 것이다.

그러므로 우리가 소유하고 있는 사유의 모든 양태들은 그 자체만으로 고찰된 한에서는 완전성들이기 때문에 오류의 형태(forma erroris)를[39] 구성하는 것은 사유의 양태들 안에 있을 수 없다. 그러나 만일 우리가 의지의 양태들(modos volendi)이 서로 다르다는 것에 주의를 한다면 어떤 양태들은 다른 양태들보다 의지를 덜 무관심하게 만든다는 점에서, 곧 보다 더 자유롭게 만든다는 점에서 다른 양태들보다 더 완전한 것이다. 나아가서 우리는 혼란스러운 것들에 동의하면 우리는 정신으로 하여금 허위와 진리를 제대로 구분하지 못하게 하며 그리하여 최상의 자유(optima libertas)를 상실한다는 사실을 알게 될 것이다. 그러므로 혼란스러운 것들에 동의하는 것(rebus confusis assentiri)은 그것이 긍정적인 것인 한 어떤 불완전성도 그리고 오류의 형태도 포함하고 있지 않다. 혼란스러운 것에 동의할 수 있는 것은 오직 우리의 본성이 미치는 범위 안에 있으며 우리의 능력 안에 있는 최상의 자유를 우

---

39 (역주) 오류의 형태(forma erroris)는 '오류의 꼴' 또는 '오류의 형식'으로 옮길 수도 있을 것이다.

리가 빼앗기는 한에서만이다. 그러므로 모든 오류의 불완전성(imper-fectio erroris)은 오류라고 일컬어지는 최상의 자유의 결여에서만 성립한다. 그런데 이것이 오류라고 일컬어지는 이유는, 우리가 의지를 지성의 한계 내에 제한할 수 있으면서도 그렇게 하기를 실패할 때 우리의 잘못으로 그 완전성을 결여하기 때문이다. 그러므로 오류는 인간과 관련해서 자유의 완전한, 곧 올바른 사용의 결여(privatio perfecti sive recti usus lebertatis)이므로 오류는 인간이 신으로부터 받은 능력 안에 있지 않으며, 능력들의 작용이 신에게 의존하는 한 작용 안에도 있지 않은 것이다.⁴⁰ 또한 우리는, 신이 우리에게 줄 수 있었던 지성보다 더 큰 지성을 우리에게 주지 않아 우리를 오류에 빠질 수 있게 만들었다고 말할 수도 없다. 왜냐하면 어떤 사물의 본성도 신에게 아무것도 요구할 수 없으며 신의 의지(Dei voluntas)가 어떤 사물에게 부여하려고 했던 것 말고는 아무것도 그 사물에 속하지 않기 때문이다. 그 이유는 우리의 부록 제2부, 제7장과 8장에서 충분히 해명되는 것처럼, 신의 의지에 선행해서는 아무것도 존재하지 않았으며 또한 인식될 수도 없기 때문이다. 그러므로 신은 우리에게서 보다 더 빼어난 지성을, 곧 더 완전한 인식능력을 주지 않은 것은 신이 원에게 구(球)의 성질들을 그리고 구면(球面)의 성질들로부터 원주를 주지 않은 것에 불과하다.

따라서 우리의 능력들은 어떤 것도 어떤 식으로 고찰되든지 신 안의 불완전성으로 제시될 수 없다. 즉 오류의 형태가 성립하는 불완전성은 오직 인간과 연관해서만 결여하는 결과가 분명하게 따라 나온다. 그러나 오류의 원인으로서 신과 관련해서 오류는 결여가 아니고 단지 부정이라고만(non privatio, sed tantum negatio) 이야기할 수 있다.

40　(역주) Med 4, 36–39(AT 7, 54–58) 참조.

정리 16

신은 비물질적이다.

증명

신체는 위치 운동의 직접적인 주관(subiectum)이다[41](정의 7에 의해서). 그러므로 만일 신이 물질적이라면(si Deus esset corporeus) 신은 부분들로 분할될 것이고, 이것은 분명히 불완전성을 포함하고 있기 때문에 이것을 신에 대해서 주장하는 것은 부당하다(정의 8에 의해서).

또 다른 증명

만일 신이 물질적이라면 그는 부분들로 분할될 수 있을 것이다(정의 7에 의해서). 그런데 각각의 부분은 그 자체로 존속할 수 있거나 아니면 존속할 수 없다. 만일 존속할 수 없다면 각각의 부분은 신에 의해 창조된 다른 것들과 마찬가지일 것이고, 따라서 신에 의해 똑같은 힘으로 계속해서 창조될 것이며(정리 10과 공리 11에 의해서), 다른 창조된 것들보다 더 신의 본성에 속하지 않을 것인데 이것은 부당하다(정리 5에 의해서). 그러나 만일 각각의 부분이 그 자체로 존재한다면 각 부분은 또한 필연적 존재를 포함하지 않으면 안 되며(정리 7의 보조정리 2에 의해서), 따라서 각각의 부분은 최고의 완전한 존재자일 것이다(정리 7, 보조정리 2, 보충에 의해서). 그러나 이것도 역시 부당하다(정리 11에 의해서). 그러므로 신은 비물질적이다.[42] q.e.d.

---

41 (역주) 주관(subiectum)은 객관(obiectum)에 대비되는 개념이다. 이 주관은 헤겔식의 주체도 아니고 실존철학의 주체(Subjekt)도 아니다. 여기서의 주관은 인식론상의 주관이다.

정리 17

신은 가장 단순한 존재자이다.

증명

만일 신이 부분들로 구성되어 있다면, 부분들은(모든 사람들이 쉽게 인정하는 것처럼) 적어도 신의 본성에 선행하지 않으면 안 될 것이다. 이것은 부당하다(정리 12의 보충에 의해서). 그러므로 신은 가장 단순한 존재자(ens simplicissimum)이다. q.e.d.

보충

따라서 다음의 사실이 귀결된다: 신의 지성, 그의 의지나 결정 그리고 그의 능력은 추상적 추리에 의해서가 아니면 그의 본질에서 구분되지 않는다.

정리 18

신은 불변한다.

---

42 (역주) '그러므로 신은 비물질적이다'(Ergo Deus est incorporeus)에서 데카르트
가 생각하는 궁극적인 신은 가톨릭의 하나님이다. 그러나 스피노자가 염두에 두
고 있는 신은 하나님=자연=실체=신의 의미에서의 신이다. 여기에서 '비물질적
인'(incorporeus)은 비신체적인, 비물체적인의 의미로도 이해될 수 있다.

증명

만일 신이 변한다면, 신은 부분적이 아닌 전체 본질에 따라서 변하지
않으면 안 될 것이다(정리 17). 그런데 신의 본질(essentia Dei)은 필연
적으로 존재한다(정리 5, 6, 7에 의해서). 그러므로 신은 불변한다.
q.e.d.

정리 19

신은 영원하다.

증명

신은 최상의 완전한 존재자(ens summe perfectum)이고(정의 8에 의
해서) 이로부터 신이 필연적으로 존재한다는 사실이(정리 5에 의해서)
귀결된다. 그런데 만일 우리가 신에게 제한된 존재를 부여한다면 그의
존재의 한계는 우리에 의해서가 아니라면 어떻든 신 자신에게 필연적
으로 인식될 것이다(정리 9에 의해서). 왜냐하면 신은 최상의 지성적
존재자이기 때문이다. 그러므로 신은 자기 자신을, 곧 최고의 완전한
존재자를(정의 8에 의해서) 이 한계들을 넘어서서 존재하지 않는 것으
로 인식할 것이다. 이것은 부당하다(정리 5에 의해서). 그러므로 신은
제한된 존재가 아니라 우리가 영원성(aeternitas)이라고 부르는 무한한
존재(infinita existentia)를 가지고 있다. 우리의 부록 제2부, 제1장을
보라. 그러므로 신은 영원하다. q.e.d.

정리 20

신은 모든 것을 영원으로부터 예정하였다.

증명

신은 영원하기 때문에(정리 19) 그의 인식(intelligentia)은[43] 영원하다. 왜냐하면 그의 인식은 그의 영원한 본질에 속하기 때문이다(정리 17의 보충에 의해서). 그러나 그의 지성은 그의 의지, 곧 결정과(ab eius voluntate sive decreto) 실제로 다르지 않다(정리 17의 보충에 의해서). 그러므로 신이 영원으로부터 사물들을 인식했었다고 우리가 말하는 것은 동시에 그가 영원으로부터 사물들을 그처럼 의욕했거나 결정했다와 같다. q.e.d.

보충

이 정리로부터 신은 자신의 일들에 있어서 가장 영속적이라는 것이 따라 나온다.

정리 21

길이, 넓이 그리고 깊이로(in longum, latum et profundum) 연장된 실체는 실제로 존재한다. 우리는 그것의 일부와 통일되어 있다.[44]

---

43 (역주) '인식'(intelligentia)은 신의 전지(全知)를 일컫는다. 신의 절대적 지성이나 인식은 'intelligentia'이고 그것에 닮은 것으로 신이 만들어서 인간에게 부여한 지성은 'intellectus', 곧 이해력이다.

44 (역주) '통일되어 있다'(uniti sumus)는 '우리들 인간이 물질적 실체(연장된 실체)의 일부와 결합되어 있다'는 의미이다. 데카르트는 인간이 정신과 신체(물질)

증명

우리가 명석판명하게 지각하는 것처럼 연장된 것(res extensa)은[45] 신의 본성에 속하지 않지만(정리 16), 신에 의해서 창조될 수 있다(정리 7의 보충과 정리 8). 더 나아가서, (모든 사람 각자가 자신이 사유하는 한 자신 안에서 발견할 수 있는 것처럼) 연장된 실체는 우리의 의지에 반대될지라도 우리 안에서는 쾌락, 고통 그리고 유사한 관념들 내지 감각 내용들(similesque ideas sive sensationes)이[46] 끊임없이 산출되는데 연장된 실체가 이에 대한 충분한 근거임을 명석판명하게 지각한다. 그러나 만일 우리가 연장된 실체를 제외해 놓고 감각 내용들에 대한 다른 근거들, 예컨대 신이나 천사(Deus aut angelus)를 만들려고 한다면, 우리는 곧바로 우리가 가지고 있는 명석판명한 개념을 파괴하는 것이다. 그러므로[47] 우리가 오직 명석판명하게 지각하는 것만 받아들이기 위해 우리의 지각에 올바르게 주의를 기울일 때 우리는 대체로, 연장된 실체는 우리의 감각 내용의 유일한 원인(sola causa nostrarum sensationum)이며, 따라서 연장된 것은 신에 의해서 창조되어 존재한다고 주장하는 경향을 지니게 될 것이다. 그리고 이러한 사실에서 우리는 속을 수 없는 것이 확실하다(정리 14와 주석에 의해서). 그러므로 길이, 넓이, 깊이로 연장된 실체가 존재한다는 것이 참답게 주장되었다. 이것이 첫 번째 요점이었다.

두 가지 실체들의 결합에 의해서 존재한다고 보았다. 그러나 스피노자는 신=실체=자연이고 이 세상 만물은 모두 신의 양태와 속성들이라고 하였다.

45 (역주) res extensa는 연장된 것 내지 연장된 사물로서 물체를 지시하고 res cogitans는 사유하는 것으로서 영혼이나 정신을 지시한다.

46 (역주) sensus는 느낌, 사려, 지각, 의식, 판단 등 여러 의미가 있으나 여기에서는 문맥에 맞게 감각 내용으로 옮겼다.

47 정리 14의 증명과 정리 15의 보충을 볼 것.

더 나아가서 연장된 실체에 의해서 우리 안에 산출되지 않으면 안 되는 감각 내용들 중에서(우리들이 이미 증명한 것처럼), 내가 한 그루의 나무를 감각하거나 본다고 말할 때처럼, 또는 나는 목마르거나 고통스럽거나 등등이라고 말할 때처럼 우리는 이 두 감각 내용에서 중요한 차이를 관찰한다. 그러나 나는 우선 내가 물질의 다른 부분들이 아니라 한 부분과 긴밀하게 통일되어 있다는 것을 인식하지 않으면 이와 같은 차이의 근거를 인식할 수 없는 것이라는 사실을 확실하게 안다. 나는 이 사실을 명석판명하게 인식하고, 다른 방법으로는 그것을 지각할 수 없기 때문에 내가 물질의 한 부분과 통일되어 있다는 것은(me uni materiae parti unitum esse) 참다웁다(정리 14와 주석에 의해서). 이것이 두 번째 요점이었다. 그러므로 우리는 증명되어야 할 것을 증명하였다. q.e.d.

주(註): 만일 여기에서 독자가 자기 자신을 신체가 없는 오로지 사유하는 것(res cogitans)으로만 고찰하지 않는다면, 그리고 "신체가 존재한다는 것"을 믿기 위해서 자신이 이전에 지녔던 모든 추론들(omnes rationes)을 편견으로서 제외시키지 않는다면 이 증명을 이해하려고 애쓰는 독자의 노력은 수포로 돌아가고 말 것이다.

철학의 원리
- 기하학적 방법으로 증명된 -

제2부

요청

여기에서 유일하게 요청되는 것은 모든 사람이 가장 정확하게 자신의 지각에 주의를 기울이는 것이며 그리하여 확실한 것을 불확실한 것으로부터(clarum ab obscuro) 구분할 수 있다.

정의(定義)

1–9

1. 연장(extensio)은 세 차원들로 성립하는 것이다. 그러나 우리가 이해하는 연장은 연장하는 활동(actus extendendi)도 아니고, 또한 양(量, quantitas)과 다른 것도 아니다.

2. 우리가 이해하는 실체(substantia)는 존재하기 위해 오직 신의 영향(Dei concursus)만을[1] 필요로 한다.

3. 원자(atomus)는 그의 본성에 따라서 분할 불가능한 물질의 한 부분(pars materiae indivisibilis)이다.

4. 무한(indefinitum)은 그의 한계가(만일 무한이 어떤 한계를 가지고 있다면) 인간의 지성에 의해서 발견될 수 없는 것이다.

5. 진공(vacuum)은 물질적 실체가 없는 연장(延長)이다.

6. 공간(spatium)을 우리는 오직 사유(思惟) 안에서만 연장(extensio)으로부터 구분한다. 그러나 그것들은 실제로는 아무런 차이도 없다. 데카르트의 「철학의 원리」 제2부, 10항을 읽어 보라.

---

1 (역주) 신의 영향(Dei concursus)은 신이 피조물들에게 행하는 작용을 의미한다.

7. 우리의 사유 안에서 분할되는 것으로 이해하는 것은 적어도 가능성에 따라서는 분할 가능하다.

8. 위치의 운동(motus localis)은 물질의 한 부분을 또는 어떤 실체를 직접적으로 인접하여 있고 정지하여 있는 것으로 여겨지는 물체들의 근처로부터 다른 물체들의 근처로 이동하는 것이다.

이 정의는 위치의 운동을 해명하기 위해서 데카르트가 사용한 것이다. 이 정의를 옳게 이해하기 위해서 우리는 다음의 사실들을 고찰하지 않으면 안 된다.

8.1. 데카르트가 이해하는 물질의 부분(pars materiae)은, 비록 함께 이동하는 모든 것이 많은 부분들로 성립할 수 있다고 할지라도, 동시에 이동하는 모든 것이다.

8.2. 이 정의에서 혼란을 피하기 위해서 데카르트는 오직 운동하는 것 안에서 끊임없이 움직이는 것만을, 곧 이동하고 있는 것만을 언급한다. 그래서 이것은 보통 다른 사람들처럼 이동을 생기게 하는 힘이나 활동과 혼동해서는 안 된다. 이러한 힘이나 활동은 정지를 위해서가 아니라 오직 운동을 위해서만 필요한 것으로 생각하는데 이것은 전적으로 그릇된 것이다. 왜냐하면, 자명한 것처럼 정지하여 있는 물체에게 일정한 정도의 운동을 전달하기 위해서 필요한 힘이, 다시 같은 물체로부터 일정한 정도의 운동을 철회하고 그 물체를 완전히 정지시키기 위해서도 똑같이 요구되기 때문이다. 실제로 이것은 경험에 의해서도 증명될 수 있다. 왜냐하면 우리가 잔잔한 물에 정지해 있는 배를 앞으로 나아가게 하는 데 드는 힘과, 배가 움직이고 있을 때 배를 갑자기 정지하게 할 때 드는 힘은 대강 똑같기 때문이다. 사실상 우리가 배를 멈추는 데 있어서 만일 배에 의해서 옮겨진 물의 무게와 저항을 받지 않았더라면 그 힘은 정확히 똑같다.

8.3. 그는, 이동(translatio)은 인접한 물체들의 근처로부터 다른 물체들을 향해서 일어나며 한 장소로부터 다른 장소를 향해서는(ex uno loco in aliam) 일어나지 않는다고 말한다. 왜냐하면 장소(locus)는 (데카르트 자신이 「철학의 원리」 제2부 13항에서 해명한 것처럼) 실재적인 것이 아니고 단지 우리의 사유에 의존하기 때문이다. 그래서 우리는 동일한 물체에 대해서 그것이 자신의 위치를 변화시킨다고 그리고 또 자신의 위치를 변화시키지 않는다라고 동시에 말할 수 없다. 그러나 인접한 물체의 근처로부터 어떤 것이 이동한다고 그리고 또 이동하지 않는다라고 동시에 우리는 말할 수 없다. 왜냐하면 특정한 물체들만 동일한 시점에서 움직일 수 있는 똑같은 물체에 근접할 수 있기 때문이다.

8.4. 그는, 이동이 가까이 있는 물체들의 근처로부터 일어나는 것이 절대적이라고 말하지 않고 정지하여 있는 것으로 여겨지는 가까이 있는 물체들의 근처로부터만 일어난다고 말한다. 왜냐하면 A라는 물체가 정지해 있는 B라는 물체를 떠나서 움직이기 위해서는 동일한 힘과 작용(eadem vis et actio)이 양쪽에서 요구되기 때문이다.

이것은 물 밑바닥에 있는 뻘이나 모래에 박혀 있는 배의 예에서 명백하다. 배를 앞으로 움직이기 위해서 는 필연적으로 똑같은 힘이 배에 대해서와 마찬가지로 밑바닥에도 적용되어야만 할 것이다. 그러므로 물체들을 움직이는 힘은 움직여진 물체와 정지해 있는 물체에 대해서 똑같이 소비된다. 이동은 참으로 상호적(reciprocus)이다. 왜냐하면, 만일 배가 모래로부터 분리된다면, 모래도 또한 배로부터 분리되기 때문이다. 그러므로 물체들이 서로 분리될 때, 서로에게 똑같은 작용이 있다는 이유에서 물체들 중 하나가 정지해 있는 것으로 고찰하면 안 되고 만일 우리가 물체들에게 제한 없이 반대 방향으로 움직이는 똑같은 운동을 부여한다면, 우리는 또한 모든 사람이 정지하여 있는 것으로 여기는 물체들에, 예컨대 배가 분리되는 모래에, 운동하고 있는 물체에 부여하는 것과 똑같은 운동량을 부여하지 않으면 안 될 것이다. 왜냐하면 우리들이 제시한 것처럼 다른 쪽에서와 마찬가지로 한쪽에서 똑같은 작용이 요구되며, 따라서 이동은 상호적이기 때문이다. 그러나 이것은 일상적으로 말하는 것과는 동떨어져 있다. 그렇지만 다른 물체들과 분리되어 있는 물체들은 정지해 있는 것으로 여겨지며 또한 이와 같은 식으로 언급된다고 할지라도, 우리는 움직이고 있다고 여겨지는 물체 안에 있는 모든 것은 또한 정지해 있는 물체 안에도 존재한다는 사실을 기억해야 한다.

8.5. 마지막으로 다음의 사실은 또한 정의로부터 확실하다. 즉 각각의 물체는 자기 자신 안에 고유한 하나의 운동만을 소유한다. 왜냐하면 각각의 물체는 자신에게 인접해 있고 정지하여 있는 물체들 중 하나로부터만 멀리 떨어지며 운동하는 것으로 인식되기 때문이다. 그렇지만 만일 움직이는 물체가 다른 운동들을 소유한 물체들의 부분을 형성한다면, 우리들은 움직이는 물체가 다른 무수한 운동들에 참여할 수도 있다는 것을 확실하게 인식한다. 그러나 그렇게 많은 운동들을 동시에 인식하는 것이, 또는 그것들 모두를 인식하는 것이 쉽지 않기 때문에 각각의 물체에서 그 물체에 고유한, 유일한 운동을 고찰하는 것이 충분할 것이다. 「철학의 원리」 제2부 31항을 보라.

9. 우리가 이해하는 물체들의 순환(circulus)은 단지 하나의 형태인데 거기에서 다른 물체의 자극 때문에 움직이고 있는 마지막 물체는, 비록 모든 물체

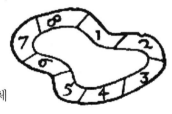

가 단일한 운동의 자극을 통해서 함께 형성한 형태가 매우 찌그러진다
고 할지라도 움직이는 물체들 중 첫 번째 물체를 직접 접촉한다.

공리(公理)

1-21

1. 무(nihil)에는 어떤 속성도 속하지 않는다.

2. 우리가 어떤 사물의 전체성을 손상시키지 않고 그 사물로부터 취할 수 있는 모든 것은 그 사물의 본질(essentia)를 형성하지 않는다. 그러나 만일 우리가 어떤 것을 제거할 때 사물이 파괴되면 그것은 사물의 본질을 형성한다.

3. 딱딱함에 대한(in duritie) 우리의 감각은, 딱딱한 물체들의 부분이 우리의 손 운동에 저항한다는 것만을 느끼게 하며 그외의 것은 딱딱함에 대해서 명석판명하게 인식하지 못한다.

4. 만일 두 물체들이 서로 접근하거나 또는 서로 멀어진다 하더라도 그것들은 더 많은 공간이나 아니면 더 적은 공간을 차지하지 못할 것이다.

5. 물질의 한 부분이 쇠약해지든지 아니면 강하게 저항하든지 간에 물질의 그 부분은 물체의 본성(natura corporis)을 상실하지 않는다.

6. 운동, 정지, 형태 그리고 이와 유사한 것들은 연장(extensio) 없이는 파악될 수 없다.

7. 감각적 성질들을 제외한다면 신체에는 「철학의 원리」 제1부에서 열거된 연장과 연장의 변용들(extensio et eius affectiones)만이 남아 있다.

8. 하나의 공간, 즉 어떤 연장은 다른 시간보다 어떤 특정한 시간에 더 클 수 없다.

9. 모든 연장은 적어도 사유 안에서(saltem cogitatione) 분할될 수 있다.

수학의 기초(elementa matheseos)만이라도 배운 사람은 누구나 이 공리의 진리에 대해서 의심하지 않는다. 왜냐하면 하나의 접선(接線)과 하나의 원 사이의 공간은 항상 무한한 수의 더 큰 원들에 의해서 분할될 수 있기 때문이다. 똑같은 사실이 또한 쌍곡선의 점근선(漸近線)에 의해서(ex hyperbolae asymptotis) 명백해진다.

10. 어느 누구도 연장이나 공간의 한계들을 넘어서서 직접 공간을 따라가면서 동시에 다른 공간들을 파악하지 않고서는 연장이나 공간의 한계들을 파악할 수 없다.

11. 만일 물질이 여러 종류이고, 한 조각이 다른 조각과 직접 접해 있지 않다면 각각의 조각은 필연적으로 한계들 안에 존재하며, 그 한계들 너머에는 아무런 물질도 없다.

12. 가장 작은 물체들은 우리들의 손 운동에 쉽게 따른다.

13. 하나의 공간은 다른 공간을 침투하지 못하며, 어떤 시간에 다른 시간에 있어서보다 더 크지 않다.

14. 만일 관(管) A가 관 C와 길이가 같고, C가 A보다 두 배 넓다면, 그리고 만일 어떤 액체가 관 A를 관 C 보다 두 배 빠른 속도로 통과한다면, 똑같은 양의 물질이 동일한 시간 공간에

관 C와 A를 통과할 것이다. 그리고 만일 똑같은 시간에 동일한 양의 물질이 관 C와 관 A를 통과한다면, 관 C의 물질은 두 배의 속도로 움직일 것이다.

15. 세 번째 사물과 일치하는 사물들은 서로 일치한다. 세 번째 사물의 두 배가 되는 사물들은 서로 똑같다.

16. 다양한 방식으로 움직이는 물질은 그 안에 동시에 서로 다른 속도들이 있는 것으로 관찰되며 그 물체는 실제로 구분된 많은 부분을 가지고 있다.

17. 두 점들 사이의 가장 짧은 선은 직선이다.[1]

18. 만일 C로부터 B를 향하여 움직이는 물체가 반대 방향의 충격에 의해서 저항을 받는다면, 그 물체는 C를 향한 동일한 선을 따라서 움직일 것이다.

19. 만일 반대 방향으로 움직이는 물체들이 서로 충돌한다면, 그것들은 둘 다, 아니면 적어도 그것들 중 하나가 어떤 변화를 겪어야만 한다.

20. 어떤 사물에 있어서의 변화는 더 강한 힘에 의해서 진행된다.

21. 물체 1이 물체 2를 향해서 움직이고 그것을 밀칠 때, 만일 이 충격의 결과로서 물체 8이 물체 1을 향해서 움직인다면 물체들 1, 2, 3 등은 직선을 이룰 수 없고 여덟 개의 전체 물체들은 완전한 원을 형성한다. 정의 9를 볼 것.

---

1 (역주) 데카르트는 유클리드 기하학을 따르고 있다. 현대 위상기하학에서는 "두 점 간의 가장 짧은 거리는 곡선이다"라는 정의를 채택하고 있다. 즉 우주공학에서는 두 점 간의 거리를 직선이 아니라 곡선으로 해석한다.

보조정리 1

연장이나 공간(extensio sive spatium)이 있는 곳에는 필연적으로 실체가 있다.

증명

연장이나 공간은(공리 1에 의해서) 순수한 무(purum nihil)일 수 없다. 그러므로 속성은(attributum) 신이 아닌(제1부의 정리 16에 의해서) 어떤 사물에 필연적으로 귀속되지 않으면 안 된다. 그러므로 존재하기 위해서 오직 신의 협력만을 필요로 하는 사물에게(제1부의 정리 12에 의해서), 곧(제2부의 정의 2에 의해서) 실체에게 속성이 귀속되어야만 한다. q.e.d.

보조정리 2

비록 우리가, 물체들이 농축될 때보다는 희박할 때 더 많은 공간을 차지한다는 사실을 인정하지 않을지라도 우리는 희박과 농축(rarefactio et condensatio)을 명석판명하게 파악할 수 있다.

증명

왜냐하면 희박과 농축은 어떤 물체의 부분들이 서로 멀리 떨어지거나 또는 서로 접근한다는 사실만으로 명석하게 그리고 판명하게 파악될 수 있기 때문이다. 그러므로(공리 4에 의해서) 희박과 농축은 더 큰 공간도 그리고 더 작은 공간도 차지하지 않는다. 왜냐하면, 만일 어떤 물체의, 말하자면 스펀지의 부분들이 서로 움직임으로써 스펀지의 구멍들을 채우고 있는 물체들을 몰아낸다면, 오로지 이러한 작용 자체가 그 물체를 보다 더 농축된 것으로 만들 것이고, 그렇다고 해서 물체의 부분들이 이전보다 더 작은 공간을 차지하지는 않을 것이다(공리 4에 의해서). 그리고 다시 만일 부분들이 서로 멀어지고 틈새들이 다른 물체들에 의해서 채워진다면 희박이 생길 것이지만 부분들은 더 큰 공간을 차지하지는 않을 것이다. 그리고 비록 물체들의 갈라진 틈들이 인간의 감각 지각으로 파악할 수 없다 하더라도, 스펀지의 경우 우리는 감각의 도움으로 확실하게 지각하는데 이것을 모든 물체들의 경우에는 오로지 지성만으로(solo intellectu) 파악할 수 있다. 그러므로 우리들은 희박과 농축을 명석하고 판명하게 파악하며 등등. q.e.d.

나는, 지성이 공간, 희박 등에 대한 편견을 물리치고 다음 것을 제대로 인식하도록 우선 이 보조정리들을 상세히 해명하는 것이 바람직하다고 생각하였다.

정리 1

딱딱함, 무게 그리고 다른 감각적 성질들이 어떤 물체로부터 분리된다고 할지라도 그 물체의 본성은 전혀 손상되지 않고 남아 있을 것이다.

증명

말하자면 이 돌의 딱딱함에 대한 우리의 감각은, 딱딱한 물체들의 부분은 우리의 손 운동에 저항한다는 것(공리 3에 의해서) 이외에는 아무것도 우리에게 지시하지 않으며 또한 우리는 딱딱한 물체들의 부분이 그렇게 저항한다는 것 이외에는 아무것도 명석하고 판명하게 인식하지 않는다. 그러므로(제1부의 정리 14에 의해서) 딱딱함도 이와 같은 것이다. 그러나 만일 언급한 물체가 가장 미세한 분말로 된다면 이 물체의 부분들은 쉽사리 소멸될 것이다(공리 12에 의해서). 그렇지만 그 물체의 본성(corporis natura)은 상실하지 않을 것이다(공리 5에 의해서). q.e.d.

무게와 다른 감각적 성질들에 있어서도 똑같은 식으로 증명이 진행된다.

정리 2

물체와 물질의 본성(corporis sive materiae natura)은 오직 연장(延長)으로만 성립한다.

보충

공간과 물체(spatium et corpus)는 실제로 서로 다르지 않다.

증명

물체와 연장은 실제로 서로 다르지 않다(바로 앞의 정리 2에 의해서). 공간과 연장 역시 서로 다르지 않다(정의 6에 의해서). 그러므로(공리 15에 의해서) 공간과 물체는 실제로 서로 다르지 않다. q.e.d.

주(註): 비록 우리가 신은 어디나 존재한다(Deus esse ubique)라고 말할지라도, 우리는 신이 연장이라는 것을, 곧(바로 앞의 정리에 의해서) 신이 물체적이라는 것을 인정하는 것이 아니다. 왜냐하면 신의 편재(esse ubique)는 만물을 보존하는 신의 능력과 협력만을 지시하고 따라서 천사들과 인간의 영혼들 이외의 연장이나 물체에는 신이 편재하지 않기 때문이다. 그러나 주의하여야 할 일은, 신의 능력이 어디나 있다고 말할 때 신의 본질을 배제하지 않는다는 사실이다. 왜냐하면 신의 능력이 있는 곳에는 신의 본질도 있기 때문이다(제1부, 정리 17의 보충에 의해서). 우리는 단지 물체적 본성만을 배제하고자 한다. 곧 우리가 의미하는 것은, 신은 물체적 능력에 의해서가 아니라 자신의 신성한 능력이나 본질(potentia sive essentia divina)에 의해서 어디에나 있는데, 이것은 연장과 사유하는 것들을 보존하기 위해서 함께 기여한다(제1부의 정리 17에 의해서). 만일 신의 능력이, 곧 신의 본질이 물체적이었더라면 신은 사유하는 것들을 보존할 수 없었을 것이다.

정리 3

진공(vacuum)이 존재한다는 것은 자기 모순적이다.

증명

우리가 이해하는 진공은 물체적 실체가 없는 연장(extensio sine substantia corporea)(정의 5에 의해서), 곧(제2부의 정리 2에 의해서) 물체가 없는 물체인데 이것은 부당하다.

진공에 대한 보다 더 충분한 해명과 진공에 대한 편견의 수정을 위해서는 데카르트의 「철학의 원리」 제2부의 17, 18항을 읽어 보라. 거기에서는 특히 물체들 사이에 아무것도 놓여 있지 않은 물체들은 필연적으로 서로 접촉하게 되며, 또 무(nihili)에는 아무런 성질들도 속하지 않는다는 것을 주의해야 할 것이다.

정리 4

물체의 한 부분은 언제나 같은 크기의 공간을 차지한다. 그리고 거꾸로 동일한 공간은 언제나 동일한 크기의 물체를 포함한다.

증명

공간과 물체는 실제로 서로 다르지 않다(제2부, 정리 2의 보충에 의해서). 그러므로 공간은 언제나 같다고(공리 13에 의해서) 우리가 말하고 또한 물체도 언제나 같다고, 곧 더 큰 공간을 차지할 수 없다고 말한다. 이것이 우리의 첫 번째 요점이었다. 더 나아가서 공간과 물체가 실제로 서로 다르지 않다는 사실로부터 다음의 것이 귀결된다. 즉 물체는 언제나 더 큰 공간을 차지할 수 없고 우리는 또한 똑같은 공간도 언제나 더 큰 물체를 포함할 수 없다는 것을 말하고 있다. q.e.d.

보충

똑같은 공간을 차지하는 물체들은, 예컨대 금과 공기는 똑같은 양의 물질이나 물체적 실체를 가지고 있다.

증명

물체적 실체는 예를 들어 금의 경우 딱딱함으로 성립하지 않으며, 또한 공기의 경우를 부드러움으로 성립하지도 않고, 또 어떤 감각적 성질로도 성립하지 않고(제2부, 정리 1에 의해서), 오직 연장으로만(in sola extensione) 성립한다(제2부, 정리 2에 의해서). 그러나 (가설에 의해서) 서로 다른 두 물체 안에 똑같은 양의 공간이나(정의 6에 의해서) 연장이 있으므로 똑같은 양의 물체적 실체도 존재할 것이다. q.e.d.

정리 5

원자들(atomi)은 존재하지 않는다.

증명

원자들은 그것의 본성에 의해서 분할 불가능한 물질의 부분들(partes materiae indivisibiles)이다(정의 3에 의해서). 그러나 물질의 본성은 제아무리 작다고 할지라도(공리 9와 정의 7에 의해서) 그 자체의 본성상 분할 가능한 연장으로 성립하기 때문에(제2부, 정리 2에 의해서) 물질의 부분이 아무리 작다고 할지라도 그것은 자체의 본성상 분할 가능하다. 곧 그것들 자체의 본성상 분할 불가능한 원자들과 물질의 부분들은 존재하지 않는다. q.e.d.

주(註): 원자들의 문제는 항상 어렵고도 복잡한 것이었다. 어떤 사람들은 어떤 무한한 존재자가 또 다른 무한한 존재자보다 더 클 수 없다고 논의하면서 원자들이 존재하지 않으면 안 된다고 주장한다. 그리고 만일 두 양(量)들이, 예컨대 A와 A자체의 두 배가 무한히 분할 가능하다면 그것들은 또한 신의 능력에 의해서 실제로 무한한 수의 부분들로 분할될 수 있는데, 신은 그것의 무한히 많은 부분들을 한 번의 직관으로(uno intuitu) 인식한다. 그러므로 이미 말한 것처럼 하나의 무한은 다른 무한보다 더 클 수 없기 때문에 양(量) A는 그것의 두 배와 똑같은 것이지만 이것은 부당하다. 그리고 다시 그 무한 수의 반(半)도 역시 무한한지 그것이 짝수인지 홀수인지를, 그리고 또 다른 것들을 묻는다. 데카르트는 이 모든 것은 우리의 지성의 범위 안에 들어오므로 우리의 지성과 파악의 한계로 인해 매우 부적절하게 지각할 수밖에 없는

것들 때문에 우리가 명석하고 판명하게 파악할 수 있는 것을 반대해서
는 안 된다고 답하였다. 그런데 인간의 지성이 본성상 유한하기 때문에
무한과 그것의 성질들은 인간의 지성을 넘어선다. 그러나 우리가 무한
(infinitum)을 파악하지 못한다는 것을 근거로 삼아서 우리가 공간에
대해서 명석하고 판명하게 파악하는 것을 그르다고 반대하거나 또는
의심하는 것은 어리석은 일일 것이다. 그리고 이와 같은 이유로 인해서
데카르트는, 세계의 연장(延長), 물질의 부분들의 분할 가능성 등등과
같이 우리가 아무런 경계도 알 수 없는 것들을 무한한 것(pro indefini-
tis)으로 여긴다.[2] 「철학의 원리」 제1부 26항을 읽어 볼 것.

정리 6

물질은 무한하게 연장되어 있으며, 하늘과 땅의 물질(materia coeli et
terrae)은 똑같다.

증명

첫 번째 부분의 증명: 우리는 연장의 경계들(extensionis finis)을 직접
뒤따르거나 넘어서는 다른 공간들을 파악하지 않고서는(공리 10에 의
해서), 곧 그 경계들을 넘어서는 연장이나 물질을 파악하지 않고서는
(정의 6에 의해서) 또 이렇게 하기를 끝없이 하지 않고서는 연장의, 곧
(제2부 정리 2에 의해서) 물질의 경계들을 전혀 파악할 수 없다. 이것
이 첫 번째 요점이었다.

　두 번째 부분의 증명: 물질의 본질(essentia materiae)은 연장으로 성

2　(역주) 'pro indefinitis'는 '일정하게 결정되지 않은 것으로'의 의미이므로 여기서
　는 '무한한 것으로'로 옮겼다.

립하며(제2부의 정리 2에 의해서), 이 본질은 무한하고(첫 번째 부분의 증명에 의해서), 곧 이 본질은 인간 지성에 의해서 어떤 한계들을 가진 것으로서 파악될 수 없다. 그러므로(공리 11에 의해서) 이 본질은 다수가 아니고 어디에서나 하나의 동일한 것이다. 이것이 두 번째 요점이었다.

주(註): 지금까지 우리는 연장의 본성과 본질(natura sive essentia extensionis)을 다루어 왔다. 그런데 우리가 파악하는 것처럼 연장이 신에 의해서 창조되어 존재한다는 사실을 우리는 제1부의 마지막 정리에서 증명했으며, 제1부의 정리 12로부터 다음의 사실이 귀결된다. 즉 연장은 지금 연장을 창조한 힘과 동일한 힘에 의해서 보존된다. 그리고 다시금 제1부의 똑같은 마지막 정리에서 우리는 다음의 사실을 증명하였다. 우리가 사유하는 한 우리는 물질의 어떤 부분과 통일되어 있는데, 그것의 도움으로 단지 물질을 사색함으로써 실제로 모든 변화들이 있다는 것을 지각하며 그 변화들이 가능하다는 것을 안다. 그 변화들은 분할 가능성, 위치의 운동, 한 부분이 다른 장소로 움직이는 운동이며, 물질의 움직이지 않는 다른 부분들이 움직이는 부분들의 위치를 차지한다고 우리가 이해한다고 가정하면, 우리는 명석하고 판명하게 그 변화들을 지각한다. 그리고 이 분할과 운동(divisio et motus)을 우리는 무한한 방식으로 파악하며 따라서 물질의 무한한 변화들(infinitae materiae variationes)도 파악할 수 있다. 내가 말하는 것은, 우리가 그 변화들을 「철학의 원리」 제1부에서 충분히 해명하는 것처럼 그 변화들을 실제로 연장과 다른 것들이 아니라 연장의 양태들(extensionis modos)로서 파악하는 한 우리는 그 변화들을 명석하고 판명하게 파악한다는 것이다. 그리고 비록 철학자들이 수많은 다른 운동들을 꾸며 냈다고 할지라도, 우리가 명석하고 판명하게 파악하는 것 이외에는 아무것도 인정하지 않는다. 그리고 연장은 위치의 운동만이 가능하다고 명석판명하게 이해하며 또한 어떤 다른 운동도 우리의 상상의 범위 안에 들어오지 않기 때문에 우리는 위치의 운동 이외의 어떤 다른 운동도 인정해서는 안 된다.

그러나 사람들이 말하는 것처럼 제논은[3] 여러 가지 근거들을 가지고 위치 운동을 부정했는데, 퀴니코스학파의 디오게네스는[4] 제논이 이 이론들을 가르치고 있는 학교 주변을(per scholam) 걸어다니면서 제논의 청취자들을 혼란시키고 자신의 방법으로 제논의 여러 가지 근거들을 반박하였다. 디오게네스는 청취자 중 한 사람이 그의 배회를 방해하기 위해서 자기를 붙잡은 것을 알았을 때, 다음처럼 말하면서 그 사람을 꾸짖었다: 왜 그대는 그대의 스승의 추론을 감히 방해하려고 했는가? 그렇지만 다음과 같을 수 있다. 어떤 사람은 제논의 논증에 의해서(per rationes Zenonis) 감각이 지성과 전혀 반대로 우리에게 어떤 것을, 곧 운동을 제시한다는 생각으로 기울어져 기만당할 수 있다. 이 사실은 다음의 결과를 가진다. 즉 정신은 지성의 도움에 의해서 자신이 명석판명하게 지각하는 것에까지도 기만당할 수 있다. 이를 방지하기 위해서 나는 여기에서, 제논이 아무런 참다운 물질의 개념도 가지고 있지 않았기 때문에 제논의 주요 논증들은 단지 그릇된 편견들

---

3 (역주) 제논(약 490~430 B.C.)은, 세계=유(有)=일자(一者)라고 주장한 파르메니데스의 제자로서 공간, 다수성, 운동이 존재할 수 없다고 변증법적으로 증명한 고대 그리스의 엘레아 학파의 철학자이다.

4 (역주) 디오게네스(약 412~323 B.C.)는 퀴니코스학파(견유학파)의 철학자로서 안티스테네스를 이어서 정신적 쾌락만이 덕스러운 삶을 보장한다고 주장하였다. 그는 개처럼 무욕(無慾)의 상태에서 포도주통을 집으로 삼았고, 알렉산더 대왕이 소원을 말하라고 하자 햇빛을 막지 말아달라고 하였다. 그에게는 정신적 자족(自足)이 가장 덕스러운 삶의 상태였다.

만을 기초로 삼았다는 것을 제시하면서 제논의 주요 논증들을 설명할 것이다.

우선 제논은 다음처럼 말한 것으로 전해지고 있다. 즉 만일 위치 운동(motus localis)이 인정된다면, 최고의 속도로 원운동하는 물체의 운동은 정지 상태와(a quiete) 전혀 다르지 않을 것이다. 그러나 후자(後者)는 부당하며 따라서 전자(前者)도 부당하다. 그는 결과를 다음처럼 증명한다: 모든 점이 똑같은 장소에 끊임없이 남아 있는 물체는 정지해 있다. 최고의 속도로 원운동하고 있는 물체의 모든 점들은 동일한 장소에 항구적으로 남아 있고 등등이다. 그는 이 사실을, 말하자면 바퀴 ABC를 예로 들어 설명한 것으로 전해지고 있다. 만일 바퀴가 특정한 속도로 그 중심을 축으로 삼아서 움직인다면, 점 A는 그것이 더 느리게 움직인다면 보다 더 빨리 B와 C를 통해서 어떤 원을 완성시킬 것이다. 예를 들어 점 A가 느리게 움직이기 시작하여 1시간 후에 처음의 장소와 같은 장소에 있다고 가정해 보자. 그런데 그것이 두 배 더 빠른 속도로 움직인다고 가정한다면 그것은 반 시간 후에 처음의 장소와 같은 장소에 있을 것이다. 그리고 만일 그것이 네 배의 속도로 움직인다면 그것은 15분 후에 처음의 장소와 같은 장소에 있을 것이다. 그리고 만일 우리가 속도는 무한히 증가하고 시간은 순간들로 줄어드는 것으로 파악한다면, 최고의 속도로 움직이는 점 A는 모든 순간에 또는 항구적으로 처음의 장소에 있을 것이며 그리하여 그것은 항상 동일한 장소에 남아 있다. 그리고 우리가 점 A에 대해서 이해하는 것을 바퀴의 모든 점에서도 이해될 수 있다. 그러므로 최고의 속도로 움직이는 모든 점들은 항구적으로 똑같은 장소에 남아 있다(Quocirca omnia puncta in summa illa celeritate assidue manet in eodem loco)[5]

그런데 여기에 대해서 대답하기 위해서는 위의 주장이 운동 자체에 대한 논증이라기보다 운동의 최고 속도에 대한 논증이라는 사실에 주의하지 않으면 안 된다. 그러나 우리는 여기에서 제논의 논증의 타당성을 검토하지는 않을 것이다. 우리는 이 모든 논증이 운동을 공격한다고 주장하는 한에서 이 모든 논증이 의존하는 편견들(praeiudicia)을 밝혀 낼 것이다. 첫 번째로 제논은 물체들을 더 이상 빨리 움직일 수 없을 정도로 빨리 움직이는 것으로 파악될 수 있다고 가정한다. 두 번째로 그는, 마치 다른 사람들이 양(量)을 분할 불가능한 점들로 구성되어 있다고 파악하는 것처럼, 시간이 순간들로 이루어져 있다고(tempus componi ex momentis) 가정한다. 이 두 가지 가정들은 다 그르다. 왜냐하면 우리는 결코 매우 빠른 운동을 파악할 수 없고 따라서 동시에 그보다 더 빠른 운동을 파악할 수 없기 때문이다. 매우 빠른 운동의 과정이 아무리 짧다고 해도 그 운동을 파악한다는 것은 우리의 지성에 모순된다. 따라서 매우 빠른 운동보다 더 빠른 운동은 있을 수 없다.

느림(tarditas)의 경우도 똑같다. 왜냐하면 운동이 매우 느려서 그 이상 더 느린 운동이 있을 수 없다는 것을 파악하는 것은 모순을 포함하기 때문이다.[6] 그리고 운동의 척도(motus mensura)인 시간에 대해서

5 (역주) 제논은 공간, 다수성, 운동의 존재를 부정한 엘레아 학파의 철학자이다. 그는 '날아가는 화살은 정지하여 있다', '거북이와 토끼가 경주를 할 경우, 처음에 거북이가 조금이라도 토끼를 앞서 있다면 토끼는 제아무리 빠르더라도 거북이를 따라잡을 수 없다'고 주장하였다. 왜냐하면 운동 가능한 물체는 운동 진로의 매 순간의 점에 정지하여 있기 때문이라는 것이다. 이러한 가정 아래에서는 '운동하는 물체는 결국 정지하여 있다'는 결론이 나오는데 이런 결론은 운동을 동적 운동으로 보지 못하고 운동을 정지하여 있는 공간적 점들의 총계로 보는 오류를 안고 있다.
6 (역주) 매우 빠른 운동과 매우 느린 운동은 가장 빠른 운동과 가장 느린 운동을 뜻한다. 제논은 가장 빠른 운동보다 더 빠른 운동이 없고 가장 느린 운동보다 더 느린

도 우리는 더 이상 짧은 시간이 결코 있을 수 없는 그러한 시간을 파악하는 것은 확실히 우리들의 지성에 모순된다는 것을 주장한다.

　이 모든 것을 증명하기 위해서 제논의 발자취(vestigia Zenonis)를 따라가 보기로 하자. 제논과 함께 다음처럼 가정해 보자. 바퀴 ABC가 축을 중심으로 움직이는데, 점 A가 매 순간 바퀴가 움직이기 시작한 위치 A에 있는 그러한 속도로 바퀴가 움직인다고 치자. 나는 내가 이것보다 무한하게 더 빠른 속도를 그리고 결국 무한하게 더 느린 순간들을 확실하게 파악한다고 말한다. 왜냐하면 바퀴 ABC가 중심을 축으로 하여 운동하는 동안 이 바퀴는 벨트 H의 도움을 받아서 크기가 반인 또 다른 바퀴 DEF를 그것의 축을 중심으로 움직이도록 하는 것이 가정될 수 있기 때문이다. 그런데 바퀴 DEF는 크기가 바

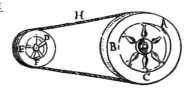

퀴 ABC의 반이기 때문에 바퀴 DEF가 바퀴 ABC보다 두 배 빠른 속도로 움직인다는 것은 분명하다. 그리고 결국 점 D는 매번 바퀴 ABC가 1/2바퀴 돌 때 처음의 위치에 있게 된다. 그리고 만일 우리들이 바퀴 ABC를 2번 돌게 한다면, 바퀴 DEF는 원래 속도보다 네 배 더 빠르게 움직일 것이다. 그리고 다시금 우리들이 바퀴 ABC를 4번 돌게 한다면 바퀴 DEF는 원래 속도보다 여덟 배 빨리 움직일 것이고, 이렇게 무한하게 진행된다. 그러나 이러한 사실은 단지 물질의 개념으로부터(ex solo materiae conceptu) 가장 명백하게 드러난다. 왜냐하면, 우리가 증명한 것처럼 물질의 본질은 연장과 항상 분할 가능한 공간으로(in extensione sive spatio semper divisibili) 성립하기 때문이다. 그래서

　운동도 없으니 운동이란 결국 정지하여 있는 것이라고 주장하였다.

공간 없이 운동은 존재하지 않는다. 우리는 물질의 한 부분이 동시에 두 공간들을 점유할 수 없다는 것도 증명하였다. 왜냐하면 그렇게 두 공간들을 점유할 수 있다는 것은, 이미 증명한 것에서 명백한 것처럼 물질의 한 부분이 그것의 두 배와 똑같다고 말하는 것과 동일할 것이기 때문이다. 그러므로 만일 물질의 한 부분이 움직인다면 그것은 어떤 공간을 통해서 움직이는데, 이 공간은 아무리 작은 것으로 상상된다고 할지라도 분할 가능하며 결국 운동을 측정하는 시간도 마찬가지이다. 그래서 결국 그러한 운동의 지속과 시간(duratio istius motus sive tempus)은 분할 가능하며 이렇게 무한히 진행된다. q.e.d.

이제 제논이 제시한 또 다른 궤변 추리(sophisma)를[7] 살펴보기로 하자. 그것은 다음과 같다: 만일 어떤 물체가 움직인다면 그것은 그것이 있는 장소 안에서 움직이거나 아니면 그것이 존재하지 않는 장소에서 움직인다. 그러나 그것이 있는 장소 안에서는 움직이지 않는다. 왜냐하면 만일 그것이 어떤 장소 안에 있다면 그것은 정지해 있지 않으면 안 되기 때문이다. 다시 그 물체는 자신이 존재하지 않는 장소에서도 움직이지 않는다. 그러므로 그 물체는 움직이지 않는다. 그러나 이러한 노선의 논증은 바로 앞에서의 논증과 마찬가지이다. 왜냐하면 그 논증은 가장 짧은 시간을 가정하기 때문이다. 만일 우리가 어떤 물체는 그 물체가 있는 장소 안에서가 아니라 그 장소로부터 그 물체가 존재하지 않는 장소로 움직인다고 답한다면, 제논은 그 물체가 어떤 중간 장소들에 있지 않았었는지의 여부를 물을 것이다. 만일 우리가 답한다면 우리는 다음처럼 구분할 것이다. 만일 그가 '있었다'를 가지고(per fuit) '정지했었다'(quievit)를 의미한다면, 우리는 그 물체가 움직이고 있는 동안

---

7 (역주) 궤변 추리(Sophisma)는 대표적인 오류 추리이다.

어떤 장소에 있었다는 것을 부정한다. 그러나 만일 '있었다' (fuit)를 가지고 '존재했었다' (exstitit)로 이해한다면, 우리들은 그 물체가 움직이고 있는 동안 그 물체는 필연적으로 존재했다고 말한다. 그는 다시금 그 물체가 움직이고 있는 동안 그 물체는 어디에 있었는지를 물을 것이다. 만일 그가 그 물체는 '어디에 존재했는가' (ubinam exstiterit)를 가지고 그 물체가 움직이고 있는 동안 그 물체는 '어떤 장소에 머물러 있었는가' (quem locum servaverit)를 의미한다면, 우리들은 다시 한 번 답하면서 그 물체는 어떤 장소에도 머물러 있지 않았다고 말할 수 있다. 그러나 만일 그가 '그 물체는 어떤 장소를 바꾸었는가'를 의미한다면, 우리들은 다음처럼 말한다. 즉 그 사물은, 사물이 통과하여 움직이는 공간에 속하는 것으로 그가 부여하고자 하는 그러한 모든 장소들을 그 사물이 바꾼 것이다. 그는 계속해서 동일한 순간에 그 물체가 어떤 장소를 차지하고 또 바꿀 수 있는지를 물을 것이다. 이 물음에 대해서 우리는 다음과 같이 구분하면서 마지막으로 답할 것이다. 만일 그가 시간의 어떤 순간(temporis momentum)을 그 이상 더 짧은 시간이 있을 수 없는 시간을[8] 의미한다면, 그는 우리가 제대로 지적한 것처럼 이해할 수 없는 것을 묻고 있는 것이며, 따라서 그런 물음은 대답할만한 가치가 없다. 그러나 만일 그가, 내가 앞에서 해명한 것처럼, 시간의 참다운 의미를 받아들인다면, 비록 시간이 무한하게 축소될 수 있는 것으로 가정된다고 할지라도 그는 시간 안에서 어떤 물체가 장소를 점유하고 바꿀 수 없을 정도의 그렇게 짧은 시간을 결코 부여할 수 없을 것이다. 그리고 이와 같은 사실은 충분히 주의를 기울이는 사람에게는 명백하다. 따라서 앞에서 우리가 말한 것처럼 그는 더 이상 짧을 수 없는 가장

---

8 (역주) 가장 짧은 시간을 뜻한다.

짧은 시간을 가정하고 있는 것이 매우 명백하고 따라서 그는 아무것도 증명하는 것이 없다.

이 두 가지 논증 이외에도 또 다른 제논의 순환 논법이[9] 있는데, 이것은 데카르트의 서한집 1권에 있는 마지막에서 두 번째 서신에서 그것에 대한 반박을 읽을 수 있다.[10]

그런데 여기에서 나는 나의 독자들이, 내가 내 자신의 추론을 가지고 제논의 추론을 반대했으며, 그래서 디오게네스가 그랬던 것처럼 감각에 의해서가 아니라 이성에 의해서 제논을 반박했다는 것에 주의하기를 바란다. 왜냐하면 감각은 진리 탐구자에게 자연의 현상들(naturae phaenomena)만을 산출할 수 있기 때문인데, 자연 탐구자는 자연의 현상들에 의해서 그 자연의 현상들의 원인을 탐구하도록 결정한다. 자연의 현상들은 지성이 명석하고 판명하게 참다운 것으로 파악하는 것을 결코 그릇된 것으로 제시할 수 없다. 이것이 우리가 취하는 견해이므로 감각이 주장하는 것이 무엇이든지 이성과 모순될 때 감각의 주장을 무시하면서 지성에 의해서 명석판명하게 지각된 근거들을 가지고 우리의 정리(定理)들을 증명한다. 감각은 단지 지성으로 하여금 저것이 아니라 이것을 탐구하도록 결정할 뿐이다. 지성이 어떤 것을 명석판명하게 지각했을 때 감각은 지성을 그르다고 판정할 수 없다.

정리 7

한 물체가 동시에 다른 물체의 장소로 움직이지 않으면 어떤 물체도 한

---

9 (역주) 전체의 내용을 결론에 그대로 추리하는 오류 추리이다. '인간은 이성적이므로 인간은 이성적 동물이다'와 같은 것이 순환 논법의 오류를 범하고 있는 추리이다.
10 (역주) AT 4, 445~447 참조할 것.

물체가 있던 장소로 움직일 수 없다.

증명(다음 정리의 도형을 볼 것)

만일 당신이 이것을 부정한다면, 물체 A가 물체 B의 장소로 움직인다고 가정해 보자. 나는 물체 B를 A와 똑같은 것으로 가정하는데 그것은 자기 자신의 위치를 떠나지 않는다. 그러므로 가설에 의해서 오직 B만을 포함했던 공간은 이제 A와 B를 포함하고 그래서 이 공간은 이전에 포함했던 물질적 실체 양(量)의 두 배를 포함하는데 이것은 부당하다(제2부의 정리 4에 의해서). 그러므로 어떤 물체도 다른 물체의 장소 속으로 움직이지 않는다.

정리 8

어떤 물체가 다른 물체의 장소 안으로 움직일 경우, 그 물체가 떠난 장소는 똑같은 순간에 그 물체와 직접 근접한 또 다른 물체에 의해서 점유된다.

증명

만일 물체 B가 D를 향해서 움직이면, 물체 A와 C는 똑같은 순간에 서로 접근하고 접촉하거나 또는 그러지 않는다. 만일 그것들이 서로를 향해서 움직이고 서로 접촉한다면 우리들이 제안한 것이 인정된다. 만일 그것들이 서로를 향해서 움직이지 않고 B가 떠난 전체 공간이 A와 C 사이에 놓여 있다면, B와 똑같은 물체가(제2부, 정리 2의 보충과 제2부 정리 4의 보충에 의해서) 그 사이에 놓여 있다. 그러나 가설에 의해서 이것은 B가 아니다. 그러므로 그것은 동시에 B의 장소 안으로 움직

이는 또 다른 물체이다. 그리고 그것은
동시에 B의 장소 안으로 움직이기 때문
에 제2부의 정리 6의 주(註)에 따라서 직
접 근접해 있는 것 이외의 다른 것일 수
없다. 왜냐하면 거기에서 우리들은 다음의
사실을 증명했기 때문이다: 항상 더 짧은 시간이

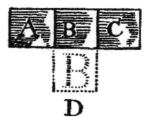

있다는 것 이외의 어떤 시간을 운동이 요구할 만큼 한 장소로부터 다른
장소로 움직이는 운동은 있을 수 없다. 이로부터 다음의 사실이 귀결된
다: 물체 B의 공간은 동시에, B의 공간 안으로 움직이기 이전에 어떤
공간을 통해서 움직여야만 하고 다른 물체에 의해서 점유될 수 없다.
그러므로 직접 B에 근접한 물체만 동시에 B의 장소 안으로 움직인다.

주(註): 물질의 부분들은 실제로 서로 다르기 때문에(데카르트의
「철학의 원리」 제1부 61항을 볼 것) 한 부분은 다른 부분 없이 있을 수
있으며(제1부의 정리 7의 보충에 의해서), 그것들은 서로 의존하지 않
는다. 그러므로 공감과 반감에 관한 저 모든 상상들(omnia illa fig-
menta de sympathia et antipathia)은 그릇된 것으로서 거절되어야만
한다. 더 나아가서 어떤 결과의 원인은 항상 긍정적이기 때문에(제1부
의 공리 8에 의해서) 물체는 결코 진공이 없도록 하기 위해서 움직인다
고 말해서는 안 된다. 물체는 오직 다른 물체의 충격을 통해서만 움직
인다.

보충

모든 운동에서 물체들의 완전한 원(interger circulus corporum)은 동
시에 움직인다.

증명

물체1이 물체2의 장소 안으로 움직이는 시간에 물체2는 다른 물체, 곧 물체3의 장소 안으로 움직이지 않으면 안 되고 계속 이렇게 진행된다 (제2부의 정리 7에 의해서). 그리고 물체1이 물체2의 장소로 움직이는 똑같은 순간에 물체1이 떠난 장소는 다른 물체에 의해서(제2부의 정리 8에 의해서), 말하자면 물체8이나 또는 물체1에 직접 근접한 다른 물체에 의해서 점유되지 않으면 안 된다. 이것은 여기에서 물체1로 가정되는 다른 물체의 충격을 통해서만 일어나기 때문에(이 정리의 주에 의해서) 이 모든 움직이는 물체들은 똑같은 직선 안에 있을 수 없고(공리 21에 의해서), 오히려(정의 9에 의해서) 완전한 원을 형성한다. q.e.d.

정리 9

만일 원통형 관 ABC가 물로 가득 차 있고 A부분이 B부분보다 4배 넓다면 A의 물이(또는 다른 액체가) B로 향해 움직이는 시간 동안 B의 물은 4배의 빠른 속도로 움직일 것이다.

증명

A에 있는 모든 물이 B로 향해서 움직일 때 A에 직접 근접한 C로부터(제2부 정리 8에 의해서) 동일한 양의 물이 똑같은 시간에 A의 장소로 움직이지 않으면 안 된다. 그리고 B로부터

똑같은 양의 물이 C의 장소로 움직이지 않으면 안 될 것이다(같은 정리에 의해서). 그러므로 (공리 14) B의 물은 4배 빠른 속도로 움직일 것이다. q.e.d.

보조정리

만일 A와 B 두 개의 반원들이 똑같은 중심을 가지고 그려진다면, 그것들의 원둘레들 사이의 공간은 어디나 동일할 것이다. 그러나 두 개의 반원들 C와 D가 서로 다른 중심을 가지고 그려진다면, 그것들의 원둘레 사이의 공간은 어디나 동일하지 않을 것이다. 증명은 단지 원의 정의로부터(ex sola definitio circuli) 명백하다.

정리 10

관 ABC를 통해서 움직이는 액체는 무한한 등급의 속도를(indefinitos gradus celeritatis) 받아들인다.[11]

증명

A와 B 사이의 공간은 어디나 똑같지 않다(앞의 보조정리에 의해서). 그러므로(제2부의 정리 9에 의해서) 관 ABC를 통과하는 액체의 속도는 모든 점들에 있어서 똑같지 않을 것이다. 더 나아가서 우리는 사유를 통해(cogitatione) A와 B 사이에서 계속해서 작아지는 무한 수의 공

---

11 (역주) 정리 9를 참조할 것.

간들을 파악하기 때문에(제2부의 정리 5에 의해서) 우리는 또한 모든 점들에 있는 똑같지 않은 속도를 무한한 것으로 파악할 것이다. 그러므로(제2부의 정리 9에 의해서) 속도의 등급들은 수적으로 무한할 것이다. q.e.d.

정리 11

관 ABC를 통해서 흐르는 물질은(정리 9의) 무한한 수의 입자들로 분할된다.

증명

그러므로(공리 16) 그 물질은 자신이 실제로 분할되는 무한한 수의 부분들을 가진다. q.e.d. 「철학의 원리」 제2부의 34, 35항을 읽어 볼 것.

주(註): 지금까지 우리는 운동의 본성(natura motus)을 다루었다. 이제 우리는 이중적인 운동의 원인을 탐구하여야 한다.

(1) 세상에 있는 모든 운동들의 원인인 첫 번째 또는 보편적 원인.

(2) 물질의 개별적인 부분들이 이전에 가지지 못했던 운동들을 획득하게 하는 특수한 원인.

우리는 명석판명하게 지각하는 것만을 인정하지 않으면 안 된다(제1부의 정리 14와 제1부의 정리 15의 주에 의해서). 그래서 다른 원인이 아니라 물질의 창조자인 신만을 원인으로 명석판명하게 인식하기 때문에, 다른 보편적 원인이 아니고 오직 신만을 원인으로 인정하지 않으면 안 된다는 것은 명백하다. 그리고 우리들이 여기에서 운동에 대해서(de motu) 이야기하려면 또한 정지에 대해서도(etiam de quiete) 이해하지 않으면 안 된다.

정리 12

신은 운동의 주요 원인이다(Deus est causa principalis motus).

증명

바로 앞의 주(註)를 볼 것.

정리 13

신은 아직도 여전히 자신의 협력에 의해서(suo concursu) 자신이 원래 물질에게 준 것과 똑같은 양의 운동과 정지를(eandem quantitatem motus et quietis) 보존하고 있다.

증명

신은 운동과 정지의 원인이기 때문에(제2부의 정리 12) 신은 그것들을 창조한 능력과 똑같은 능력으로 그것들을 계속해서 보존한다(제1부의 공리 10에 의해서). 운동과 정지의 양(量)도 신이 그것들을 처음 창조했을 때와 똑같이 남아 있다(제1부의 정리 20, 보충에 의해서). q.e.d.

주(註) 1 : 비록 신학에서는, 신이 자기 자신의 선한 기쁨에서 그리고 자신의 능력을 인간에게 제시하기 위해서 많은 것들을 행한다고 언급하지만, 단지 신의 선한 기쁨에 의존하는 것들은 철학이 신학과 혼동되는 것을 방지하기 위해서 오로지 신성한 계시(divina revelatio)라는 수

단에만 의존한다. 그 때문에 철학에서는 이성이 우리에게 말하는 것만 탐구하도록 제한되어 있으므로 그것들을 허락하지 않는다.

주(註) 2: 비록 운동은 움직이는 물질의 양태일 뿐이라고 할지라도 그것은 확실하고 결정된 양을(certam et determinatam quantitatem) 가지고 있다. 이것을 어떻게 이해하여야 하는지는 다음에 기술하는 것에서 명백하게 될 것이다. 「철학의 원리」 제2부, 36항을 읽을 것.

정리 14

각각의 사물(unaquaeque res)은 단순하고 분할되어 있지 않으며 오직 그 자체로만 고찰되는 한 동일한 상태에 있는 동안 그 안에 머문다.

많은 사람들이 이 정리를 공리로 취하지만, 우리는 그것을 증명할 것이다.

증명

모든 것은 오직 신의 협력에 의해서만(ex solo Dei concursu)(제1부의 정리 12) 어떤 상태에 있으며, 신은 자신의 작품들에게 최고로 항구하기 때문에(제1부의 정리 20, 보충에 의해서) 만일 우리가 어떤 외적 원인들에 (곧, 특수한 원인들에) 전혀 주의를 기울이지 않고 사물을 단지 그 자체로만 고찰한다면, 우리들은 사물이 그 상태에 있는 동안 사물은 언제나 자신이 있는 상태에 머물러 있다고 주장해야 한다. q.e.d.

보충

일단 운동하고 있는 물체는 외적 원인에 의해서 정지되지 않으면 언제나 계속해서 움직인다.

증명

이것은 앞의 정리로부터 명백하다. 그러나 운동에 대한 편견을 고치기 위해서는 「철학의 원리」 제2부, 37항과 38항을 읽어 보라.

정리 15

운동하고 있는 모든 물체는 곡선이 아니라 직선에 따라서 계속 움직이려는 경향이 있다.

이 정리는 물론 공리로 고찰될 수 있지만 나는 앞의 정리로부터 다음과 같이 증명할 것이다.

증명

오직 신만을 자신의 원인으로 가진 운동은(제2부의 정리 12) 아무런 힘도 가지지 않고 존재하며(제1부의 공리 10에 의해서) 사실상 모든 순간에 계속해서 신에 의해서 창조된다(이것에 의해서 방금 인용된 공리와 연관해서 증명된다). 그러므로, 비록 우리가 운동의 본성에만 주의를 기울인다고 할지라도, 우리는 결코 다른 지속들보다 더 큰 것으로 파악될 수 있는 지속(duratio)을 운동의 본성에 속하는 것으로서 운동의 본성에 귀속시킬 수 없다. 그러나 만일 물체가 곡선으로 운동하는 것이 운동하는 물체의 본성에 속한다고 말한다면, 우리는 계속해서 직선으로 움직이려고 하는 경향이 움직이는 물체의 본성에 있는 것으로 가정할 때보다 더 오랜 지속을 운동의 본성에 부여하여야만 할 것이다 (공리 17에 의해서). 그러나 (우리들이 방금 증명한 것처럼) 우리는 그러한 지속을 운동의 본성에 부여할 수 없고, 또한 곡선으로 계속해서 움직이는 것이 움직이는 물체의 본성에 속한다고도 주장할 수 없기 때문에 움직이는 물체는 계속해서 오직 직선으로만 움직일 뿐이다. q.e.d.

주(註): 아마도 많은 사람들이, 이 증명은 다음의 사실을 제시하는 데에 똑같이 효과적이라고 생각할 것이다. 곡선을 그리는 것이 운동의 본성에 속하지 않는 것처럼 직선을 기술하는 것은 운동의 본성에 속하지 않는다. 그 이유는, 직선이든 곡선이든지 간에 더 짧은 것이 없다면 어떤 직선이나 어떤 곡선도 성립될 수 없기 때문이다. 그렇지만 비록 내가 이것을 염두에 두고 있다고 할지라도, 나는 다음의 사실을 주장한다. 증명은 정확하게 진행되는데, 그 이유는 개별적 선들의 길이, 곧 선들의 우연적 차이로부터가 아니라, 선들의 보편적 본질로부터, 곧 선들의 본질적인 특별한 차이로부터만 증명되기를 요구한 것을 이끌어 내기 때문이다. 그러나 그 자체로 매우 분명한데 내 증명에 의해서 한층 더 모호하게 하는 것을 피하기 위해서 단지 운동의 정의(motus definitio)만을 언급한다. 이 정의는 운동이란 오직 물질의 한 부분이 … 등의 근접으로부터 다른 … 등의 근접으로 이동하는 것이라고 주장한다. 그래서 우리가 이 이동을 가장 단순한 형태로, 곧 직선으로 진행하는 것으로 파악하지 않으면 우리는 운동의 정의나 본질에(in eius definitione sive essentia), 따라서 운동의 본성에 속하지 않는 것을 첨가하고 있는 것이다.

보충

이 정리로부터 다음의 사실이 귀결된다: 곡선으로 움직이는 각각의 물체는 그것 자체가 계속해서 따라서 움직일 선으로부터 끊임없이 일탈하고 있다. 그런데 이것은 외적 원인의 힘에 의한 것이다(제2부의 정리 14에 의해서).

정리 16

원운동을 하는 모든 물체는(예컨대 투석기의 돌처럼) 원의 접선(接線)에 따라서 계속 움직이도록 연속적으로 결정되어 있다.

증명

원을 그리며 움직이는 물체는 계속해서 직선으로 움직이며 외부의 힘에 의해서 끊임없이 방해받고 있다(앞의 정리의 보충에 의해서). 만일 외부의 힘이 멈춘다면 그 물체는 그 자체가 직선 운동을 진행할 것이다(정리 15). 더 나아가서 원을 그리며 운동하는 물체는 외부의 원인에 의해서 원과 접하여 운동을 진행하게 되어 있다고 말한다. 만일 당신이 이것을 부정한다면, B에 있는, 예컨대 투석기의 돌이 BD접선을 따라서가 아니라 똑같은 점으로부터 원밖에 아니면 안에 그려진 것으로 파악되는 다른 선을 따라서 움직이도록 결정되어 있다고 가정해 보자. 투석기가 L로부터 B로 온다고 가정할 때 이 선을 BF라고 하자. 다른 한편으로 만일 투석기가 C로부터 B를 향해서 온다고 가정한다면, 이 선을 BG라고 하자. 만일 BH가 B에서 단절되는 원둘레를 통해서 중심으로부터 그려진 선이라면 나는 각(角) GBH를 각(角) FBH와 똑같은 것으로 이해한다. 그러나 만일 B에 있는 돌이 L로부터 B를 향해서 원모

양으로 움직이는 투석기에 의해서 F를 향해서 움직이도록 결정되어 있
다면, 다음의 사실이 필연적으로 귀결된다(공리 18에 의해서): 투석기
가 반대로 결정되어 C로부터 B로 움직일 때 돌은 반대로 결정되어 선
BF로 움직이도록 결정될 것이며, 따라서 G로 향해서가 아니라 K로 향
해서 움직이려는 경향을 가질 것이다. 이것은 가설과 어긋난다. 그리고
접선을 제외하고는 어떤 선도 선 BH와 함께[12] 인접한 똑같은 각들
DBH, ABH를 만들면서 점 B를 통해서 그려질 수 없기 때문에 투석기

가 L로부터 B로 움직이든지 아니면 C로
부터 B로 움직이든지 간에 똑같은 가설
을 보존할 수 있는 것은 오직 접선밖에
없다. 그래서 돌은 오직 접선만 따라서
움직이려는 경향을 가질 수 있다. q.e.d.

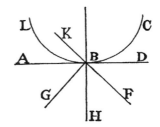

또 다른 증명

원 대신에 원 안에 그려진 육각형 ABH와 변(辺) AB에 정지하여 있는
물체 C를 생각해 보자. 그리고 눈금자 DBE가(내가 가정하건대 이것의
한 끝은 중심 D에 고정되어 있고, 그런가 하면 다른 끝은 자유롭다) 중
심 D 주변을 움직이며 끊임없이 선 AB를
자르고 있다. 만일 이러한 식으로 움직이는
눈금자가 직각에 있는 선 AB를 자를 때 물
체 C를 만난다면, 눈금자는 자신의 충격에
의해서 물체 C로 하여금 G를 향하여 선
FBAG를 따라서, 곧 무한히 연장된 변 AB

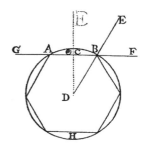

---

12   이것은 유클리드의 「기초」 3권, 정리 18, 19로부터 명백하다.

를 따라서 움직이게끔 결정할 것은 명백하다. 그러나 우리가 임의로 육각형을 선택했기 때문에 원 안에 그려질 수 있다고 우리가 생각하는 어떤 다른 도형에 대해서도 똑같은 것이 주장되지 않으면 안 된다. 즉 물체 C가 도형의 한쪽에 정지해 있으면서 가늠자가 직각에 있는 변을 자를 때 가늠자 DBE에 의해서 부딪치면, 그것은 가늠자에 의해서 무한히 연장된 그 변(邊)을 따라서 움직이도록 결정될 것이다. 그러면 육각형 대신에 무한 수의 변들을 가진 직선의 형태(곧 아르키메데스의 정의에 따라서 원)를 생각해 보자. 다음의 사실은 명백하다: 가늠자 DBE가 물체 C를 만날 때는 언제나 가늠자가 직각을 이루는 그러한 형태의 어떤 변을 자를 것이고, 따라서 가늠자가 물체 C로 하여금 무한하게 연장된 변을 따라서 움직이도록 동시에 결정하지 않고서는 결코 물체 C를 만나지 못할 것이다. 그리고 양 방향 중 어느 방향에서 생긴 어떤 변도 형태 밖으로 항상 떨어져 나가기 때문에 무한하게 연장된 변은 무한한 수의 변들을 가진 형태의,[13] 곧 원의 접선일 것이다. 그리고 만일 우리가 가늠자 대신에 원을 그리면서 움직이는 투석기를 생각한다면, 이것은 돌이 계속해서 접선에서 움직이도록 결정할 것이다. q.e.d.

여기에서는 이들 두 증명이 어떤 곡선의 형태에도 적용될 수 있다는 것에 주의하지 않으면 안 된다.

정리 17

원운동을 하는 모든 물체는(omne corpus, quod circulariter movetur) 자신이 그리는 원 중심으로부터 멀어지려고 한다.

---

13 (역주) figura를 여기에서 형태라고 옮겼는데, 형태는 도형과 마찬가지 의미를 가진다.

증명

어떤 물체가 원운동을 하는 동안, 그것은 어떤 외적 원인에 의해서(ab alqua causa externa) 강제로 움직이며, 만일 이것이 그치면 그 물체는 단숨에 원에 대한 접선에서 운동을 진행한다(앞의 정리에 따라서). 원을 접하는 점을 빼고 이 접선의 모든 점들은 원 밖으로 떨어지며,[14] 따라서 중심으로부터 한층 더 멀리 떨어진다. 그러므로 투석기 EA에서 원을 그리며 움직이는 돌이 점 A에 있을 때, 그 돌은 계속해서 선을 따라 움직이려고 하며, 이 선의 모든 점들은 원둘레 LAB 의 어떤 점들보다도 중심 E로부터 한층 더 멀리 떨어져 있다. 그리고 이것은 돌이 그리는 원의 중심으로부터 떨어져서 멀리 움직이려고만 한다. q.e.d.

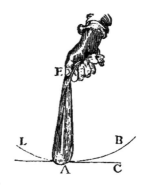

정리 18

만일 어떤 물체 A가 정지하여 있는 물체 B를 향해서 움직인다면, 그리고 물체 A의 충격에도 불구하고 B가 자신의 정지 상태를 전혀 상실하지 않는다면, A도 자신의 운동에 대해서 아무것도 상실하지 않을 것이며, 자신이 이전에 가졌던 것과 똑같은 운동량을 모두 유지할 것이다.

증명

만일 당신이 이것을 부정한다면, 물체 A는 상실된 운동을 다른 어떤 것

---

14 유클리드의 「기초」 제3권, 정리 16을 볼 것.

에, 말하자면 B에 전달하지 못하고 자신의 운동을 상실한다고 가정해 보자. 만일 이렇게 된다면 자연 안에는(in natura) 이전보다 더 작은 운동량이 있을 것인데, 이것은 부당하다(제2부의 정리 13에 의해서). 물체 B의 정지 상태에 대해서도 똑같은 식으로 증명이 진행될 것이므로, 만일 한 물체가 다른 물체에게 어떤 것도 전달하지 않는다면, B는 자신의 모든 정지를 보존할 것이고 A는 자신의 모든 운동을 보존할 것이다. q.e.d.

정리 19

운동 그 자체는 특정한 방향으로 향하는 운동 자체의 결정과는 다르다. 그러나 움직이는 물체가 반대 방향으로 이동하거나 또는 역추진(逆推進)되기 위해서 어떤 시간에 정지해 있을 필요가 없다.

증명

앞의 정리에서처럼 물체 A가 물체 B를 향해서 직선으로 움직이며, 계속해서 더 움직이는 것을 물체 B에 의해서 저지당한다고 가정해 보자. 그러므로(앞의 정리에 의해서) A는 감소되지 않은 자신의 운동을 보존할 것이며 제아무리 작은 시간의 틈에 있어서라도(quantumvis minimum spatium temporis) 정지해 있지 않을 것이다.[15] 그렇지만 물체 A는 계속해서 움직이기 때문에 이전과 똑같은 방향으로 움직이지 않는다. 왜냐하면 그것은 B에 의해서 저지당하는 것으로 가정되었기 때문

---

15 (역주) 물체 A는 극히 짧은 순간이라도 정지하지 않는다는 의미이다.

이다. 그러므로 A의 운동은 감소되지 않고 남아 있고 A의 이전의 결정은 상실되었으며, 그것은 어떤 다른 방향이 아니라 반대 방향으로 움직일 것이다(데카르트의 「굴절광학」 제2장에서 언급된 것에 의해서). 그러므로 결정(determinatio)은[16] 운동의 본질에 속하지 않고(공리 2에 의해서) 본질과 다르며, 역추진되어 움직이는 물체는 어느 시간에도 정지하여 있지 않다. q.e.d.

보충

그러므로 한 운동은 다른 운동들에 반대되지 않는다는 사실이 귀결된다.

정리 20

만일 물체 A가 물체 B와 충돌하여 물체 B를 취한다면, B가 A와 충돌했기 때문에 B가 얻는 만큼의 운동을 A는 상실할 것이다.[17]

증명

만일 당신이 이것을 부정한다면, B는 A가 상실하는 것보다 많거나 아니면 적은 운동을 A로부터 획득한다고 가정해 보자. 이 모든 차이는 과연 전체의 운동량에 더해지거나 아니면 그것으로부터 빼야 되는데, 이것은 부당하다(제2부의 정리 13에 의해서). 그러므로 물체 B는 더 많은 운동도 더 적은 운동도 획득하지 않고 바로 A가 상실하는 만큼의 운동을 획득할 것이다. q.e.d.

---

16 (역주) 여기에서 결정은 '운동'의 결정을 뜻한다.
17 (역주) 정리 18의 도형을 볼 것.

정리 21

만일 물체 A가 B보다 두 배 크고 똑같은 속도로 움직인다면, B와 동일
한 속도를 유지하기 위해서 A는 B보다 두 배의 운동을 소유하거나 아
니면 두 배의 힘을 소유해야 할 것이다.[18]

증명

A 대신에 두 개의 B가 있다고 가정해 보자. 곧 가설에 의해서 A는 두
개의 똑같은 부분들로 분할된다. 각각의 B는 자신이 있는 상태 안에서
(제2부의 정리 14에 의해서) 유지되기 위한 힘을 가지며, 이 힘은 두
개의 B에서(가설에 의해서) 동일하다. 그런데 만일 이들 두 개의 B가
함께 결합하고 그것들의 속도가 똑같이 유지된다면, 그것들은 하나의
A가 될 것이고 이것의 힘과 양은 두 개의 B의 힘 및 양과 동일하거나
아니면 하나의 B의 힘과 양의 두 배일 것이다. q.e.d.

이것이 오직 운동의 정의로부터만(ex sola motus definitione) 귀결
된다는 것에 주의하자. 왜냐하면 움직이는 물체가 크면 클수록 다른 물
질로부터 분리되는 물질은 한층 더 많기 때문이다. 그러므로 더 많은
분리가, 곧(정의 8에 의해서) 더 많은 운동이 존재한다. 운동의 정의에
관해서는 우리가 정의 8, 주(註) 4에서 고찰한 것을 볼 것.

정리 22

만일 물체 A가 물체 B와 동일하고 A가 B의 속도의 두 배로 움직인다

---

18 (역주) 정리 18의 도형을 볼 것.

면, A의 힘이나 속도는 B의 힘이나 속도의 두 배일 것이다.[19]

증명

B가 최초로 운동의 어떤 힘을 획득했을 때, 네 등급의 속도를 획득했다고 가정해 보자. 그런데 만일 이것에 아무것도 더해지지 않는다면, B는 계속해서 움직이며(제2부, 정리 14에 의해서) 자신의 상태에서 유지될 것이다. 그런데 B가 이전 것과 똑같은 또 다른 충격으로부터 부가적인 힘을 획득한다고 가정해 보자. 결과적으로 B는 앞의 네 등급의 속도에다 또 다른 네 등급의 속도를 획득할 것이고, B는 그러한 속도를 역시 보존할 것이며(똑같은 정리에 의해서) 곧 B는 두 배 더 빠르게 움직일 것이고(곧 A만큼 빨리), 그리고 동시에 B는 두 배의 힘을(곧 A의 힘과 똑같은 힘을) 가질 것이다. 그러므로 A의 운동은 B의 운동의 두 배이다. q.e.d.

여기에서 우리는 움직이는 물체들의 힘(vis in corporibus motus)을 운동의 양(quantitas motus)으로 이해한다는 것에 주의하자. 이 양은 똑같은 물체들의 운동 속도에 비례해서 그리고 직접 가까이 있는 물체들로부터 동시에 운동 속도에 의해서 한층 더 많이 멀어지는 한에 있어서, 그 똑같은 물체들이 보다 더 느리게 운동하는 경우보다 이 양의 크기가 한층 더 크지 않으면 안 된다. 그러므로 그 물체들은 또한(정의 8에 의해서) 보다 더 많은 운동을 가진다. 그러나 정지해 있는 물체들에서 우리들은 저항력(vis resistendi)을 정지의 양(quantitas quietis)으로 이해한다. 이로부터 다음의 사실들이 따라 나온다.

---

19 (역주) 정리 18의 도형을 볼 것.

보충 1

물체들이 더 느리게 움직일수록 물체들은 정지에 더 가까워진다. 왜냐하면 물체들은 자기들과 충돌하는, 물체가 더 빠르게 운동할수록 더 많이 저항하고 보다 적은 힘을 가지고 있으며 또한 직접 가까이 있는 물체들로부터 보다 덜 떨어져 있기 때문이다.

보충 2

만일 물체 A가 물체 B보다 두 배 빠르게 움직이고, B가 A보다 두 배 더 크다면 더 큰 물체 B 안에는 더 작은 물체 A안에 있는 것과 똑같은 운동량이 있고, 그러므로 또한 똑같은 힘이 있다.

증명

B의 크기가 A의 두 배이고, A는 B의 속도의 두 배로 움직이고, C는 B의 크기의 반이며 A의 속도의 반으로 움직인다고 하자. 그러므로 B는 (제2부의 정리 21에 의해서) C의 두 배되는 운동을 가질 것이고, A는 (제2부의 정리 22에 의해서) C의 두 배되는 운동을 가질 것이다. 그러므로(공리 15) B와 A는 똑같은 운동을 가질 것이다. 왜냐하면 각각의 운동은 제3의 물체 C의 두 배이기 때문이다. q.e.d.

보충 3

그러므로 운동은 속도와 다르다(motus a celeritate distingui)는 것이 귀결된다. 왜냐하면 우리는 똑같은 속도를 가진 물체들 중에서 한 물체는 다른 물체보다 더 많은 운동을 가질 수 있으며(제2부의 정리 2에 의해서), 다른 한편으로 똑같지 않은 속도를 가진 물체들은 똑같은 운동을 가질 수 있다(앞의 보충에 의해서). 이것은 또한 단지 운동의 정의로부터 연역될 수 있다. 왜냐하면 운동이란 "근처로부터 한 물체의 이동"(translatio unius corporis ex vicinia)일 뿐이기 때문이다…[20]

  그러나 여기에서는 이 세 번째 보충이 첫 번째 보충과 모순되지 않는다는 것을 주의하지 않으면 안 된다. 왜냐하면 우리들은 속도(celeritas)를 두 가지 방식으로 파악하기 때문이다: 어떤 물체가 직접 근접한 물체들로부터 같은 시간에 얼마나 더 또는 덜 분리되어 있는지에 한에서의 속도이거나(그처럼 속도는 더 큰 또는 더 작은 정도로 운동이나 정지에 참여한다) 아니면 그 물체가 같은 시간에 얼마나 더 긴 선이나 더 짧은 선을 기술하는지에 한에서의(그처럼 속도는 운동과 다르다) 속도이다.

  나는 여기에서, 우리가 운동에 대해서 행한 것처럼 제2부의 정리 14를 충분히 해명하기 위해서 다른 정리들을 첨가할 수 있었으며 사물이 어떤 상태에 있더라도 사물들의 힘들을 설명할 수 있었다. 그러나 「철학의 원리」 제2부 43항을 다 읽고 다음의 것을 이해하기 위해서 필요한 정리 하나를 더 첨가하는 것으로 충분할 것이다.

정리 23

어떤 물체의 양태들(modi alicuius corporis)이 변화해야만 하는 경우 그 변화(variatio)는 항상 있을 수 있는 최소일 것이다.

증명

이 정리는 제2부의 정리 14로부터 매우 분명하게 귀결된다.

---

[20] (역주) 정의 8을 볼 것.

정리 24, 규칙 1

만일 두 물체들이(예컨대 A와 B가) 완전히 동일해야 하며, 똑같은 속
도로 서로를 향해서 직선으로 움직여야만 한다면, 운동에 의해서 서로
충돌할 때 이들 양자는 자기들의 속도를 전혀 잃지 않고 반대 방향으로
역추진될 것이다.[21]

이 가설에서는 다음의 사실이 분명하다: 이 두 물체들의 대립을 제
거하기 위해서는 두 가지 다 반대 방향으로 다시 튀거나 하나가 다른
것을 자신과 함께 취하지 않으면 안 된다. 왜냐하면 두 물체들은 운동
에 관해서가 아니라 오직 자기들의 결정에 관해서만 서로 대립하기 때
문이다(nam quoad determinationem tantum, non vero quoad mo-
tum sibi sunt contraria).

증명

A와 B가 충돌할 때, 그것들은 어떤 변화를 겪지 않으면 안 된다(공리
19). 그러나 사물의 운동은 서로 대립하지 않으므로(제2부, 정리 19,
보충) 두 물체들은 자기들의 운동을 강제로 잃지 않을 것이다(공리
19). 그러므로 단지 결정에서만(in sola determinatione)[22] 변화가 있을
것이다. 그러나 B를 변화시킬 수 있는 A가 더 강하다고(공리 20) 우리
들이 가정하지 않으면 오직 한 물체의 위치, 곧 B의 위치가 변화한다는
사실을 우리가 파악할 수는 없다. 그러나 이것은 가설에 반대된다. 그
러므로 오직 한 물체만에서만 결정의 변화(mutatio determinationis)

---

21 (역주) 정리 18의 도형을 볼 것.
22 (역주) 여기에서 '결정'은 운동 속도나 운동 방향의 결정을 말한다.

가 있을 수 없기 때문에 어떤 다른 방향이 아니라 반대 방향으로 향하
는 A와 B의 변화과정과 함께(데카르트의 「굴절광학」 제2장에서 언급
된 것에 의해서) 자기들의 운동이 감소되지 않고 보존하면서 양쪽 모
두에게 변화가 있을 것이다.

정리 25, 규칙 2

만일 양(量)에 있어서 A와 B가 동일하지 않다면, B가 A보다 크고 다른
조건들은 먼저 말한 것과 같다면 A만 역추진될 것이고, 각각은 똑같은
속도로 계속 움직일 것이다.[23]

증명

A는 B보다 작은 것으로 가정되기 때문에 A는 또한 B보다 작은 힘을
가질 것이다(제2부 정리 21). 그러나 앞에서의 가설에서와 마찬가지로
이 가설에는 단지 결정에만 대립이 있고 따라서 앞의 정리에서 우리가
증명한 것처럼 변화는 오직 결정에서만 일어나야 하기 때문에 단지 A
에서만 변화가 일어나고 B에서는 일어나지 않을 것이다. 그러므로 오
직 A만 자신의 속도를 똑같이 유지하면서 더 강한 B에 의해서 반대방
향으로 역추진될 것이다. q.e.d.

정리 26

만일 A와 B가 양과 속도에서(mole et celeritate) 동일하지 않다면, B의

---

23 (역주) 정리 18의 도형을 볼 것.

크기가 A의 두 배이고 A의 운동은 B의 운동 속도보다 두 배이며, 다른
조건들은 앞에서 말한 것과 같다면, 각각은 가지고 있는 속도를 유지하
면서 양자가 반대 방향으로 역추진될 것이다.[24]

증명

가설에 따라서 A와 B가 서로를 향해서 움직일 때 서로 똑같은 양의 운
동이 있다(제2부, 정리 22, 보충에 의해서). 그러므로 한 사물의 운동
은 다른 사물의 운동에 대립하지 않으며(제2부, 정리 19, 보충) 양자의
힘들은 똑같다(제2부, 정리 22, 보충). 그러므로 이 가설은 제2부, 정
리 24의 가설과 정확히 유사하며, A와 B는 감소되지 않은 자기들의 운
동을 유지하면서 반대 방향으로 역추진될 것이다. q.e.d.

보충

선행하는 이 세 가지 정리들로부터 다음의 사실이 확실하다: 어떤 물
체의 방향을 변화시키기 위해서는 그것의 운동을 변화시키는 데 필요
한 힘과 똑같은 힘이 요구된다. 따라서 다음의 사실이 귀결된다: 자신
의 방향의 반 이상을 그리고 자신의 운동의 반 이상을 상실하는 어떤
물체는 자신의 모든 방향을 상실하는 것보다 더 많은 변화를 겪는다.

정리 27, 규칙 3

만일 A와 B가 양에 있어서 동일하지만 B가 A보다 약간 더 빠르게 움
직인다면, A는 반대 방향으로 역추진될 뿐만 아니라 B는 A보다 1.5배

---

24 (역주) 정리 18의 도형을 볼 것.

더 빠른 속도로 A로 이동할 것이며, 양자는 똑같은 속도를 가지고 똑같은 방향으로 계속 움직일 것이다.

증명

(가설에 의해서) A가 정지할 때 자신의 방향에 의해서뿐만 아니라 자신의 느림에 의해서도 B와 대립된다(제 2부의 정리 22, 보충 1에 의해서). 그러 므로 비록 A가 반대 방향으로 역추진되

고 단지 그것의 방향 결정만 변한다고 할지라도 이 두 물체들의 모든 대립이 제거되는 것은 아니다. 따라서(공리 19) 방향과 운동 양자에 있어서 변화가 있지 않으면 안 된다. 그러나 가설에 의해서 B는 A보다 빠르게 움직이기 때문에 B는 A보다 강할 것이다(제2부, 정리 22). 그러므로 A 안에 B에 의해서 변화가 산출될 것이고(공리 20), 그 변화에 의해 A는 반대 방향으로 역추진될 것이다. 이것이 첫 번째 요점이었다.

다음으로 A가 B보다 느리게 움직이는 동안 A는 B와 대립된다(제2부, 정리 22, 보충 1). 그러므로 A가 B보다 더 느리게 움직이지 않을 때까지 어떤 변화가 일어나지 않으면 안 된다(공리 19). 그런데 이 가설에는 A를 B보다 더 빠르게 움직이도록 강제하기에 충분히 강한 어떤 원인도 없다. 그래서 A는 B에 의해서 추진될 때 B보다 더 느리게도 그렇다고 더 빠르게도 움직일 수 없기 때문에 B와 똑같은 속도로 운동을 계속할 것이다. 다시 만일 B가 자신의 나머지 속도의 여분의 반보다 적은 것을 A에게 전달한다면, A는 B보다 더 느리게 운동할 것이다. 만일 B가 자신의 나머지 속도의 반 이상을 A에게 전달한다면, A는 B보다 더 빠르게 운동을 진행할 것이다. 그러나 우리들이 방금 증명한 것처럼 이들 두 가지 가능성들은 부당하다. 그러므로 변화는 B가 상실하지 않

으면 안 되는(제2부, 정리 20) 자신의 나머지 속도의 반을 A에게 전달할 때까지 일어날 것이다. 그래서 A와 B 양자는 어떤 대립도 없이 똑같은 속도를 가지고 똑같은 방향으로 계속해서 움직일 것이다. q.e.d.

보충

따라서 다음의 사실이 귀결된다: 어떤 물체의 속도가 크면 클수록 그것은 한층 더 직선을 따라서 움직이도록 결정되며, 반대로 더 느리게 움직일수록 그 물체의 방향 결정(determinatio)은[25] 감소된다.

주(註): 여기에서 독자들이 방향의 힘과 운동의 힘을 혼동하지 않도록 하기 위해서 방향의 힘을 운동의 힘과 다른 것으로 설명하는 몇 마디 말을 첨가하는 것이 바람직하다고 생각한다. 만일 물체들 A와 C가 똑같으며 똑같은 속도로 서로를 향해서 직선으로 움직이고 있다면, 각각은 자기 자신의 운동을 똑같이 보존하면서 반대방향으로 역추진될 것이다(제2부, 정리 24). 그러나 만일 물체 C가 B에 있고 사각(斜角)으로 A를 향해서 움직인다면, C는 지금 선 BD나 CA를 따라서 움직이도록 아직 방향 결정이 덜 되어 있다. 그래서 비록 C가 A의 운동과 똑같은 운동을 소유한다고 할지라도, A를 향한 것으로부터 직접 반대 방향으로 움직일 때 C의 방향 결정의 힘은, 곧 물체 A의 방향 결정의 힘과 똑같은 힘은 C가 B로부터 A를 향해서 움직일 때의 C의 방향 결정의 힘보다 크다. 그리고 그것은 비율에 있어서 선 BA가 선 CA보다 큰 것처럼 크다. 왜냐하면 비율에 있어서 BA가 CA보다 큰 것처럼 B는(여기에서 가정되는 것처럼 똑같은 속도로 움직이고 있는 B 그리고 A와

---

25 (역주) 여기에서 determinatio(결정)은 방향 내지 방향에 대한 결정을 의미하므로 '방향 결정' 또는 '방향'으로 옮겼다.

함께) 선 BD나 CA를 따라서 움직일 수
있기 위해서는 그렇게 더 많은 시간을 요
구하기 때문인데, B는 선 BD나 CA를 따
라서 물체 A의 방향과 대립된다. 그래서
C가 A를 만나기 위해서 B로부터 사각으
로 움직일 경우 C는 B′로 향하여 선 AB′

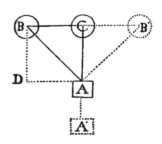

를 따라서 운동을 진행하는 것처럼 방향 결정이 이루어질 것이다(말하
자면 나는 다음을 전제로 한다: B는 선 AB′가 연장된 선 BC를 절단하
는 점(點)에 있으며 C가 B로부터 떨어져 있는 것과 마찬가지 거리로 C
로부터 떨어져 있다). 그러나 A는 자신의 원래 운동과 방향을 유지하
면서 C를 향해서 운동을 진행할 것이며 자신과 함께 물체 B를 밀칠 것
이다. 왜냐하면 B는 대각선 AB′를 따라서 움직이도록 방향이 결정되어
있는 한에 있어서 그리고 A와 똑같은 속도로 움직이기 때문에 자신의
운동에 의해서 선 AC의 어떤 부분을 기술하기 위해서 A보다 더 많은
시간을 요구한다. 그리고 그와 같은 정도로 B는 더 강한 물체 A의 방향
결정에 대립된다. 그러나 B로부터 A로 움직이는 C의 방향 결정의 힘
이 CA 방향에 참여하는 한에 있어서 직접 A를 향해서 움직이는 C의
방향 결정의 힘과 똑같기 위해서(또는 가설에 의해서 A의 방향의 힘과
똑같기 위해서) 선 BA가 선 CA보다 큰 것처럼 B는 비율에 있어서 A
의 여분의 운동 등급들을 가지지 않으면 안 될 것이다. 그리고 B가 사
각(斜角)에서 A를 만날 경우 양자는 원래의 운동을 유지하면서 A는 A′
를 향한 반대 방향으로 역추진될 것이고 B는 B′를 향한 반대 방향으로
역추진될 것이다. 그러나 만일 A를 넘어서는 B의 여분이 선 CA를 넘
어서는 선 BA의 여분보다 더 많다면, B는 A를 A′로 향하게끔 격퇴할
것이고, A에 대한 B의 운동 비율을 선 CA에 대한 선 BA의 비율과 똑

같이 만들만큼 많은 자신의 운동을 A에게 전해 줄 것이다. 그리고 B는 A에게 전달해 준 만큼의 운동을 상실하면서 자신의 원래 방향으로 운동을 진행할 것이다. 예컨대 만일 선 AC가 선 AB에 대해서 1:2이고, 물체 A의 운동이 물체 B의 운동에 대해서 1:5라면 B는 A에게 자신의 운동의 한 등급을 전달할 것이고 반대 방향으로 A를 격퇴할 것이며, B는 남아 있는 네 등급들의 운동을 가지고 원래 방향으로 계속해서 움직일 것이다.

정리 28, 규칙 4

만일 물체 A가 완전히 정지하여 있고 B보다 약간 크다면, B가 어떤 속도로 A를 향해서 움직이든지 결코 A를 움직이지 못할 것이고 오히려 자신이 원래 갖고 있던 운동을 유지하면서 A에 의해서 반대 방향으로 역추진될 것이다.[26]

이 물체들의 대립은 세 가지 방식으로 제거되는 것을 주의하라[27]: (1) 한 물체가 다른 물체를 자신과 함께 취하고, 그 다음에 그것들이 똑같은 속도를 가지고 똑같은 방향으로 운동을 진행할 때. (2) 한 물체는 반대 방향으로 튀겨 나가고 다른 물체는 자신의 원래 정지를 유지할 때. (3) 한 물체는 반대 방향으로 역추진되고 자신의 어떤 운동을 정지해 있던 다른 물체에게 전달할 때. 네 번째 가능성은 존재할 수 없다

---

26 (역주) 정리 18의 도형을 볼 것.
27 (역주) 여기에서의 주(註)와 정리 29에서의 주(註)는 스피노자가 「데카르트의 철학의 원리」 초판에서 증명에 대한 추가 사항으로 작은 서체(書体)로 표현했던 것이다.

(제2부 정리 13에 의해서). 그러므로 이제 우리는(제2부 정리 23에 의해서) 우리의 가설에 따라서 이 물체들에서 최소한의 변화가 일어난다는 것을 증명하지 않으면 안 된다.

증 명

만일 B와 A가 똑같은 속도로 운동을 진행할 때까지 B가 A를 움직여야 한다면, B는 A가 얻는 것만큼 자신의 운동을 A에게 전달하지 않으면 안 되며(제2부 정리 20), 자신의 운동의 반 이상을 잃게 될 것이고(제2부 정리 21), 결국 자신의 방향 결정의[28] 반 이상도 마찬가지로 상실하게 될 것이다. 그래서 B는(제2부 정리 26, 보충에 의해서) 단지 자신의 방향 결정을 상실하는 경우보다 더 많은 변화를 겪을 것이다. 그리고 만일 A가 정지할 수 있는 힘의 일부분을 상실한다면, 그러나 결국 B와 똑같은 속도를 가지고 운동을 진행할 만큼 상실하지 않는다면, 이 두 물체들의 대립은 제거되지 않을 것이다. 왜냐하면 A가 느려져 정지하게 되는 한 A는 자신의 느린 속도에 의해서 B의 속도에 대립할 것이기 때문이다(제2부, 정리 22, 보충 1). 그래서 B는 여전히 반대 방향으로 튀겨야 할 것이고 자신의 모든 방향 결정을 그리고 자신이 A에게 전달한 운동의 부분을 상실할 것이다. 이것 또한 B가 단지 자신의 방향 결정을 상실하는 경우보다 더 큰 변화이다. 그러므로 우리의 가설에 따라서 변화는 오직 방향 결정에만 있기 때문에, 변화는 이 물체들에 있을 수 있는 최소한의 것이고 따라서(제2부 정리 23에 의해서) 방향 결정에 의한 변화 이외의 어떤 다른 변화도 일어나지 않을 것이다. q.e.d.

다음을 주의하지 않으면 안 된다: 이 정리의 증명에서 그리고 또한

---

28   (역주) 앞의 역주에서도 밝혔지만 결정(determinatio)은 방향, 방향 결정 등을 의미하면서도 구체적으로는 방향의 힘 내지 방향 결정의 힘을 뜻한다.

다른 정리들의 경우에 있어서도 우리는 제2부의 정리 19를 인용하지 않았는데, 거기에서는 아직 운동이 변화하지 않고 남아 있는 동안 전체의 방향 결정이 변화될 수 있다는 사실이 증명되었다. 그렇지만 증명의 힘(vis demonstrationis)이 옳게 지각될 수 있도록 이 정리에 주의를 기울여야만 할 것이다. 왜냐하면 제2부의 정리 23에서 우리는 변화는 항상 절대적으로 최소한의 것이 될 것이라고 말하지 않고 있을 수 있는 최소한의 것이라고 말했기 때문이다. 그러나 우리가 이 증명에서 가정한 것과 같은 변화가, 곧 단지 방향 결정으로 성립하는 변화가 있을 수 있다는 것은 제2부의 정리 18, 19 그리고 보충으로부터 명백하다.

정리 29, 규칙 5

만일 정지하여 있는 물체 A가 B보다 작다면, B가 A를 향해서 제아무리 느리게 움직여도, B는 A에게 자신의 운동의 일부를 전달하여 두 물체들이 똑같은 속도로 움직이도록 자신과 함께 A를 움직일 것이다(『철학의 원리』의 제2부의 50항을 읽을 것).

앞에서의 규칙에서와 마찬가지로 이 규칙에서는 단지 세가지 경우만 파악될 수 있는데, 거기에서 이와 같은 대립이 제거될 것이다. 그러나 우리는 우리의 가설에 따라서 이 물체들에서는 최소의 변화가 일어난다는 것을 증명할 것이다. 그래서(제2부, 정리 23에 의해서) A와 B의 변화도 역시 이러한 방식으로 일어나지 않으면 안 된다.

증명

우리들의 가설에 따라서 B는 자신의 운동의 반보다 적은 것과(제2부,

정리 27, 보충) 자신의 방향 결정의 반보다 적은 것을 A에게 전달한다 (제2부의 정리 21에 의해서). 그런데 만일 B가 A를 동반하지 않고 반대 방향으로 튀긴다면, B는 자신의 모든 방향 결정을 상실할 것이며 더 큰 변화가 일어날 것이다(제2부 정리 26, 보충). 그리고 세 번째 경우에 가정된 것처럼 만일 B가 자신의 모든 방향 결정과 동시에 자신의 운동의 일부를 상실한다면 변화는 더 크기까지 할 것이다. 그러므로 우리들의 가설에 따라서 변화는 최소한의 변화이다. q.e.d.

정리 30, 규칙 6

만일 정지하여 있는 물체 A가 자신을 향해서 움직이고 있는 물체 B와 정확히 똑같다면, A는 어느 정도 B에 의해서 추진될 것이며, B는 어느 정도 A에 의해서 반대 방향으로 역추진될 것이다.[29]

여기에서도 다시금 선행하는 정리에서처럼 오직 세 가지 경우들만 파악될 수 있다. 그래서 우리는 여기에서 있을 수 있는 최소한의 변화를 정립한다는 사실을 증명해야만 한다.

증명

만일 물체 B와 A 두 가지 다 똑같은 속도로 계속해서 움직일 때까지 물체 B가 자신과 함께 물체 A를 동반한다면 둘 다 똑같은 운동량이 있을 것이며(제2부, 정리 22), 그리고(제2부, 정리 27, 보충) B는 자신의 방향 결정의 반과 또한(제2부의 정리 20에 의해서) 자신의 운동의 반을

---

29 (역주) 정리 18의 도형을 볼 것.

상실하지 않으면 안 될 것이다. 그러나 만일 B가 A에 의해서 반대 방향으로 역추진된다면 그것은 자신의 모든 방향 결정을 상실할 것이고 또한 자신의 모든 운동을 유지할 것이다(제2부, 정리 18). 이러한 변화는 앞의 변화와 똑같다(제2부, 정리 26, 보충). 그러나 이러한 가능성들은 생길 수 없다. 왜냐하면 만일 A가 자기 자신의 상태를 유지하고 B의 방향 결정을 변화시킬 수 있다면, 그것은 필연적으로 B보다 강할 것인데(공리 20), 이것은 가설에 어긋날 것이다. 이 양자의 경우들은 배제되기 때문에 제3의 경우가 일어날 것이다. 곧 B는 A에게 가벼운 충격을 가할 것이고 그러면 A에 의해서 역추진될 것이다. q.e.d. 「철학의 원리」 제2부, 51항을 읽을 것.

정리 31, 규칙 7

만일 B와 A가 똑같은 방향으로 움직이고 있고, A는 B보다 더 느리게 그리고 뒤따르는 B는 A보다 더 빠르게 움직여서 결국 A를 추월한다면, 그리고 만일 B의 속도의 초과분이 A의 크기의 초과분보다(quam excessus magnitudinis) 더 크다면, B는 그 이후 B와 A 양자가 똑같은 속도를 가지고 똑같은 방향으로 움직일 만큼 자신의 운동을 A에게 전달할 것이다. 그러나 만일, 다른 한편으로, A의 크기의 초과분이 B의 속도의 초과분보다 더 커야만 한다면 B는 자신의 모든 운동을 유지하면서 A에 의해서 반대 방향으로 역추진될 것이다.[30]

「철학의 원리」의 제2부, 52항을 읽어 보라. 여기에서는 다시금 앞의

---

30 (역주) 정리 18의 도형을 볼 것.

정리들에 있어서와 마찬가지로 오직 세 가지 경우들만 파악될 수 있다.

첫 번째 부분의 증명

A보다 더 강한 것으로 가정되는 B는(제2부, 정리 21과 정리 22) A에 의해서 반대방향으로 역추진될 수 없다(공리 20). 그러므로 B가 더 강하기 때문에 B는 자신과 함께 A를 데리고 움직일 것이며, 그것들은 똑같은 속도로 운동을 진행하는 방식으로 움직일 것이다. 왜냐하면 선행하는 정리들에서 쉽게 알 수 있는 것처럼 그럴 경우 최소한의 변화가 일어날 것이기 때문이다.

두 번째 부분의 증명

A보다 덜 강한 것으로 가정된 B는(제2부의 정리 21과 정리 22) A를 추진할 수 없으며(공리 20) 또한 자기 자신의 어떤 운동도 A에게 줄 수 없다. 따라서(제2부의 정리 14, 보충에 의해서) B는 자기 자신의 모든 운동을 유지할 것이지만 똑같은 방향으로 운동하는 것은 아니다. 왜냐하면 그것은 A에 의해서 방해받는 것으로 가정되기 때문이다. 그러므로('굴절광학'의 제2장에 따라서) B는 자신의 원래 운동을 유지하면서 어떤 다른 방향이 아니라 반대 방향으로 역추진될 것이다(제2부의 정리 18에 의해서). q.e.d.

　다음을 주의하자: 여기에서 그리고 선행하는 정리들에서 우리는 다음의 사실을 증명된 것으로 여겼다: 어떤 물체가 반대 방향의 다른 물체에 의해서 똑같은 방향으로 더 진전하는 것을 절대적으로 방해받는다면 이 물체는 반대 방향으로 역추진되지 않으면 안 된다. 이것을 이해하기 위해서는 데카르트의 '굴절광학'의 2장을 읽어 보라.

주(註): 지금까지 물체들이 서로 충격을 받을 때 생기는 물체들의 변화를(ad mutationes corporum, quae ex mutuo impulsu fiunt) 해명하기 위해서 우리는 마치 다른 모든 물체로부터 분리된 것처럼, 곧 모든 측면에서 그 두 물체를 둘러싸고 있는 물체들을 고려하지 않고 두 물체를 고찰하였다. 그러나 이제 우리는 그 두 물체를 모든 면에서 에워싸고 있는 물체들을 고려하면서 그 두 물체의 상태와 변화를 고찰할 것이다.

정리 32

만일 물체 B가, 똑같은 시간에 동일한 힘으로 물체 B를 모든 방향으로 추진하는 움직이는 입자들에 의해서(a corpusculis motis) 모든 면들이 포위되어 있다면, 다른 원인이 생기지 않는 한 물체 B는 똑같은 장소에 움직이지 않고 남아 있을 것이다.

증명

이 정리는 자명하다(per se patet). 왜냐하면, 만일 B가 한 방향으로부터 오는 입자들의 충격을 통해서 어떤 방향으로 움직인다면, B를 움직이는 입자들은 동시에 아무런 효과도 없이(공리 20) B를 반대 방향으로 추진하고 있는 다른 입자들보다 더 큰 힘을 가지고 B를 추진하고 있을 것이다. 이것은 가설에 어긋날 것이다.

정리 33

앞에서 말한 것과 똑같은 조건 아래에서 물체 B는 추가적인 힘이 아무리 작다고 할지라도 그 힘에 의해서 어떤 방향으로든지 움직여질 수 있다.

증명

B에 직접 인접한 모든 물체들은 움직이고 있고(가설에 의해서), B는 (정리 32) 움직이지 않고 남아 있기 때문에, 모든 물체들이 B를 접촉하는 순간 그것들은 자기들의 원래 운동을 유지하면서(제2부 정리 28) 다른 방향으로 역추진될 것이다. 따라서 물체 B는 직접 인접한 물체들에 의해서 언제나 자동적으로(sponte) 남겨진다. 그래서 어떤 크기가 B에게 주어지든지 간에 B를 직접 인접한 물체들로부터 분리시키기 위해서 아무런 작용도 요구되지 않는다(정의 8의 주[註] 4에 의해서). 따라서 제아무리 작은 것으로 생각된다고 할지라도 B에 반발하는 외적 힘은 B가 똑같은 장소에 남아 있기 위해서 소유하는 힘보다 클 수밖에 없으며(왜냐하면 우리는 방금, B가 직접 인접한 물체들에 부착되어 있기 위해서 아무런 힘도 소유하고 있지 않다는 사실을 증명했기 때문에), 그리고 그러한 입자들의 충격에 그 충격과 함께 외적 힘에 의해서 똑같은 방향으로 B를 추진하는 것의 힘이 추가된다면, 그것은 또한 B를 반대 방향으로 추진하는 다른 입자들의 힘보다 클 수밖에 없다(왜냐하면, 이 외적 힘을 고려하지 않을 경우 하나의 힘은 다른 힘과 똑같은 것으로 가정되기 때문이다). 그러므로(공리 20에 의해서) 물체 B는, 아무리 작은 것으로 생각된다고 할지라도 이 작은 힘에 의해서 어떤 방향으로 움직여질 것이다. q.e.d.

정리 34

앞에서 말한 것과 똑같은 조건 아래에서 물체 B는, 비록 자신을 둘러싸

고 있는 입자들이 매우 빠르게 움직인다고 할지라도, 외부의 힘이 추진
하는 것보다 더 빠르게 움직일 수 없다.

증명

외부의 힘과 함께 B를 똑같은 방향으로 추진하는 입자들이 비록 외부
의 힘이 B를 움직일 수 있는 것보다 훨씬 더 빨리 움직인다고 할지라
도, 그것들은(가설에 의해서) B를 반대 방향으로 밀어내는 물체들보다
더 많은 힘을 가지고 있지 않기 때문에 그 입자들은 B에게 아무런 속도
도 전하지 않고(제2부, 정리 32), 단지 물체들에 저항하는 데만 자기들
의 방향 결정의 모든 힘을(omnes suae determinationis vires) 다 사용
할 것이다. 그러므로 어떤 다른 상황들이나 원인들도 전제되지 않기 때
문에 B는 외부의 힘 말고는 어떤 원인으로도 아무런 속도의 양도 받아
들이지 않을 것이다. 그렇기 때문에 B는(제1부의 공리 8에 의해서) 외
부의 힘에 의해서 추진되는 것보다 더 빨리 움직일 수 없다. q.e.d.

정리 35

물체 B가 외부의 충격에 의해서 움직일 때, 물체 B는 자신의 운동의 가
장 큰 부분을 외적 힘으로부터가 아니라 지속적으로 자신을 포위하고
있는 물체들로부터 받아들인다.

증명

물체 B가 매우 큰 것으로 생각된다고 할지라도, 그것은 가장 작은 충격
에 의해서까지도 움직이지 않으면 안 된다(제2부, 정리 33). 그렇다면
우리는 힘으로 B를 움직이도록 밀어붙이는 외부 물체보다 B가 네 배

더 크다고 가정해 보자. 그러므로 두 물체는 똑같은 속도로 움직이지 않으면 안 되기 때문에 B에는 B를 추진하는 외부 물체보다 네 배 더 많은 운동이 있을 것이다(제2부, 정리 21). 그러므로(제1부의 공리 8에 의해서) B는 외부의 원인으로부터 자신의 운동의 주요 부분을 가지지 않는다. 그리고 이런 원인 말고는 끊임없이 B를 포위하고 있는 물체들 이외의 다른 원인이 가정되지 않기 때문에(B자체는 움직이지 않는 것으로 가정되므로) B가 자신의 운동의 주요 부분을 받는 것은 외부의 원인으로부터가 아니고 오직 자신을 둘러싸고 있는 물체들로부터일 뿐이다. q.e.d.

　앞에서와 마찬가지로 여기에서 우리는 한 방향으로부터 생기는 입자들의 운동이 반대 방향에서 생기는 입자들의 운동에 저항하기 위해서 요구된다고 말할 수 없다는 사실에 주의해 보자. 왜냐하면 똑같은 운동을 가지고 서로를 향해서 움직이는 물체들은(마치 이 물체들이 가정되는 것처럼) 운동에 의해서가 아니라(제2부, 정리 19의 보충) 오직 방향 결정에 의해서만[31] 대립되기 때문이다. 그래서 서로 저항하면서 그것들은 자기들의 운동이 아니라 단지 자기들의 방향 결정만 사용한다. 그러므로 물체 B는 속도가 운동과 다른 한에서 인접한 물체들로부터 아무런 방향 결정도 그리고 결국(제2부, 정리 27 보충) 아무런 속도도 받아들일 수 없다. 그러나 B는 운동을 받아들일 수 있다. 실로 여분의 힘이 더해진다면, 마치 우리가 이 정리에서 증명한 것처럼 그리고 정리 33의 증명 방식에서 분명하게 알 수 있는 것처럼 B는 필연적으로 인접한 물체들에 의해서 움직여지지 않으면 안 될 것이다.

31　제2부의 정리 24를 볼 것. 거기에서는 서로 저항하는 두 물체들이 자기들의 운동이 아니라 자기들의 방향 결정을 소비한다는 것이 증명된다.

정리 36

만일 어떤 물체가(예컨대 우리의 손이) 어떤 물체들에도 저항하지 않고 또한 어떤 다른 물체들로부터도 저항 받지 않고 어떤 방향으로든지 움직일 수 있다면, 그 물체가 그렇게 움직일 그 공간 안에는 모든 방향으로 움직이는 많은 물체들이 필연적으로 있어야 하며, 그 물체들의 속도의 힘은 서로 같으며 손의 속도의 힘과도 같다.

증명

어떤 물체가 움직여서 통과할 수 있는 공간은 물체들로 가득차 있다(제2부, 정리 3). 그러므로 나는, 우리의 손이 그렇게 움직여서 통과할 수 있는 공간은 내가 이미 기술한 식으로 움직일 물체들로 채워져 있다고 말한다. 만일 당신이 이러한 사실을 부정한다면, 그 물체들이 정지해 있거나 아니면 다른 식으로 움직인다고 가정해 보자. 만일 그 물체들이 정지해 있다면, 그 물체들은 손의 운동이 자기들에게 전달될 때까지 필연적으로 손의 운동에 저항할 것이고(제2부, 정리 14), 그래서 결국 그 물체들은 손과 함께 똑같은 속도를 가지고 똑같은 방향으로 움직일 것이다(제2부, 정리 20). 그러나 가설에서 그 물체들은 저항하지 않는 것으로 전제되어 있다. 그러므로 이 물체들은 움직이고 있다. 이것이 증명되어야 할 첫 번째 점이었다.

더 나아가서 그 물체들은 모든 방향으로 움직이고 있지 않으면 안 된다. 만일 당신이 이것을 부정한다면, 그 물체들이 움직이지 않는 방향, 말하자면 A로부터 B로 향한 방향이 있다고 가정해 보자. 그러므로 만일 손이 A로부터 B를 향해서 움직이고 있다면, 그것은 필연적으로 움직이는 물체들을(이 증명의 첫 번째 부분에 의해서), 곧 당신의 가설에

의해서 손의 방향 결정과 다른 방향 결정을 가진 물체들을 만날 것이
다. 그러므로 그 물체들은 자기들이 손과 똑같은 방향으로 움직일 때까
지(제2부의 정리 24와 정리 27의 주에 의해서) 손에 저항할 것이다(제
2부의 정리 14에 의해서). 그러나 가설에 의해서 그 물체들은 손에 저
항하지 않는다. 그러므로 그 물체들은 모든 방향으로 움직일 것이다.
이것이 증명되어야 할 두 번째 점이었다.

다시 이 물체들은 서로 똑같은 속력을 가지고 모
든 방향으로 움직이게 될 것이다. 만일 그것들이
똑같은 속력을 가지고 움직이고 있다고 전제되지
않는다면, A로부터 B를 향해서 움직이고 있는 것

들은 A로부터 C를 향해서 움직이는 것들이 가진 속력만큼의 속력을
가지고 움직이고 있지 않다고 가정해 보자. 그러므로 만일 손이, (왜냐
하면 손은 저항 없이 똑같은 힘을 가지고 모든 방향으로 움직일 수 있
는 것으로 가정되기 때문에) 물체들이 A로부터 C로 향해서 움직이는
속도와 똑같은 속도로 A로부터 B를 향해서 움직인다면, A로부터 B를
향해서 움직이는 물체들은 손의 속도와 똑같은 속도를 가지고 자기들
이 움직일 때까지(제2부, 정리 31) 손에 저항할 것이다(제2부, 정리
14). 그러나 이것은 가설에 어긋난다. 그러므로 그 물체들은 똑같은 속
력을 가지고 모든 방향으로(aequali vi celeritatis versus omnes partes)
움직일 것이다. 이것이 증명되어야 할 세 번째 점이었다.

마지막으로 만일 물체들이 손과 똑같은 속력으로 움직이고 있지 않
다면, 손은 물체들보다 약한 속력을 가지고 더 느리게 움직이거나 아니
면 물체들보다 더 큰 속력을 가지고 더 빠르게 움직일 것이다. 만일 전
자의 경우라면 손은 똑같은 방향으로 손을 뒤따르는 물체들에 저항할
것이다(제2부, 정리 31). 만일 후자의 경우라면 손이 뒤따르며 함께 똑

같은 방향으로 움직이는 물체들은 손에 저항할 것이다(동일한 정리에 의해서). 이것들의 각각은 가설에 모순된다. 그러므로 손은 물체들보다 더 느리게도 또 더 빨리도 움직일 수 없기 때문에 손은 물체들과 똑같은 속력을 가지고 움직일 것이다. q.e.d.

만일 당신이, 왜 내가 단지 '똑같은 속도로'(aequali celeritate)라고 말하지 않고 '똑같은 힘의 속력을 가지고'(aequali vi celeritatis)라고 말하느냐고 묻는다면, 제2부의 정리 27, 보충의 주(註)를 읽어 보라. 만일 당신이, 손이(예컨대 A로부터 B로 향하여) 움직이고 있는 동안 동시에 똑같은 힘을 가지고 B로부터 A로 움직이고 있는 물체들에 저항하지 않는지의 여부에 대해서 묻는다면, 제2부의 정리 33을 읽어 보라. 거기에서 당신은 물체들의 힘은 동시에 A로부터 B로 향해서 손과 함께 움직이고 있는 물체들의 힘에 의해서 균형 잡힌다는 것을 이해할 것이다(왜냐하면 이 정리의 세 번째 부분에 의해서 이 두 힘들은 똑같기 때문이다).

정리 37

만일 어떤 물체가 (예컨대 A가), 아무리 작다고 할지라도 어떤 힘에 의해서 어떤 방향으로 움직일 수 있다면, 그것은 서로 똑같은 속도로 움직이고 있는 물체들에 의해서 필연적으로 둘러싸이지 않으면 안 된다.

증명

물체 A는 물체들에 의해서(제2부의 정리 6에 의해서), 곧 똑같이 모든 방향으로 움직이고 있는 물체들에 의해서 모든 면들이 포위당하지 않으면 안 된다. 왜냐하면 만일 물체들이 정지해 있다면, 물체 A는 전제된 것처럼 제아무리 작다고 할지라도
어떤 힘에 의해서 어떤 방향으로 움
직여질 수 없을 것이다. 다만 A자체와 함께 A에 직접 근접해 있는 물
체들을 움직일 수 있을 힘에 의해서만 물체 A는 움직여질 수 있을 것이
다(제2부의 공리 20에 의해서). 만일 A를 포위하고 있는 물체들이 다
른 방향보다 한 방향으로, 즉 C에서 B로보다 B에서 C로 향하여 더 큰
힘으로 움직이고 있다면, A는 움직이는 물체들에 의해서 모든 면들이
둘러싸여 있기 때문에(바로 우리들이 증명한 것처럼) B로부터 C를 향
해서 움직이는 물체들은 자기들과 함께 똑같은 방향으로 A를 필연적으
로 데리고 갈 것이다(정리 33에서 우리들이 증명한 것에 의해서). 그러
므로 작은 힘들은 A를 B로 향해서 움직이기에 충분치 않을 것이다. 단
지 B로부터 C로 향하는 물체들의 운동보다 더 큰 힘만이 A를 B로 향
해서 움직이기에 충분할 것이다(공리 20). 그러므로 그 물체들은 똑같
은 힘을 가지고 모든 방향으로(aequali vi versus omnes partes) 움직이
지 않으면 안 된다. q.e.d.

주(註): 이것은 액체(corpora fluid)라고 일컬어지는 물체들의 경우
이기 때문에 다음의 사실이 귀결된다: 액체들은 똑같은 힘을 가지고
모든 방향으로 움직이는 많은 미세한 입자들로 분할된(in multas exi-
quas particulas et aequali vi versus omnes partes motas sunt divisa)
물체들이다. 그리고 어떤 눈으로도, 스라소니의 눈으로까지도(a nullo
vel lynceo oculo) 그 입자들을 볼 수 없다.[32] 그러나 사람들은 우리가
방금 명확하게 증명한 것을 부정해서는 안 된다. 왜냐하면 앞에서 언급

---

32 (역주) 입자들이 너무 작아서 인간의 눈이 아무리 좋더라도 입자들은 직접 볼 수
없다는 의미이다.

된 우리의 정리 10과 11로부터, (감각이 아니고) 어떤 사유에 의해서
결정되거나 획득될 수 없는 자연의 미세함(naturae subtilitas)은 충분
히 증명되기 때문이다. 더 나아가서 앞에서 진술한 것들로 물체들은 단
지 정지함으로써 다른 물체들에 저항한다는 것, 그리고 우리의 감각들
이 느끼는 것처럼 우리는 오로지 딱딱한 물체들의 부분들이 우리의 손
운동에 저항한다는 사실을 지각한다는 것이 잘 확립되었기 때문에 우
리는, 모든 입자들이 서로 밀접히 근접하여 정지해 있는 그러한 물체들
을 딱딱하다고 명확하게 추론한다. 「철학의 원리」 제2부의 54, 55, 56
항을 보라.

철학의 원리
– 기하학적 방법으로 증명된 –

제3부

서론

❧❧❧

가장 보편적인 자연의 사물들에 대한 원리들(principiis rerum natura-
lium)을 설명하였고 이제 우리는 그것들로부터 무엇이 귀결되는지 계
속해서 설명하도록 하자. 그렇지만, 이 원리들로부터 귀결되는 것들은
우리의 정신이 사유 안에서 정확히 조망할 수 있는 모든 것을 초월하고
우리는 그 원리들로 특별히 어떤 것을 고찰하도록 결정하지 않기 때문
에, 무엇보다 먼저 여기에서 그 원인들을 탐구하게 될 가장 중요한 현
상들에 대한 간단한 설명을 제시해야 할 것이다. 그러나 당신은 이것을
데카르트의 「철학의 원리」 제3부, 5항으로부터 15항에서 알 수 있다.
그리고 20항으로부터 43항에 이르기까지는 데카르트가 천체들의 현상
의 이해에 대해서뿐만 아니라 천체들의 자연적 원인들의 탐구에 대해
서도(non tantum ad phaenomena coeli intelligenda, sed etiam ad eo-
rum causas naturales indagandas) 가장 적절하다고 판단하는 가설이
설명되고 있다.

　더 나아가서 식물들이나 인간의 본성(plantarum vel hominis natu-
ra)을 이해하기 위한 최선의 길은, 어떤 방법으로 그것들이 점진적으로

존재하게 되고 그것들의 씨앗들로부터 생겨났는지를 고찰하는 것이다. 그 때문에 우리는 그 원리들을 가장 알기 쉽고 단순한 것들로 분할해야 하는데, 그 원리들로부터 우리는 다음의 사실을 증명할 수 있다: 설령 별들과 지구와 모든 것이 결코 씨앗들로부터 생겨나지 않았다는 것을 우리는 잘 알지만 별들과, 지구와, 우리가 이 가시적인 세계에서(in hoc mundo aspectabili) 관찰하는 모든 것은 마치 특정한 씨앗들로부터 생길 수 있는 것처럼 생길 수 있었을 것이다. 왜냐하면 우리는 이러한 방법으로 그것들의 본성을 오직 지금 있는 대로만 기술하는 것보다 훨씬 더 잘 설명할 것이기 때문이다.

나는 우리가 알기 쉽고 단순한 원리들을 탐구한다고 말한다. 왜냐하면 원리들이 그렇지 않다면 우리는 그 원리들을 필요로 하지 않을 것이기 때문이다. 우리가 왜 사물들이 생기는 것을 씨앗으로 비유하는지에 대한 유일한 이유는 사물들의 본성을 더 쉽게 알게 하는 것에 있으며 또한 수학자들처럼 가장 명석한 것으로부터 더 모호한 것으로 그리고 가장 단순한 것으로부터 더 복잡한 것으로 올라가려는 데 있다.

다음으로 우리가 탐구하는 원리들은 별들과 지구 등이 생길 수 있었던 것을 증명할 수 있는 원리들이다. 왜냐하면 우리는 천문학자들이 보통 하는 것처럼 천체들의 현상을 설명하는 데만 충분한 원인들을 탐구하지 않고 지구상의 사물들에 대해 인식할 수 있도록 하는 원인들을 탐구하기 때문이다. 그것은 지구상에서 일어나는 것으로 관찰되는 모든 것이 자연의 현상들(phaenomena naturae)로 헤아려져야만 한다고 주장하기 때문이다. 그런데 이러한 원인들을 발견하기 위해서는 훌륭한 가설들 안에서(in bona hypothesi) 다음과 같은 것들을 살펴 보지 않으면 안 된다.

1. 가설은 (그 자체만 놓고 볼 때) 어떤 모순도 포함해서는 안 된다.

2. 가설은 가장 단순한 것이어야 한다.

3. 가설은 가장 단순하면서도 아주 쉽게 알 수 있어야 한다.

4. 자연 전체 안에서 관찰되는 모든 것은 자연 자체로부터 연역될 수 있어야만 한다.

마지막으로 우리는 다음처럼 가설을 만들 수 있다. 비록 자연의 현상들이 가설에 의한 방식으로 생기지 않았다는 것을 잘 안다고 할지라도, 우리는 원인으로부터와 마찬가지로 가설로부터 자연의 현상들을 연역할 수 있다. 이것을 이해하기 위해서 나는 다음의 예를 들겠다: 만일 어떤 사람이 우리가 포물선(parabola)이라고 부르는 곡선(linea curva)을 종이에 그리면서 그것의 본성을 탐구한다고 하자. 그가 하는 가정이 포물선의 모든 성질들을 증명할 수 있게 해 준다고 전제할 경우 그 곡선이 처음에 어떤 원뿔체로부터(ex cono aliquo) 절단한 다음에 종이에 인쇄되었다고 가정하든지 또는 그 곡선이 다른 방식으로 생겼다고 가정하든지 간에 차이는 없다. 실로 그는 그 선이 종이의 원뿔체 부분을 인쇄한 것으로부터 생겼다는 것을 알았다 하더라도, 포물선의 모든 성질들을 설명하는 데 가장 편한, 자신이 좋아하는 어떤 다른 원인을 주장할 수 있다. 그래서 자연의 국면들을 설명하기 위해서, 만일 수학적 추리에 의해서 우리가 어떤 가설로부터 자연의 모든 현상들을 연역한다고 전제할 경우, 우리는 우리가 원하는 어떤 가설도 주장할 수 있다. 그리고 우리가 주의해야 할 가장 중요한 점은 다음과 같다: 비록 문제가 더 많기는 하겠지만 우리는 앞에서 설명한 자연법칙으로부터 연역될 수 없는 결과들을 거의 가정할 수 없다. 왜냐하면 그 법칙들의 작용에 의해서 물질은 가능한 모든 형태를 성공적으로 취하기 때문이다. 만일 우리가 질서에 알맞게 형태들을 고찰한다면 결국 우리는 이 세계의 형태에 도달할 수 있을 것이다. 그러므로 거짓된 가설에서 생기

는 어떤 오류도 두려워할 필요가 없다(adeo ut nihil erroris ex falsa
hypothesi sit timendum)

요청

다음의 것을 인정된 것으로 받아들일 것을 요청한다: 이 가시적 세계를 구성하고 있는 모든 물질은 시초에 서로 똑같이 가능한 한 가깝게 있는 입자들로 신에 의해서 분할되었다. 이 입자들은 둥글지 않았다. 왜냐하면 함께 결합된 수많은 천구(天球)들(plures globuli)은 연속적인 공간을 채우고 있지 않았기 때문이다. 이 부분들은 서로 다른 형태를 가지고 있었으며 크기는 중간이었다. 곧 이 부분들은 지금 천체들과 별들을 구성하고 있는 모든 것 중에서 중간의 크기였다. 이 부분들 자체는 지금 세계에서 발견되는 것과 똑같은 운동량을 소유하고 있었으며 똑같은 속도로 움직였다. 개별적으로 그 부분들은, 우리가 생각하는 천체처럼 어떤 유동체를 구성하기 위해서 각각 다른 부분들과 독립해서 자기들 자신의 중심들을 회전하였다. 많은 부분들은 서로 똑같은 거리로, 지금 항성들의 중심들과 똑같은 식으로 배열되어 어떤 다른 점들 둘레를 조화롭게 회전하였다. 다시금 다른 부분들은 행성들의 수와 똑같은 어느 정도 많은 수의 다른 점들 둘레를 회전하였고, 따라서 지금 세상에 있는 것처럼 서로 다른 많은 수의 소용돌이들을 형성하였다. 데카르트의 「철학의 원리」 제3부, 47항의 도형을 보라.

이 가설은 그 자체로 고찰할 경우 아무런 모순도 포함하지 않는다. 왜냐하면 이 가설은 오로지 분할 가능성과 운동만 물질에 있다고 기술하기 때문인데, 우리는 분할 가능성과 운동의 변형이 실제로 물질에 존재한다는 것을 이미 제시하였다. 그리고 우리는 물질은 무한하며 또 천체들과 지구에서 똑같다는 것을 제시했기 때문에 이러한 변형들이 어떤 모순도 없이 물질 전체 안에 있어 왔다고 가정할 수 있다.

다시금 이 가설은 가장 단순하다. 왜냐하면 이 가설은 맨 처음에 물질이 분할된 입자들 안에 또한 입자들의 운동에 아무런 불평등이나 비유사성을 전제하지 않기 때문이다. 이로부터 이 가설은 매우 알기 쉽다는 사실이 귀결된다. 이것은 또한 다음의 사실로부터 명백하다: 이 가설에 의해서 모든 사람은 누구나 단지 물질, 분할 가능성 그리고 위치운동에 대한 개념으로부터(ex solo materiae conceptu, divisibilitas nimirum ac motus localis) 아는 것만을 제외하고는 물질 안에 어떤 것도 있어 왔다고 전제할 수 없다.

자연에서 관찰된 모든 것은 이 가설로부터 연역될 수 있다는 것을 우리는 다음의 순서를 따르면서 가능한 한 실제로 제시하려고 노력할 것이다. 첫 번째로 천체들의 유동성(fluiditas coelorum)이 어떻게 빛의 원인(causa lucis)인지를 해명하면서 이 가설로부터 천체들의 유동성을 연역할 것이다.[1] 그후 태양의 본성으로(ad naturam solis) 그리고 항성

---

1 (역주) 연역(deductio)과 귀납(inductio)은 각각 합리론과 경험론의 대표적인 방법이다. 수학이나 형식논리학에서처럼 보편 원리를 개별 사실에 적용하는 방법이 연역이다. 그러나 반대로 경험과학들에서처럼 개별적인 특수 사실들을 종합하여 일반 원리를 찾아내는 방법은 귀납이다. 예컨대, 모든 생물은 죽으며 인간이나 개는 생물이므로 인간이나 개는 죽는다고 추리한다면 이것은 연역추리이다. 그러나 반대로 개도, 새도, 말도, 인간도 각각 생물로서 죽게 되므로 결국 모든 생물은 죽는

들에서 고찰된 것들로(ad ea quae in stellis fixis observantur) 진행할 것이다. 다음으로 혜성들에 대해서 그리고 마지막으로 행성들과 그것들의 현상들에 대해서 말할 것이다.

다고 추리하면 이것은 귀납추리이다.

정의(定義)

1-4

정의 1

우리들이 이해하는 황도(黃道: ecliptica)는 자신의 축을 회전하면서 가장 큰 원을 그리는 소용돌이의 한 부분(pars vorticis)이다.

정의 2

우리가 이해하는 극(極: polus)들은 황도에서 가장 멀리 떨어진 또는 가장 작은 원들을 기술하는 소용돌이의 부분들이다.

정의 3

운동에 대한 성향(conatus ad motum)을[1] 우리는 어떤 사유로 이해하

---

1 (역주) conatus는 성향 내지 경향이지만 라캉은 욕망의 원천으로 보았고, 스피노자는 「에티카」에서 모든 정서의 근원으로 보았다.

지 않고, 만일 물질의 한 부분이 어떤 원인에 의해서 방해받지 않는다면 실제로 어떤 방향으로 진행하도록 물질의 한 부분이 자리 잡고 움직여지는 것으로 이해한다.

정의 4

우리들이 이해하는 각(angulus)은 어떤 물체에서 구(球)의 형태 이상의 것(quicquid in aliquo corpore ultra figuram sphaericam prominet)이다.

공리(公理)

1-4

공리 1

서로 결합된 많은 수의 작은 구체(球体)들은 연속적인 공간을 점유할 수 없다.

공리 2

각(角)으로 된 부분들로 분할된 물질의 조각(materiae portio in partes angulosas divisae)은, 만일 그 조각의 부분들이 물질 자체의 중심 둘레를 회전한다면, 그 조각의 부분들이 모두 정지해 있으며 그 부분들의 모든 면이 서로 직접 근접해 있는 경우보다 더 많은 공간을 요구할 것이다.

공리 3

물질의 한 부분이 작으면 작을수록 그것은 똑같은 힘에 의해서 더 쉽게 분할된다.

공리 4

똑같은 방향으로 움직이며, 그 운동에서 서로 떨어지지 않는 물질의 부분들은 실제로 분할되지 않는다.

정리 1

물질이 제일 먼저 분할된 부분들은 둥글지 않고 각을 이루고 있었다.

증명

모든 물질은 최초에(ab initio) 똑같은 그리고 유사한 부분들로(in partes aequales et similes) 분할되어 있었다(요청에 의해서). 그러므로(제2부의 공리 1과 정리 2에 의해서) 그 부분들은 둥글지 않고(정의 4에 의해서) 각을 이루고 있었다. q.e.d.

정리 2

물질의 입자들이 그것들의 중심 주변을 회전하게 한 힘은 동시에 입자들의 각들이 서로 충돌하게 함으로써 입자들의 각들을 소멸하도록 하였다.

증명

최초에 모든 물질은 똑같고(요청에 의해서) 각으로 된(제3부의 정리 1

에 의해서) 부분들로 분할되었다. 그러므로 만일 그 부분들의 각들이
자기 자신의 중심 둘레를 회전하자마자 소멸되지 않았다면, 필연적으
로(공리 2에 의해서) 물질 전체는 정지해 있을 때보다 더 많은 공간을
차지하지 않으면 안 되었을 것이다. 그러나 이것은 부당하다(제2부의
정리 4에 의해서). 그러므로 물질의 부분들의 각들은 그 부분들이 움직
이기 시작할 때 소멸되어 버린 것이다. q.e.d.

(나머지는 빠져 있다)

부록

형이상학적 사유

❧

제1부

여기에서는 존재자와 그의 변용(變容), 신과 신의 속
성 그리고 인간의 정신에 대한 형이상학의 일반적인
부분과 특수한 부분의 보다 더 어려운 문제들을 짧게
논의한다.

암스테르담의
베네딕트 데 스피노자

1

현실적 존재자, 허구적 존재자 그리고
이성적 존재자에 대해서

나는 이 학문의 정의와 대상에 대해서 아무것도 말하지 않을 것이다. 다만 나는 여기에서 형의상학 저술가들이 보통 다루는 모호한 문제들을 설명하고자 한다.

1. 존재자의 정의

그러면 존재자(ens)로부터 시작해 보자. 내가 이해하는 존재자는, 그것이 명석하고 판명하게 지각될 때, 필연적으로 또는 적어도 가능적으로 존재할 수 있는 것으로 발견되는 모든 것(id omne, quod necessario existere vel minimum posse existere reperimus)이다.

2. 키메라(Chimaera),[1] 허구적 존재자 그리고 이성적 존재자는 존재자들이 아니다.

1　(역주) 키메라는 사자 머리, 염소 몸통, 뱀의 꼬리를 한 불 뿜는 괴물, 도깨비, 망상

이 정의로부터, 또는 당신이 원한다면 이러한 기술(記述)로부터 다음의 사실이 귀결된다: 키메라, 허구적 존재자 그리고 이성적 존재자는 결코 존재자들로 헤아려질 수 없다. 왜냐하면 키메라와 같은 것은 그 자신의 본성에 따라서 존재할 수 없기 때문이다.[2] 그런데 허구적 존재자(ens fictum)는 명석판명한 지각을 배제한다. 왜냐하면 인간은 단지 자신의 환상에 따라서, 그리고 그릇된 경우에도 알지 못해서가 아니고 알고 의식하면서 자신이 결합하기를 원하는 것과 결합하고 분리시키려고 하는 것을 분리시키기 때문이다. 마지막으로 이성적 존재자(ens rationis)는 우리가 이해하는 것들을 더 쉽게 유지하고 해명하며 상상하는 데 기여하는 사유의 양태(modus cogitandi)일 뿐이다. 여기에서 주의할 것은 제1부의 정리 15의 주(註)에서 설명한 것처럼 우리가 이해하는 사유의 양태는 지성, 기쁨, 상상(intellectus, laetitia, imaginatio) 등과 같은 사유의 모든 변용들(omnes cogitationis affectiones)이다.[3]

3. 우리는 사유의 어떤 양태에 의해서 사물을 간직하는가?

사물들을 더욱더 확고하게 그리고 더욱더 쉽게 유지하는 데와 또한 우리가 원할 경우 사물들을 마음에 되불러오거나 마음 앞에 놓는 데 기여하는 사유의 양태들이 있다는 사실은 잘 알려진 기억의 규칙(regula memoriae)을 사용하는 모든 사람에게는 충분히 확립된 것이다. 매우

등 여러 가지 의미를 가지고 있다.

2 여기와 다음에서 키메라라는 용어는 제3장에서 더 자세히 설명되는 것처럼 그것의 본성이 명백한 모순을 포함하는 것으로 이해되어야 한다.

3 (역주) 변용(變容: affectio)은 양태의 변화된 것 또는 변형된 양태의 모습을 의미한다.

새로운 것을 보존하고 그것을 기억에 남기기 위해서 우리는 이 규칙에 의해서 우리에게 친근한 또 다른 것에 의존하는데, 이것은 명칭으로나 현실적으로나 자신과 공통되는 것을 가지고 있다. 이와 유사하게 철학자들은 모든 자연적 사물들을 특정한 종류들로(res omnes naturales ad certas classes) 배열하였는데, 어떤 새로운 것을 마주칠 때 그들은 그 고정된 종류들에 의존하였다. 그들은 이 종류들을 유(類: genus), 종(種: species) 등으로 불렀다.

4. 우리는 사유의 어떤 양태에 의해서 사물을 설명하는가?

다시금 우리는 어떤 사물을 다른 사물과 비교하여 결정함으로써 그 사물을 해명하기 위한 사유의 양태들을 가지고 있다. 우리로 하여금 이렇게 행하게 하는 사유의 양태들은 시간, 수, 척도(tempus, numerus, mensura) 그리고 존재하는 다른 것들이다. 이것들 중에서 시간은 지속(duratio)을 설명하는 데 기여하며, 수는 분리된 양(quantitas discretae)을 그리고 척도는 연속적인 양(quantitas continuae)을 설명하는 데 기여한다.

5. 우리는 사유의 어떤 양태에 의해서 사물들을 상상하는가?

마지막으로 우리는 습관적으로 우리가 이해하는 모든 것을 우리의 상상 안에 있는 이미지들(imagines aliquas in nostra phantasia)로 묘사하기 때문에 우리가 비존재자(non-entia)를 존재자(entia)로 상상하는 일이 생긴다. 왜냐하면 정신(mens)은 사유하는 것이므로 그 자체로 고찰할 경우 부정하는 것이 긍정하는 것보다 더 큰 능력을 가지고 있기 때문이다. 그러나 상상하는 것(imaginari)은 대상들에 의해서 감각 안에 자극된 정신의 운동으로부터 뇌 안에 발견된 흔적들을 감각하는 것뿐이기 때문에 그와 같은 감각은 단지 혼란스런 긍정일 수 있을 뿐이다. 따라서 우리는 맹목성, 극단, 내지 끝, 한계, 암흑(caecitas, extremitas sive finis, terminus, tenebrae) 등과 같이 정신이 부정하기 위해서 사용하는 모든 양태를 존재자들로 상상하는 일이 생긴다.

6. 이성적 존재자들은 왜 사물의 관념들이 아닌가, 그런데 왜 우리는 이성적 존재자들을 사물의 관념들로 소유하는가?

따라서 다음의 사실이 명백하다: 이 사유의 양태들(modi cogitandi)은 사물들의 관념들(ideas rerum)이 아니며 따라서 결코 관념들로 헤아려질 수 없다. 그러므로 사유의 양태들은 필연적으로 존재하거나 또는 존재할 수 있는 어떤 대상(ideatum)도[4] 가지고 있지 않다. 이 사유의 양태들이 사물들의 관념들로 여겨지는 이유는 그것들이 직접 현실적인 존재자들로부터 연유하여 생기므로 조심스럽게 주의를 기울이지 않는 사람들에게는 그것들이 현실적 존재자들과 뒤섞이기 때문이다. 따라서 그러한 사람들은 마치 우리의 정신의 외부에 존재하는 존재자들을 가리키는 것처럼 사물들의 관념들에 명칭들을 부여하기까지 하였다. 그리하여 그들은 이 존재자들을 아니 오히려 비존재자들(entia sive potius non-entia)을 이성적 존재자들(entia rationis)이라고 불렀다.

7. 존재자는 실재적 존재자와[5] 이성적 존재자로 잘못 구분되었다.

---

4 (역주) ideatum은 관념화된 것이므로 그것은 다름 아닌 대상을 뜻한다.

그래서 존재자를 실재적 존재자와 이성적 존재자(ens reale et ens ra-tionis)로 나누는 구분이 얼마나 부당한지를 아는 것은 쉽다. 왜냐하면 그들은 존재자를 존재자와 비존재자로 또는 존재자와 사유의 양태로 구분하고 있기 때문이다. 그렇지만 나는 말 또는 문법 철학자들(phi-losophos verbales sive grammaticales)이 이와 같은 오류에 빠지는 것에 놀라지 않는다. 왜냐하면 그들은 사물들로부터 명칭들을 판단하지 않고 명칭들로부터 사물들을 판단하기 때문이다(res enim ex nomini-bus iudicant, non autem nomina ex rebus).

8. 이성적 존재자는 어떻게 무(無)에 불과하다고 일컬어질 수 있으며, 또한 어떻게 실재적 존재자라고 일컬어질 수 있는가?

이성적 존재자는 순수한 무(無)가 아니라고 말하는 사람(qui ait ens ra-tionis non esse merum nihil)은 매우 부당하게 말하는 것이다. 왜냐하면, 만일 그가 지성 밖에서 그 말들이 의미하는 것을 추구한다면 그는 그것을 순수한 무로 발견할 것이고, 만일 그가 그것들을 사유의 양태들로 이해한다면 그것들은 참다운 실재적 존재자들이기 때문이다. 왜냐하면 내가 종(species)이 무엇이냐고 물을 때, 나는 실제로 존재자이며 다른 사유의 양태와는 차별되는 사유의 양태의 본성을 탐구하고 있을 뿐이기 때문이다. 그렇지만 이 사유의 양태들은 마치 사랑이 참답거나 그르다고 일컬어질 수 없는 것과 마찬가지로 관념들로 불릴 수 없으며 또한 참답거나 그르다고 언급될 수도 없고 단지 선하거나 악하다고 이

---

5 (역주) 실재적 존재자(ens reale)는 참답고 불변하는 존재자이다. 따라서 실재적 존재자는 변화하는 사실(factum)로서 존재하는 실제적 내지 현실적 존재자와는 다르다.

야기될 수 있을 뿐이다. 그래서 플라톤이 인간은 털 없는 두 발 달린 동물(animal bipes sine plumis)이라고[6] 말했을 때 그는 인간을 이성적 동물(animal rationale)이라고 말한 사람들과 마찬가지로 오류를 범하지 않았다. 왜냐하면 플라톤은 다른 사람들과 마찬가지로 인간이 이성적 동물이라는 것을 알았기 때문이다. 그러나 그는 인간을 특정한 종류에(ad certam classem) 속하는 것으로 언급했으며 따라서 그가 인간에 대해서 생각할 때 자신이 기억하기 쉬웠던 종류(classis)에 의존함으로써 직접 인간을 생각할 수 있었다. 실로, 만일 아리스토텔레스가 자기 자신의 정의에 의해서 인간의 본질을 적절하게 설명했다고 생각했다면 커다란 잘못을 범한 것이다. 플라톤이 과연 옳았는가 하는 것은 계속해서 탐구하여야 할 것이다. 그것은 여기에서 다룰 것이 아니다.

9. 사물의 탐구에서 이성적 존재자들과 실재적 존재자들(entia realia cum entibus rationis)을 혼동해서는 안 된다.

이미 말한 모든 것으로부터 다음의 사실이 명백하다: 실재적 존재자와 이성적 존재자의 대상들 사이에는(inter ens reale et entis rationis ideata) 아무런 일치(convenientia)도 없다. 따라서 사물들에 대한 우리의 탐구에 있어서 실재적 존재자들과 이성적 존재자들을 혼동하는 것에 관해서 우리가 얼마나 조심스럽게 주의를 기울이지 않으면 안 되는지도 쉽게 알 수 있다. 왜냐하면 사물들의 본성을 탐구하는 것과, 우리가 사물들을 지각하게 되는 양태들에 대한 탐구는 다른 일이기 때문이다. 그러나 만일 우리가 이러한 사실을 혼동한다면, 우리는 지각하는 양태

---

6 (역주) 플라톤 「정치가」, 266e 참조.

들도 그리고 또한 본성 자체도 이해할 수 없을 것이다. 실로 이것이 가장 중요한 점인데, 그렇게 혼동하는 것은, 우리보다 앞서간 수많은 사람들에게 일어났던 것처럼, 우리가 중대한 오류를 범하는 원인이 될 것이다.

10. 이성적 존재자(ens rationis)와 허구적 존재자(ens fictum)는 어떻게 구분되는가?

다음의 사실 또한 주의하지 않으면 안 된다: 많은 사람들은 이성적 존재자를 허구적 존재자와 혼동한다. 그 이유인즉, 허구적 존재자가 정신 바깥에(extra mentem) 아무런 존재(existentia)도[7] 가지지 않기 때문에 그들은 허구적 존재자도 역시 이성적 존재자라고 생각하기 때문이다. 그러나 만일 이성적 존재자와 허구적 존재자에 대해서 방금 내린 정의들에 정확히 주의를 기울인다면 그것들의 원인에 대한 고찰과 원인을 고려하지 않은 그것들 자신의 본성 양자로부터 그것들 사이에 있는 의미심장한 차이를 발견할 것이다. 왜냐하면 우리는 이성의 어떤 지침도 없이 허구적 존재자를 단지 의지 활동에 의해서만 허구와 존재자라는 두 용어들을 연결하는 것으로 정의했기 때문에 허구적 존재자는 아마도 참다운 것으로 될 수 있을 것이다. 그러나 이성적 존재자는 정의로부터 매우 명백한 것처럼 의지에만 의존하지도 않고 함께 결합된 어떤 용어들로만 구성되지도 않는다. 그래서 만일 어떤 사람이 허구적 존재

7　(역주) existentia는 '현실적 존재', 곧 우리들이 일상적으로 감각 경험이나 사유에 의해서 인식할 수 있는 대상(들)의 '존재'를 의미한다. 데카르트나 스피노자의 existentia는 현재 실존철학자들이 말하는 실존(existentia)과는 무관하다. 실존은 자기 자신의 삶을 주체적으로 결단하는 인간 존재를 뜻한다. 키르케고르, 야스퍼스, 하이데거 등에 있어서 실존은 주체적으로 결단하는 인간 존재이다.

자가 실재적 존재자인지 아니면 이성적 존재자인지의 여부를 묻는다
면, 우리는 존재자를 실재적 존재자와 이성적 존재자로 나누는 것은
잘못된 것이고, 따라서 허구적 존재자가 실재적 존재자인지 아니면 이
성적 존재자인지의 여부에 대한 물음은 오류를 바탕으로 깔고 있다고
반복해서 말할 수 밖에 없다. 왜냐하면 그 물음은 모든 존재자가 실재
적 존재자와 이성적 존재자로 나뉘어진다는 것을 전제하고 있기 때문
이다.

11. 존재자의 구분

이제 좀 빗나간 것 같았던 우리의 주제로 다시 돌아가 보기로 하자. 존
재자의 정의로부터, 또는 당신이 원한다면 이미 주어진 존재자의 기술
(記述)로부터 존재자는 필연적으로 자신의 본성에 따라서 존재하는 존
재자(곧 그것의 본질이 존재를 포함하는)와 그것의 본질이 단지 가능
적 존재만을 포함하는 존재자로 나뉘어야 한다. 이 단지 가능적 존재만
을 포함하는 존재자는 실체와 양태(substantia et modus)로 나뉘는데,
이것들의 정의는 데카르트의 「철학의 원리」 제1부, 51, 52, 56항에 씌
여 있다. 따라서 그 정의들을 여기에서 반복할 필요가 없다. 그러나 이
와 같은 구분에 관해서 단지 다음의 사실만을 주의하기를 바란다: 우
리는 존재자가 실체와 우연으로가 아니고 실체와 양태로(in substanti-
am et modum, non vero in substantiam et accidens)[8] 나뉜다고 확실

---

8 (역주) 실체(substantia)는 존재하기 위해서 자기원인(causa sui)만을 필요로 하는
   필연적 존재자이다. 그러나 우연(accidentia)은 하나의 사실(factum)로서 다른 것
   의 원인에 의해서 존재하는 것이며 또한 감각이나 상상에 의해서 알려지는 존재자
   이다.

하게 말한다. 왜냐하면 우연은 그것이 오직 관계(respectum)만을 가리키는 한 사유의 양태일 뿐이다. 예컨대 삼각형이 움직인다고 내가 말할 때 운동은 삼각형의 양태가 아니고 움직이는 물체의 양태이기 때문이다. 그래서 운동은 삼각형에 관련하여 우연으로 일컬어지지만, 물체에 연관해서 운동은 실재적 존재자이거나 양태이다. 왜냐하면 운동은 삼각형 없이 파악될 수 있을지는 몰라도 물체 없이는 파악될 수 없기 때문이다.

더 나아가서 이미 말한 것과 앞으로 귀결될 것에 대해 더 잘 이해하기 위해서 우리는 본질의 존재(esse essentae), 현존의 존재(esse existentiae), 관념의 존재(esse ideae) 그리고 마지막으로 가능성의 존재(esse potentiae)와 같은 용어들을 무엇으로 이해해야만 하는지를 설명하도록 애쓸 것이다. 그렇게 하면서 우리는 본질과 존재 사이의 구분을 하지 못하거나 또는 구분을 한다고 해도 본질과 관념과 능력이 무엇인지를 혼동하는 사람들의 무지에 의해서도 자극을 받았다. 따라서 그들과 또한 진리를 위해서 뒤이어 이 주제를 가능한 한 명백하게 설명하겠다.

2

본질의 존재, 현존의 존재, 관념의 존재, 가능성의 존재는 무엇인가?

이 네 가지 용어들이 무엇인지 명확하게 파악하기 위해 창조되지 않은 실체 즉 신에 대해서(de substantia increata sive de Deo) 다시 생각하는 일만이 필요하다. 곧 다음과 같은 것이다.

1. 신 안의 피조물들은 탁월하다.

1) 신은 피조물들 안에서 형식적으로 발견되는 것을 탁월하게 포함하고 있다. 곧 신은 그 안에 모든 피조물들이 뛰어나게 포함되어 있는 속성들(attributa)을 소유하고 있다. 「철학의 원리」 제1부의 공리 8과 정리 12, 보충 1을 보라. 예컨대 우리는 어떤 존재 없이(sine ulla existentia) 연장(extensio)을 파악하는데, 연장은 그 자체로 존재하기 위한 힘을 전혀 가지고 있지 않기 때문에 우리는 그것이 신에 의해서 창조되었다는 것을 증명하였다(제1부의 마지막 정리).[1] 그리고 적어도 결과에

---

1 (역주) 「철학의 원리」 제1부 마지막 정리를 가리킨다.

서와 같은 완전성이 원인에도 있어야 하기 때문에 연장의 모든 완전성
은 신 안에 있다(omnes perfectiones extensionis Deo inesse)는 것이
귀결된다. 그러나 연장된 것은 자신의 본성에 따라서 분할 가능하다는
것, 곧 불완전성을 포함하는 것이기 때문에 우리는 연장을 신에게 귀속
시킬 수 없으며(제1부의 정리 16), 따라서 우리는 신 안에 속성이 있다
는 견해를 가질 수밖에 없다. 이 속성은 매우 탁월하게 물질의 모든 완
전성(omnes materiae perfectiones)을 포함하며(제1부 정리 9의 주
(註)),[2] 또한 물질의 위치를 대신할 수 있다.

　2) 신은 자기 자신과 다른 모든 것들을 인식한다. 곧 신은 모든 것을
객관적으로(obiective)[3] 자기 자신 안에 가지고 있다(제1부 정리 9).

　3) 신은 만물의 원인(omnium rerum causa)이며 절대적인 의지의
자유로(ex absolute libertate voluntatis) 행동한다.

2. 본질, 현존, 관념 그리고 가능성은 무엇인가?

그러므로 이로부터 위의 네 가지 것들을 무엇으로 이해해야만 하는지
명확하게 알 수 있다. 첫 번째로 본질의 존재(esse essentiae)는[4] 피조물
들이 신의 속성들 안에서(in attributis Dei) 파악되는 양태(modus)일
뿐이며 관념의 존재는 모든 것이 객관적으로 신의 관념 안에 포함되어
있는 방식을 언급한다. 가능성의 존재는 단지 신의 능력만을 말하는데,

---

2 (역주) 스피노자가 이 부록에서 제시하는 인용처들을 특별히 언급하지 않으면 대
　부분 데카르트의 「철학의 원리」에서 인용한 것이다.
3 (역주) 객관적으로(obiective)는 '실재하는 것으로서' 또는 '사유의 형태로서'의
　의미를 가진다.
4 (역주) 본질의 존재(esse essentiae)는 '본질임' 또는 '본질인 것' 등으로 이해될 수
　있다.

신은 자신의 능력에 의해서 절대적인 의지의 자유로 이미 존재하지 않는 모든 것들을 창조할 수 있었던 것이다. 마지막으로 현존의 존재(esse existentiae)는[5] 그 자체로 고찰할 때 그리고 신이 사물들을 창조한 후 그 사물들에 귀속될 때 신의 외부에 있는 사물들의 본질이다.

3. 이 네 가지 것은 오로지 피조물들에서만 서로 구분된다.

위의 사실로부터 이 네 가지 것은 피조물들에서는 서로 구분되지만 신 안에서는 전혀 구분되지 않는다는 것이 명백해진다. 왜냐하면 우리는 신이 가능성의 측면에서 다른 것 안에 있었는지를 파악하지 못하며, 신의 존재와 지성(eius existentia eiusque intellectus)은 신의 본질과 구분되지 않기 때문이다.

4. 본질에 관한 물음들에 대한 답

위의 사실로부터 우리는 보통 본질에 관해서 제기되는 물음들에 쉽게 답할 수 있다. 즉 다음과 같은 물음이다. 본질(essentia)은 존재(existentia)와 다른가? 만일 그렇다면 본질은 관념과 다른 것인가? 그렇다면 그것은 지성의 바깥에 어떤 존재자를 가지고 있는가? 이 마지막 물음에 우리들은 확실히 동의하지 않으면 안 된다. 그런데 첫 번째 물음에 대해서 우리들은 다음과 같이 구분함으로써 답한다: 신 안에서 본질은 존재 없이 파악될 수 없기 때문에 본질은 존재와 다르지 않지만, 다른 것들에 있어서는 본질이 존재 없이 파악될 수 있다는 것을 볼 때

---

5 (역주) 현존(existentia)은 현실적 존재이다. 역자는 문맥에 따라서 existentia를 존재 또는 현존으로 옮겼다.

본질이 존재와 다르다. 두 번째 물음에 대해서 우리들은, 지성의 바깥
에서 명석판명하게(곧 참다웁게) 파악되는 어떤 사물은 관념과 다른
것이라고 말한다. 그러나 지성 바깥의 이 존재자가 자기 자신으로부터
(a se ipso) 생겼는지 아니면 신에 의해서(an vero a Deo) 창조되었는
지의 여부에 대한 또 다른 문제가 있다. 이것에 대해서 우리는 형식적
본질은 자기 자신으로부터 생기지도 않았고 창조되지도 않았고(왜냐
하면 이러한 양자는 형식적 본질이 현실적으로 존재하는 것이라는 사
실을 전제하기 때문에), 오히려 그것은 오직 신성한 본질에만 의존하
며, 본질에는 모든 것들이 포함되어 있다라고 답한다. 그러므로 이와
같은 의미에서 우리는 사물들의 본질들은 영원하다(essentias rerum
aeterna esse)라고 말하는 사람들에게 동의한다. 그러나 여전히 신의
본성(natura Dei)을 인식하지 못하면서 어떻게 사물들의 본질들을 인
식하는가라고 물을 수 있다. 왜냐하면 우리들이 방금 말한 것처럼 사물
들의 본질들은 오직 신의 본성에만 의존하기 때문이다. 여기에 대해서
나는 다음처럼 답한다: 이러한 것은 사물들이 이미 창조되었다는 사실
로부터 생긴다. 만일 사물들이 창조되지 않았다면, 나는 신의 본성을
제대로 안 후가 아니면 사물들을 인식하는 것이 불가능하리라는 것에
전적으로 동의할 것이다. 이것은 포물선의 본성(natura parabolae)을
알지 못하면 포물선의 좌표의 본성을 아는 것이 불가능한 것과 마찬가
지이다.

5. 왜 저자는 본질의 정의에 있어서 신의 속성으로 되돌아 가는 가?

더 나아가서 다음의 사실을 주의하지 않으면 안 된다: 존재하지 않는

양태들의 본질들이 그것들의 실체들 안에서 파악되고, 그것들의 본질이 실체들 안에 있다고 할지라도, 우리는 일반적으로 실체들의 본질과 양태들을 설명하기 위하여(ut generaliter essentiam modorum et substantiarum explicaremus) 신으로 되돌아가기를 택하였다. 이러한 과정에 대한 또 다른 이유는 다음과 같다: 양태들의 본질(essentia modorum)은 오직 실체들이 창조된 이래로만 양태들의 실체들 안에 있었으며, 우리들이 찾고 있었던 것은 본질들의 영원한 존재(esse essentiarum aeternum)였다.

6. 왜 저자는 다른 것들의 정의는 판단하지 않는가?

이러한 관계에서 나는 우리와 견해가 다른 저술가들을 반박하는 것은 가치가 있다고 생각하지 않으며 또한 본질과 존재에 대한 그들의 정의와 기술(記述)을 검토하는 것도 가치가 있다고 생각하지 않는다. 왜냐하면 그렇게 해서 우리는 명확한 것을 모호하게 만들 것이기 때문이다. 동시에 어떤 것의 본질을 해명하지 않고서는 어떤 것도 정의할 수 없다는 것을 알 경우, 본질이 무엇인지 그리고 존재가 무엇인지 우리들이 인식하는 것보다 더 명확한 것은 무엇일 수 있는가?

7. 우리는 본질과 존재의 구분을 어떻게 쉽게 배울 수 있는가?

마지막으로 만일 어떤 철학자가 피조물들에게 본질이 존재와 구분되는지에 대해서 여전히 의심한다면, 그는 그 의심을 없애기 위해서 애써 본질과 존재를 정의하려고 할 필요가 없다. 왜냐하면, 그가 단지 어떤 조각가나 목수를 만나면 그들 자신이 어떻게 정해진 질서로 존재하지

않는 흉상(statua)을 파악하는지 그런 다음에 어떻게 그것을 자신을 위
해서 존재하게 만드는지를 철학자에게 보여 줄 것이기 때문이다.

3

필연적인 것, 불가능한 것, 가능한 것 그리고
우연적인 것에 대해서

1. 여기에서는 변용(變容)들(affectiones)을 무엇으로 이해하여야
하는가?

그런데 존재자가 존재하는 한 존재자의 본성이(natura entis, quatenus
ens est) 해명된 후 우리는 존재자의 어떤 변용들에 대한(ad aliquas ei-
us affectiones) 해명으로 넘어간다. 우리들이 여기에서 이해하는 변용
들은 데카르트가 다른 곳에서, 곧 「철학의 원리」 제1부 52항에서 속성
들(attributa)이라고 지칭한 것이라는 사실을 주의해야 한다. 왜냐하면
존재자는 존재자인 한 그 자체만으로는 실체처럼 우리들에게 영향을
미치지 못하고 어떤 속성을 통해서(per aliquod attributum) 해명되어
야만 하기 때문이다. 그렇지만 존재자는 오직 이성에 의해서만 속성으
로부터 구분된다. 따라서 나는, 진리를 크게 손상시키면서 존재와 무
(無) 사이에 있는 어떤 것을 탐구한 사람들의 미묘한 정신에 그다지 놀
라지 않는다. 그러나 나는 그들의 오류를 반박하는 데 시간을 소비할
생각이 전혀 없다. 왜냐하면 그들 자신은 그와 같은 변용들에 대한 정

의(定義)들을 마련하기 위해서 자기 자신의 공허한 미묘함 속에서 시야에서 사라지기 때문이다.

2. 변용들의 정의

그러므로 우리는 계속해서 우리의 길을 갈 것이고, 비록 어떤 속성들이 오직 이성에 의해서만 사물로부터 구분된다고 할지라도 존재자의 변용들(entis affectiones)은 우리가 각 개별 사물의 본질이나 존재(unius-cuiusque essentia vel existentia)로 이해하는 속성들이다. 나는 여기에서 이 변용들 중 몇 가지를 해명하려고 할 것이며(왜냐하면 나는 모든 변용들을 다루려고 하지 않기 때문에) 그 몇 가지 변용들을 어떤 존재자의 변용들이 아니고 단순한 명칭에 지나지 않는 변용으로부터 분리시켜 놓을 셈이다. 그리고 나는 제일 먼저 필연적인 것과 불가능한 것(quod est necessarium et impossibile)을 다룰 것이다.

3. 사물은 얼마나 많은 방식으로 필연적이라거나 또는 불가능하다고 일컬어지는가?

사물을 필연적이라거나 또는 불가능하다고 말하는 데는 두 가지 방식이 있는데 사물의 본질에 연관된 방식이거나 아니면 사물의 원인에 연관된 방식이다. 사물의 본질에 관해서 우리는 신이 필연적으로 존재한다는 것을(Deum necessari existere) 안다. 왜냐하면 신의 본질은 존재 없이는 파악될 수 없기 때문이다. 그런가 하면 키메라(chimaera)의 본질 안에 포함된 모순과 연관해서 키메라는 존재할 수 없다. 원인과 연관해서(respectu causae) 사물들은, 즉 물질적인 것들은 불가능하다 또는 필연적이다라고 언급된다. 왜냐하면, 만일 우리가 그것들의 본질만 고려한다면 우리는 존재 없이 명석판명하게 그 본질을 파악할 수 있기 때문이다. 그러므로 사물들은 결코 자기들의 본질의 힘과 필연성에 의해서(vi et necessitate essentiae) 존재할 수 없고 오로지 자기들의 원인, 만물의 창조자인 신의 힘을 통해서만 존재할 수 있다. 그래서 만일 신이 어떤 사물이 존재해야만 한다는 의지를 가진다면 신의 의지 안에 (in decreto divino) 그 사물은 필연적으로 존재할 것이다. 만일 그렇지 않다면 그 사물이 존재하는 것은 불가능할 것이다. 왜냐하면 어떤 사물이 내적이나 외적으로 존재하기 위한 원인을 가지고 있지 않다면 그 사물이 존재하는 것은 불가능하기 때문이다. 그런데 이 가설에서 어떤 사물은, 내가 내적 원인으로 이해하는 그 사물 자신의 본질의 힘에 의해서도 아니면 모든 것들의 유일한 외적 원인인 신의 의지에 의해서도 존재할 수 없는 것으로 가정된다. 따라서 다음의 사실이 귀결된다: 우리가 이 가설에서 사물들을 가정하는 것처럼 사물들이 존재하는 것은 불가능하다.

4. 키메라(chimaera)는 옳게 말하자면 언어상의 존재자(ens verbale)이다.

여기에서는 다음의 사실에 주의해야 한다: 1) 키메라는 지성 안에도 없고 상상 안에도 없기 때문에 우리들은 그것을 적절하게 언어상의 존재자라고 부를 수 있다. 왜냐하면 그것은 오직 말로만 표현될 수 있기 때문이다. 예컨대 우리들은 네모난 원을 말로는 표현할 수 있지만, 어떤 방법으로도 그것을 상상할 수 없고 더욱이 이해할 수도 없다. 그러므로 키메라는 말 이외의 아무것도 아니다(praeter verbum nihil est).[1] 그래서 불가능성(impossibilitas)은 변용들에 속하는 것으로 헤아려질 수 없다. 왜냐하면 그것은 단순한 부정(mera negatio)에 지나지 않기 때문이다.

5. 피조물들은 자기들의 본질과 존재를 위해서 신에게 의존한다.

2) 다음을 주의하지 않으면 안 된다: 피조물들의 존재뿐만 아니라 다음에 우리가 가장 확실하게 제2부에서 증명할 피조물들의 본질과 그것들의 본성은 오로지 신의 의지에(a solo Dei decreto)[2] 의존한다. 따라서 다음의 사실이 확실히 귀결된다: 피조물들은 자기 자신으로부터는(ex se ipsis) 아무런 필연성도 가지고 있지 않다. 왜냐하면 그것들은 자기 자신으로부터는 아무런 본질도 가지고 있지 않고 또한 자기 자신에 의해서 존재하지도 않기 때문이다.

6. 피조물들 안에서 피조물들의 원인으로부터 생기는 필연성은 본질의 필연성이거나 존재(existentia)의[3] 필연성이다. 그러나 이 두 가지는 신 안에서는 구분되지 않는다.

3) 마지막으로 다음을 주의하지 않으면 안 된다: 피조물들의 원인에 의해서 피조물들 안에 있는 그 필연성은 그것들의 본질이나 아니면 그것

---

1 (역주) 머리는 사자, 몸은 산양, 꼬리는 뱀인 괴물 키메라는 실재하거나 현실적인 사물이 아니고 단지 인간이 허구적으로 만들어 낸 단어에 지나지 않는다는 것.

2 (역주) decretum은 결정이나 결단이지만 여기에서는 신의 결단하는 의지를 뜻하기 때문에 넓게 보아 의지로 옮겼다.

3 (역주) 존재(existentia)는 현존하는 존재자(ens)나 사물(res)의 있음(esse)을 뜻하므로 여기서는 넓은 의미의 존재로 옮겼다.

들의 존재에 연관해서 그렇게 일컬어진다. 왜냐하면 이 두 가지는 피조
물들 안에서 다르기 때문인데, 본질(essentia)은 자연의 영원한 법에(a
legibus naturae aeternis) 의존하지만 존재(existentia)는 원인들의 연
쇄와 순서에(a serie et ordine causarum) 의존한다. 그러나 신의 본질
은 그의 존재와 구분되지 않는데, 그러한 신 안에서 본질의 필연성(es-
sentiae necessitas)은 존재의 필연성으로부터(a necessitate existentiae)
구분되지 않는다. 따라서 다음의 사실이 귀결된다: 만일 우리가 자연
의 전체 질서를 파악한다면, 우리는 그 본성을 명석판명하게 지각하는,
곧 그 본질을 가진 많은 사물이 결코 존재할 수 없다는 것을 발견하여
야만 할 것이다. 왜냐하면 우리는 다음의 사실을 발견하여야 할 것이기
때문이다: 비록 우리가 코끼리와 바늘의 본성을 명확하게 지각한다고
할지라도 거대한 코끼리가 바늘귀를 통과하는 것이 불가능하다고 아는
것과 마찬가지로 자연 안에서 그와 같은 사물들의 존재는 불가능하다.
따라서 그와 같은 사물들의 존재는 우리가 상상할 수도 없고 인식할 수
도 없는 키메라에 지나지 않는다.

7. 가능한 것과 우연적인 것(possibile et contingens)은 사물들의 변용들(rerum affectiones)이 아니다.

필연성과 불가능성에 대해서는 이 정도로 하자. 나는 그것들에 가능한
것과 우연적인 것에 관해서 몇 가지 견해를 첨가하는 것이 바람직하다
고 생각하였다. 왜냐하면 어떤 사람들은 이 두 가지를 사물들의 변용들
로 여기기 때문이다. 그런가 하면 내가 이 두 용어들이[4] 무엇인지 설명

---

4 (역주) 가능한 것과 우연적인 것 두 가지를 지시한다.

할 때 명확하게 제시하겠지만 이 두 가지는, 우리들의 지성의 결함(de-fectus nostri intellectus)에 지나지 않는다.

8. 가능한 것은 무엇이고 우연적인 것은 무엇인가?

우리가 어떤 사물의 작용인(causa efficiens)은 인식하지만 그 원인이 결정된 것인지의 여부를 알지 못할 때 어떤 사물은 가능한 사물로(res possibilis) 일컬어진다. 따라서 우리는 어떤 사물을 가능한 것으로 고찰할 수 있지만 필연적이거나 아니면 불가능한 것으로 고찰할 수는 없다. 그러나 만일 우리가 사물의 원인이 아니라 단순히 사물의 본질에 주의를 기울인다면 우리는 그 사물을 우연적인 것이라고 부를 것이다. 곧 우리는 그것을 신과 키메라 사이의 중간물(medium)로 고찰할 것이다. 왜냐하면 본질 쪽에서 볼 경우 신의 본질의 경우에서와 마찬가지로 우리는 그 사물 안에서 존재하기 위한 어떤 필연성도 발견하지 못하며, 또한 키메라의 경우에 있어서와 마찬가지로 어떤 불일치 내지 불가능성(implicantia sive impossibilitas)도 발견하지 못하기 때문이다. 그런데 만일 어떤 사람이 내가 가능하다고 부르는 것을 우연적이라고 부르거나 또는 내가 우연적이라고 부르는 것을 가능하다고 부르고자 한다면 나는 그에게 반대하지 않을 것이다. 왜냐하면 단어들에 대해서 논쟁하는 것은 내 습관이 아니기 때문이다. 이들 두 가지가 단지 우리의 지각의 결함(defectus nostrae perceptionis)에 지나지 않고 그가 우리들에게 실재적인 것을 인정한다면 그것으로써 충분할 것이다.

9. 가능한 것과 우연적인 것은 단지 우리의 지성의 결함에 지나지 않는다.

만일 어떤 사람이 이것을 부정하고자 한다면 전혀 힘들이지 않고 그의 오류를 그에게 증명할 수 있다. 왜냐하면, 만일 그가 자연에 주의하고 자연이 어떻게 신에게 의존하는지 주의해서 살핀다면 그는 사물들에서 어떤 우연적인 것도, 곧 사물의 편에서 존재할 수 있거나 아니면 존재할 수 없는 어떤 것도 또는 보통 말하는 것처럼 실재적인 우연성을 발견하지 못할 것이기 때문이다. 이것은 제1부의 공리 10에서, 우리가 어떤 사물을 창조하기 위해서는 그것을 유지하기 위한 힘과 똑같은 힘이 요구된다고 가르친 것으로부터 명백하다. 그래서 어떤 피조물도 자기 자신의 힘에 의해서 존재하기를 시작하지 않는 것처럼 어떤 피조물도 자기 자신의 힘에 의해서 다른 것에게 영향을 미치지 못한다. 이로부터 다음의 사실이 귀결된다: 모든 것을 창조하는 원인의, 곧 신의 힘을 제외하고는(nisi vi causae omnia creantis, scilicet Dei) 아무것도 생기지 않는다. 신은 매 순간 자신의 협력에 의해서 계속해서 만물을 창조한다. 그런데 오직 신의 능력에 의해서가 아니면 아무것도 생기지 않기 때문에, 피조물들은 신의 결정과 의지의 힘에 의해서(vi decreti Dei eiusque voluntatis) 생긴다는 것을 쉽게 알 수 있다. 그러나 신 안에는 아무런 모순도 그리고 변화도 없기 때문에(제1부의 정리 18과 정리 20의 보충에 의해서) 그는 영원으로부터(ab aeterno) 지금 그가 산출하고 있는 것들을 산출하기로 결정한 것이 분명하다. 그리고 신이 존재하여야 한다고 결정한 것보다 더 필연적인 존재는 아무것도 없기 때문에 존재의 필연성(necessitas existendi)은 영원으로부터 모든 피조물 안에 있어 왔다는 것이 귀결된다. 신이 사물들을 달리 산출하기로 결심할 수도 있었기 때문에 우리가 사물들을 우연적이라고 말할 수 없다. 왜냐하면 영원 안에는 언제(quando)도 없고, 앞에(ante)도 없고, 뒤에(post)도 없고, 어떤 시간의 변용(affectio temporis)도 없으므로 신은

다르게 결정하기 위한 그 결정 이전에는 결코 존재하지 않았다는 것이 귀결된다.[5]

10. 우리의 의지의 자유와 신의 예정의 결합은 인간의 이해력을 초월한다.

우리가 제1부 정리 15의 주(註)에서 주장한 인간의 의지의 자유는(ad libertatem humanae voluntatis) 또한 신의 협력에 의해서(a Dei concursu) 보존되며,[6] 어떤 사람도 영원으로부터 신이 원하거나 수행하려고 결정한 것 이외에는 어떤 것도 원하거나 수행할 수 없다. 어떻게 이런 일이 인간의 자유의 보존과 함께 있을 수 있는지 우리는 파악할 수 없다. 그렇지만 우리는 우리가 알지 못하기 때문에 명백하게 지각하는 것을 거부해서는 안 된다. 왜냐하면 우리의 본성에 주의를 기울인다면 우리는 우리가 행동에서 자유롭다는 것을, 그리고 단지 그렇게 행동하고자 하는 의지 때문에 많은 것들에 대해서 결정할 수 있다는 것을 명석판명하게 인식하기 때문이다. 만일 방금 제시한 것처럼 만일 우리가 신의 본성(Dei natura)에 다시 주의를 기울인다면, 모든 것들이 신에게 의존한다는 것을, 그리고 신이 영원으로부터 결정한 것들의 존재 이외에는 어떤 것도 존재하지 않는다는 것을 명석하게 그리고 판명하게 지각한다. 그러나 인간의 의지가 매 순간 자유롭게 남는 식으로 신에 의해서 계속해서 창조되는 것을 우리는 알지 못한다. 왜냐하면 우리가 파악할 수 없는, 그럼에도 불구하고 신이 창조한 것으로 아는 많은 것들

---

5 (역주) 이 부분의 의미를 옳게 이해하기 위해서는 부록의 제2부에서 해명하고 있는 신의 의지에 대해서 예리하게 숙고하는 것이 도움이 된다.

6 (역주) 신의 협력은 신의 영향을 말한다.

이 있기 때문인데, 예컨대 비록 물질의 분할이 어떻게 생겼는지 우리가 모른다고 할지라도, 우리는 제2부의 정리 11에서 물질을 무한한 입자로 나누는 실재적인 분할을 명확하게 증명하였다.

여기에서는 가능한(possibile)과 우연한(contingens)이라는 두 개념이 사물의 존재에 연관해서 단지 우리의 사유의 결함(defectus cognitionis nostrae)을 지칭한다는 것을 우리가 인정한다는 사실에 주의하자.

4

영원, 지속 그리고 시간에 대해서

1. 영원은 무엇인가?

앞에서 우리가 존재자를, 존재자의 본질(essentia)이 존재(existentia)를 포함하는 존재자(ens)와 존재자의 본질이 오직 가능적인 존재만을(non nisi possibilem existentiam) 포함하는 존재자로 나눈 것으로부터 영원과 지속 간의 구분(distinctio inter aeternitatem et durationem)이 생긴다. 영원에 관해서 우리는 나중에 더 상세하게 말할 것이다. 여기에서는 우리가 신의 무한한 존재를 파악하는 것은 속성(attributus)에 의해서라는 것만을 말한다.

2. 지속은 무엇인가?

피조물들이 자기의 현실성 안에서 유지되는 한, 우리로 하여금 피조물들의 존재를 파악하게 하는 속성은 지속(duratio)이다. 이로부터 지속은 오직 이성에 의해서만(non nisi ratione) 사물의 전체 존재로부터 구분된다는 사실이 확실하게 귀결된다. 왜냐하면 우리가 어떤 사물에서 지속을 멀리 떼어 놓으면 그만큼 우리는 필연적으로 사물에서 존재를 멀리 떼어 놓기 때문이다.

3. 시간은 무엇인가?

그런데 지속이 결정될 수 있도록 우리는 지속을 고정되고 결정된 운동을 소유한 다른 사물들의 지속과 비교하며, 이러한 비교를 시간(tempus)이라고 일컫는다. 그러므로 시간은 사물들의 변용(affectio rerum)이 아니고 오로지 사유의 양태(modus cogitandi) 또는 우리가 이미 말한 것처럼 이성의 존재자(ens rationis)이다.[1] 왜냐하면 시간은 지속을 설명하는 데 기여하는 사유의 양태이기 때문이다. 여기에서 우리는 지속에 관해서 다음과 같은 것을 주의하여야 할 것이다: 이러한 주의는 나중에 우리가 영원에 대해서 말할 때, 말하자면 영원은 보다 더 긴 것으로 그리고 보다 더 짧은 것으로 이해되며, 마치 부분들로 구성된 것처럼 파악되고, 영원은 본질이 아니라 오직 존재의 속성이라고 말할 때 우리에게 유용할 것이다.

---

1 (역주) ens rationis는 이성적 존재자이다.

5

반대, 질서 등에 대해서

우리가 사물들을 서로 비교하는 사실로부터 사물들 자체를 떠나서는
아무것도 아닌 오로지 사유의 양태들인 개념들이 생긴다. 이것은 다음
과 같은 사실에 의해서 제시되었다: 만일 우리가 그 개념들을 사유 바
깥에 장소를 소유하고 있는 것들로 고찰하고자 한다면, 그것들에 대해
서 우리가 다르게 가지고 있는 명백한 개념이 즉시 혼란스러워진다. 그
러한 개념들은 말하자면 반대(oppositio), 질서(ordo), 일치(conve-
nientia), 차이(diversitas), 주관(subiectum), 부속물(adiunctum) 그리
고 이것들과 같은 여타의 것들이다.[1] 내가 말하건대 우리가 이 개념들
을 반대된, 질서 지어진 등의 사물들의 본질들과 다른 것으로 파악하지
않고, 사물들 자체를 더 쉽게 보존하고 상상하게끔 하는 사유의 양태들
로만 파악하는 한 우리는 이 개념들을 매우 명확하게 지각한다. 그러므
로 나는 이 개념들을 더 상세히 말하는 것은 필요하지 않다고 여겨 보

---

1 (역주) 질서(ordo)는 순서도 의미한다. 주관(subiectum)은 주체를 뜻하기도 한다.
  자기 자신을 의식하고 결단하는 자아인 주체의 의미는 헤겔 그리고 현대의 실존철
  학에서 나타나고 근대철학에서는 아직 나타나지 않는다.

통 선험적이라고 일컬어지는 용어들로(ad terminos vulgo transcen-
dentales dictos)[2] 넘어갈 것이다.

---

2 (역주) 선험적(transcendentales)은 경험적에 반대되는 말이다. 즉 감각 경험에 의
   해서가 아니고 본래부터 가지고 있는 이성 능력에 의해서 대상을 인식한다고 할 때
   '선험적으로 인식한다'고 말한다.

6

일자(一者), 참다운 것 그리고 선한 것에 대해서

1. 통일은 무엇인가?

거의 모든 형이상학자들은 위의 용어들을 존재자의 가장 일반적인 변용들로 여긴다. 왜냐하면 그들의 말에 의하면, 어느 누구도 모든 존재자에 대해서 사유하지 않는다고 할지라도, 모든 존재자는 하나이고, 참다우며 선하기 때문이다. 그러나 우리는, 이 용어들을 따로따로 검토할 때 이 용어들에 관해서 이해하지 않으면 안 되는 것이 무엇인지 알아볼 것이다.

그러면 첫 번째 것, 일자(unus)와 함께 시작해 보자. 그들은 이 용어가 지성 바깥의[1] 실재적인 어떤 것을 지시한다고 말한다. 그러나 그들은 이것이 존재자에게 무엇을 첨가하는지 설명할 수 없으며, 이는 그들이 이성적 존재자를 실재적 존재자와 혼동하고 있어 명백한 것을 혼란스럽게 만들고 있다는 분명한 지시이다. 그러나 우리는 다음처럼 말한

---

1 (역주) 지성 바깥의(extra intellectum)는 지성으로서는 알 수 없는 또는 지성을 초월하는 등의 의미를 가진다.

다: 통일(unitas)은² 어떤 방식으로도 사물자체로부터 구분되지 않으며 존재자에게 아무것도 첨가하지 않는다. 통일은 단지 사유의 양태(modus cogitandi)일 뿐이고 그것에 의한 관점에서 어떤 사물을 그 사물과 유사하거나 일치하는 것으로부터 분리시킨다.

2. 다수성은 무엇이며, 어떤 관점에서 신을 유일자(唯一者 ūnicūs)라고 일컬을 수 있으며, 또 어떤 관점에서 신을 일자(一者 ūnūs)라고 일컬을 수 있는가?

통일의 반대는 다수성(multitudo)이며, 이것은 마찬가지로 사물들에게 아무것도 보태지 않고, 바로 우리가 명석판명하게 이해하는 것처럼 단지 사유의 양태일 뿐이다. 나는 다음과 같은 점을 빼놓으면 어떤 사물에 관해서 그보다 더 분명하게 말할 것이 없다고 생각한다. 여기에서는 다음의 사실을 주의해야 한다. 우리가 신을 다른 존재자들로부터 분리시키는 한 신을 일자(unum)로 일컬을 수 있다. 그러나 똑같은 본성을 가진 일자가 더 있을 수 없다는 것을 우리가 파악하는 한에서 신을 유일자(unicum)로 일컫는다. 그러나 만일 우리가 문제를 더 정확하게 검토하려고 했더라면, 신을 단지 부적절하게 일자 그리고 유일자(unum et unicum)로 일컫는다는 것을 제시할 수 있었을 것이다. 그러나 이 문제는 말보다 사물들에 관심을 가진 사람들에게는 거의 중요하지 않으며, 실로 아무런 중요성도 없다. 그러므로 우리는 이것을 남겨 두고 무엇이 그릇된 것인지(quid sit falsum)를 설명하면서 두 번째 용어로 넘어가 보자.

---

2 (역주) 통일(unitas)은 단일성의 뜻에서 통일이다.

3. 철학자와 대중에게 참다운 것은 무엇이고 그릇된 것은 무엇인가?

이들 두 가지, 즉 참다운 것과 그릇된 것을 옳게 지각하기 위해서 우리는 단어들의 의미로부터(a verborum significatione) 시작할 것이다. 단어들의 의미로부터 다음의 사실이 명백할 것이다: 단어들은 사물들에 대한 외적 지시일 뿐이고, 단지 사물들에 수식적으로만 부여되었을 뿐이다. 그러나 철학자들이 사용하는 단어들을 맨 처음 고안해 낸 것은 대중(vulgus)이기[3] 때문에, 특히 언어의 본성으로부터 도출될 수 있었던 다른 원인들을 탐구를 위해서 찾을 수 없을 때, 단어의 원래 의미를 찾는 사람에게는 그 단어가 대중들 사이에서 처음에 무엇을 지시했는가를 탐구하는 것이 적절한 것으로 여겨진다. 그러므로 '참다운'과 '그릇된'의 최초의 의미(prima veri et falsi significatio)는 이야기하기에서(a narrationibus) 시작된 것으로 생각되며, 이야기(narratio)가[4] 현실적으로 일어난 것에 관한 것이면 그 이야기는 참답다고 일컬어졌지만, 그 이야기가 어디서도 일어나지 않은 것에 관한 것이면 거짓된 것으로 일컬어졌다. 나중에 철학자들은 관념과 관념의 대상과의 일치와 불일치를 지적하기 위해서(ad denotandam convenientiam ideae cum suo ideato, et contra)[5] 이 의미를 사용하였다. 그러므로 만일 어떤 관념이 그 자체가 존재하는 대로 우리에게 사물을 보여 주면 참답다고 이야기하였으며, 만일 그 관념이 실재로 존재하는 것과 다른 사물을 우리에게 보여 주면 거짓이라고 이야기하였다. 왜냐하면 관념들이란 단지

---

3 (역주) 대중(vulgus)은 평범한 일반 백성들을 지시한다.
4 (역주) 이야기(narratio)는 일반적으로 설화나 전설 등을 말한다.
5 (역주) ideatum은 관념화된 것이므로 관념의 대상이다.

정신적인 이야기 내지 자연에 대한 이야기(narrationes mentales sive historiae naturae)에[6] 지나지 않기 때문이다. 그래서 나중에 이 용어들은, 우리가 진짜 또는 가짜 금(金)에 대해서 이야기할 때 마치 우리 앞에 제시된 금이 그 자체로 존재하거나 아니면 존재하지 않는 것에 대해서 우리에게 이야기하고 있는 것처럼 생명 없는 사물들에게 은유적으로 사용되었다.

4. 참다운 것은 선험적인 용어가 아니다.

그러므로 참다운 것(verum)을 선험적(先驗的) 용어라거나 존재자의 변용(變容)이라고 주장한 사람들은 매우 그르다. 왜냐하면 이 참다운 것이라는 용어는 사물들 자체에 단지 부적절하게만, 또는 만일 당신이 원한다면 수사학적으로(rhetorice)[7] 적용될 수 있기 때문이다.

5. 진리와 참다운 관념은 어떻게 다른가?

더 나아가서 만일 당신이 참다운 관념(vera idea)이 아니라 진리(veritas)가 무엇이냐고 묻는다면, 당신은 흰 신체가 아니고 희다는 것이 무엇인지(quid sit albedo praeter corpus album)를 묻는 것이나 마찬가지이다. 왜냐하면 양자의 경우 관계가 똑같기 때문이다. 우리는 이미 참다운 것의 원인과 그릇된 것의 원인에 대해서 다루었다. 그래서 이제

---

6 (역주) historia는 탐구, 이야기, 역사 등의 뜻을 가지지만 최초의 뜻은 이야기였다.
7 (역주) 바로 앞에서는 '참다운 것'이 은유적으로(metaphorice) 사물 자체에 사용될 수 있다고 했으므로 여기에서 말하는 '수사학적으로'는 '은유적으로'와 똑같은 의미를 가진다.

는 아무것도 주의할 것이 없고 만일 저술가들이 아무런 난점도 없는 곳에서 항상 난점을 찾으면서 자기 자신을 해방시킬 수 없는 하찮은 것에 자신들을 옭아매지 않았다면 우리가 말한 것까지도 주의할 가치가 없었을 것이다.

6. 진리의 고유성은 무엇인가? 사물들에는 확실성이 없다.

진리의 또는 참다운 관념의 특성들(proprietates veritatis aut ideae verae)은 1. 진리는 명석판명하고, 2. 진리는 모든 의심을 제거하거나 또는 한마디로 확실하다는 것이다. 사물들 자체에서 확실성을 찾는 사람들은 자신이 사물들 자체에서 진리를 찾을 때와 마찬가지로 잘못을 범하고 있다. 그리고 비록 우리가 어떤 사물이 불확실하다고 말할 수 있을지라도 우리는 관념의 대상을 수사학적으로(rhetorice)[8] 관념으로 받아들이는 것이다. 이 경우 만일 우리가 불확실하게 우연성을, 또는 우리에게 불확실하거나 의심을 갖게 하는 어떤 것을 의미하지 않을 것 같으면 우리는 똑같은 방법으로 어떤 것을 의심스럽다고 일컫는다. 이 문제들에 대해서 더 많은 시간을 소비할 필요가 없으므로 우리는 동시에 세 번째 용어인 반대를 무엇으로 이해해야 하는지를 설명하면서 세 번째 용어로 진행할 것이다.

7. 선과 악은 단지 상대적으로 이야기될 뿐이다.

어떤 사물은 따로 떼어서 고찰할 때는 선하다거나 악하다고 이야기하

---

8 (역주) 앞의 역주에서도 한번 언급한 것처럼 수사학적으로(rhetorice)는 은유적으로(metaphorice) 또는 비유적으로와 동일한 의미로 사용되고 있다.

지 않고, 오직 다른 것과 연관해서 이 다른 것을 위해서 그 어떤 사물이 사랑하는 것을 획득하는 데 유용하거나 또는 그 반대일 경우 선하다거나 악하다고 이야기된다. 그러므로 각각의 사물은 동시에 서로 다른 관점에서(diverso respectu eodemque tempore) 선하거나 악하다고 이야기될 수 있다. 예컨대 아히도벨(Achitophel)이 압살롬(Absalom)에게 해 준 자문은 성서에서 선한 것으로 일컬어졌지만 다윗의 죽음을 꾀한 것이므로 다윗(David)에게는 악한 것이었다.[9] 그러나 전혀 선하지 않은 많은 것들이 선하다. 따라서 구원(salus)은 인간을 위해서는 선하지만, 구원이 아무런 상관도 없는 동물들이나 짐승들을 위해서 구원은 선하지도 않고 악하지도 않다. 신은 실로 지선(至善)으로 일컬어진다. 왜냐하면 신은 자신의 도움으로 각각의 개별 존재자를 보존하면서 모든 것을 이롭게 하기 때문인데 이보다 더 바람직한 것은 아무것도 없다. 그러나 자명한 것처럼 어떤 절대적인 악(malum absolutum)도 존재하지 않는다.

8. 왜 어떤 사람들은 형이상학적 선을 주장하였는가?

그러나 모든 것과 관계가 없는 형이상학적 선(bonum aliquod meta-physicum)을 탐구하는 사람들은 어떤 그릇된 오해로 애쓰고 있는데, 그 탐구에서 그들은 이성적 구분(distinctio rationis)[10]을 실재적 내지 양태적 구분(distinctio reali vel modali)과 혼동하고 있다. 왜냐하면 그들은 성향(conatus)이[11] 무엇을 의미하는지 알지 못하면서, 사물 자

---

9 (역주) 사무엘하 17:14 참조.

10 (역주) 실재적 구분(distinctio reali)이란 변하지 않는 참다운 구분을 말한다.

11 (역주) 성향(conatus)은 경향이나 힘 또는 에너지로 이해할 수도 있다. 스피노자

체와 모든 사물이 소유하는 사물 자체의 존재자를 보존하기 위한 성향
을 구분하고 있기 때문이다. 왜냐하면 비록 사물과 그것의 성향(cona-
tus)은 이성에 의해서 또는 오히려 단어들에 의해서 구분된다고 할지라
도, 물론 이것이 그들의 오류의 주요 원인이지만, 이들 두 가지는 실재
적으로 결코 구분되지 않는다.

9. 사물이 자신의 상태를 보존하려고 노력할 경우 사물과 성향은 어떻게 구분되는가?

위의 사실을 확실하게 이해할 수 있도록 매우 간단한 예를 들어 보자.
운동은 자기 자신의 상태를 유지하기 위해서 힘을 가지고 있다. 이 힘
은 확실히 운동 자체이며, 곧 운동의 본성은 그것이 있는 그대로의 것
일 뿐이다. 왜냐하면, 만일 내가 이 물체 A 안에는 특정한 운동량 밖에
없다고 말한다면, 물체 A에 주의를 기울이고 있는 한 나는 그 물체가
움직이고 있다고 언제나 말하지 않으면 안 된다. 왜냐하면, 만일 내가
그 물체는 운동력을 상실하고 있다고 말한다면, 나는 필연적으로 우리
가 가설에서 가정한 것을 초월하는 다른 것을, 곧 그 물체로 하여금 그
물체의 본성을 잃도록 하는 것을 그 물체에 귀속시키고 있기 때문이다.
그런데 만일 이러한 추리가 오히려 모호한 것으로 여겨진다면, 운동을
향한 이 성향은 바로 운동 법칙들 그리고 운동의 성향과는 다른 것이라
는 사실을 인정하기로 하자. 그러면 사람들이 이 성향(conatus)을 형이

는 「에티카」에서 모든 정서들의 원천을 성향(conatus)이라고 한다. 성향이 활동
하기 시작하면 욕구(appetitus)도 되고, 인간이 욕구를 의심하면 그것은 욕망
(cupiditas)으로 된다는 것이 스피노자의 주장이다. 프랑스 정신분석학자 라캉은
욕망의 근원을 스피노자의 conatus에서 찾고 있다.

상학적 선(bonum metaphysicum)이라고 가정하기 때문에 이 성향은
또한 자기 자신의 존재자를 유지하기 위한 성향을 필연적으로 가질 것
이고, 이것은 다시금 또 다른 성향을 가질 것이며 이렇게 무한히 계속
된다. 이보다 더 부당한 것은 없다. 그런데 사람들이 왜 사물의 성향과
그 사물 자체를 구분하는지(cur illi conatum rei a re ipsa distinguunt)
에 대한 근거는 다음과 같다: 사람들은 자신 안에서 자기 자신을 보존
하기 위한 욕망(desiderium)을 느끼며, 그들은 각각의 개별적인 사물
안에서도 유사한 욕망을 느낀다.

10. 사물들이 창조되기 이전에 신은 선했다고 말할 수 있는가?

그렇지만 신이 사물들을 창조하기 이전에 그가 선했다고 일컬을 수 있
는지에 대한 물음이 제기된다. 그런데 우리의 정의(定義)로부터 오직
그 자체로만 고찰된 어떤 사물은 선하다거나 아니면 악하다고 일컬을
수 없기 때문에 신은 그와 같은 속성을 전혀 소유하고 있지 않다. 많은
사람이 이것을 부당하다고 생각하겠지만 나는 그 이유를 알지 못한다.
우리는 사물들이 창조되기 이전에 마치 신이 창조자로, 재판관으로 그
리고 자비롭다고 등등으로 일컬을 때처럼 가능적이 아니고는 그에게
속하지 않는 이러한 종류의 수많은 속성들을 신에게 귀속시킨다. 그러
므로 이와 같은 논증들은 우리에게 방해가 되어서는 안 된다.

11. 완전성을 어떻게 상대적이라고 일컬을 수 있으며, 또 어떻게 절대적이라고 일컬을 수 있는가?

더 나아가서 선과 악이 단지 상대적 용어에 지나지 않는 것처럼 우리가

완전성(perfectio)을 가지고 사물의 본질 자체(ipsa rei essentia)를 의미할 때를 제외하고는 완전성 역시 상대적인 용어이다. 이와 같은 의미에서 우리는 신이 무한한 완전성(infinita perfectio), 곧 무한한 본질이나 무한한 존재(infinita essentia, seu infinitum esse)를 소유한다고 말하였다.

　나의 의도는 이 주제들을 더 상세히 다루는 것은 아니다. 왜냐하면 나머지 형이상학의 일반적인 부분을 고찰하는 것은 충분히 알려졌고 따라서 더 이상 탐구할 만한 가치가 없기 때문이다.

형이상학적 사유

제2부

여기에서는 신과 신의 속성들에 대한, 그리고 인간의
정신에 대한 형이상학의 특수한 부분들에서 보통 생
기는 가장 중요한 것을 짧게 해명한다.

1

신의 영원성에 대해서

1. 실체들의 구분

이미 우리는 앞에서 자연에는 실체들과 그것들의 양태들밖에 없다는 것을 제시하였다. 따라서 여기에서 사람들은 우리가 실체적 형태들과 실재적 우연들에 대해서 말하기를 기대해서는 안 된다. 왜냐하면 이러한 것들과 이러한 유형의 사물들은 전적으로 부당하기 때문이다. 다음에 우리는 실체들을 두 개의 일반적인 유(類)로, 곧 연장과 사유(extensio et cogitatio)로 나누었고, 우리는 사유를 창조된 사유, 곧 인간의 정신(mens humana)과 창조되지 않은 사유, 곧 신(Deus)으로 나누었다. 우리는 우리가 신에 대해서 후천적으로(a posteriori) 가지고 있는 관념으로부터 그리고 또한 신의 존재의 원인이 되는 신의 본질로부터 신의 존재를 선천적으로(a priori) 가장 적절하게 증명하였다.[1] 그러나 우리는 신의 속성들 중의 몇가지를 주제의 중요성이 요구하는 것보다 덜

---

1 (역주) 후천적으로(a posteriori)는 '경험적으로'의 뜻이고 선천적으로(a priori)는 '본래적으로' 또는 '이성에 의해서'의 뜻이므로 양자는 서로 대립하는 의미를 가진다.

취급했기 때문에 그 속성들을 더 충분히 설명하고 또한 어떤 문제들에 대한 답을 마련하기 위해서 여기에서 그 속성들을 다시 다루기로 결정하였다.

2. 어떤 지속(持續)도 신에게 속하지 않는다.[2]

다른 모든 속성들에 앞서서 고찰되어야만 하는 주요 속성은 신의 영원성(Dei aeternitas)이며, 우리는 이것에 의하여 신의 지속(Dei duratio)을 해명한다. 또는 신에게 어떤 지속을 귀속시키지 않기 위해서 우리는 신이 영원하다고 말한다. 왜냐하면 우리가 제1부에서 주의해서 본 것처럼 지속은 사물들의 본질이 아니라 존재의 변용이기(duratio est af-fectio existentiae, non vero essentiae rerum) 때문이다. 그러나 신은 자신의 존재가 자신의 본질에 속하므로 어떤 지속도 귀속시킬 수 없다. 왜냐하면 신에게 지속을 귀속시키는 사람은 누구든지 신의 존재를 그의 본질로부터 구분하고 있기 때문이다. 그렇지만 어떤 사람들은 신이 아담을 창조한 후 지금은 더 이상 존재하지 않는지의 여부를 묻는다. 그리고 그들은 신이 그렇게 존재한 것은 매우 확실한 것 같고 따라서 신에게 있어서 지속은 결코 부정되어서는 안 된다고 주장한다. 그러나 그들이 신의 본질을 그의 존재와 다르다고 주장하는 데에는 선결 문제 요구의 오류(petito principii)를 범하고 있다.[3] 그들은 아담의 시대까지

---

2 (역주) 옮긴이가 스피노자의 「데카르트의 철학의 원리」를 옮기면서 특히 독자들에게 당부하고 싶은 말은, 스피노자는 이 책에서 (「데카르트의 철학의 원리」1, 2, 3부와 그 안에 포함되어 있는 부록: 형이상학적 사유 제1부와 제2부에서) 데카르트의 인식론과 형이상학을 충실히 해석하려고 애쓰고 있다는 점이다. 그러면서도 스피노자는 드물긴 하지만 자신의 일원론적 사고를 (자연＝신＝실체) 간간히 내비치고 있다.

존재한 신이 아담의 창조 때부터 지금까지의 시간보다 더 오랜 시간에 걸쳐서 존재했는지의 여부를 묻는다. 따라서 그들은 신의 매일매일에 더 긴 지속을 귀속시키며, 신이 사실상 자기 자신에 의해서 계속해서 창조된다고 주장한다. 만일 그들이 신의 존재를 그의 본질과 구분하지 않았다면 그들은 지속을 신에게 귀속시킬 수 없었을 것이다. 왜냐하면 지속은 결코 사물들의 본질에 속할 수 없기 때문이다. 왜냐하면 원이나 삼각형의 본질은 그것이 영원한 진리인 한 아무도 그 진리가 아담의 시대보다 더 오래 계속되었다고 일찍이 말하지 않을 것이기 때문이다. 더 나아가서 지속은 더 길거나 더 짧은 것으로 또는 부분들로 구성되는 것으로 파악되기 때문에 어떤 지속도 신에게 귀속될 수 없다는 사실이 명백히 따라 나온다. 그 이유인즉 신의 존재는 영원하므로, 곧 신의 존재 안에는 어떤 이전이나 이후도 있을 수 없으므로 우리는 우리가 신에 대해서 가지고 있는 개념을 파괴하지 않고서는 결코 지속을 신에게 귀속시킬 수 없다. 다시 말해서 신에게 지속을 귀속시킴으로써 우리는 자기 자신의 본성상 무한하며 무한을 빼면 결코 파악할 수 없는 것을 부분들로 나누고 있을 것이다.

3. 저술가들이 신에게 지속을 귀속시킨 이유들

그런데 저술가들이 그렇게 오류를 범한 이유는 다음과 같다:

(1) 그들은 마치 영원성(aeternitas)이 신의 본질을 고찰하지 않고서도 이해될 수 있는 것처럼 또는 신의 본질이 아닌 다른 것으로 이해될

---

3 (역주) 증명되지 않은 전제를 마치 증명된 것처럼 여기고 결론을 추론하는 논리적 오류를 선결 문제 요구의 오류라고 한다. 예: 성경 내용은 하나님의 말씀이다. 왜냐하면 성경에 그렇게 기록되어 있기 때문이다.

수 있는 것처럼 신에 대해서 주의를 기울이지 않고 영원성을 설명하려고 시도하였다. 그리고 이런 일이 다시 생긴 이유는, 알맞는 말이 없음으로 인해서 우리가 습관적으로 본질과 존재가 다른 사물들에게까지 영원성을 귀속시키기 때문이다. 이는 마치 세계가 영원으로부터 존재해 왔다는 것에 모순이 전혀 없다고 말하는 것과도 같다. 또한 우리가 존재하지 않는 것으로 파악된 사물들의 본질에 영원성을 귀속시키는 것과도 같다. 왜냐하면 그 경우 우리는 본질들을 영원하다고 말하기 때문이다.

(2) 그들은 우리처럼 사물들의 본질이 그것의 존재와 구분되는 데 따라서가 아니라, 사물들이 계속적인 변화에 종속한다고 판단할 때에 한해서만 사물들에게 지속을 부여하여 왔다.

(3) 마지막으로 그들은 창조된 사물들의 경우와 마찬가지로 신의 존재를 그의 본질로부터(Dei existentiam ab eius essentia) 구분하였다.

이 오류들은 그들이 계속해서 오류를 범하게 하였다. 첫 번째 오류에 의해서 그들은 영원성을 오히려 어떤 종류의 지속으로 여기면서 영원성이 무엇인지를 이해하는 데 실패하였다. 두 번째 오류는 그들이 창조된 사물들의 지속과 신의 영원성 간의 차이를 아는 것을 어렵게 만들었다. 마지막으로 지속은 존재의 변용(existentiae affectio)에 지나지 않는다. 그러나 그들은 신의 존재와 본질 간의 차이를 만들었기 때문에, 이미 우리가 말한 것처럼 이 세 번째 오류는 그들로 하여금 신에게 지속을 귀속시키도록 하였다.

4. 영원성은 무엇인가?

영원성이 무엇인지 더 잘 이해하기 위해서 그리고 그것이 신의 본질 없이는 왜 파악할 수 없는지를 더 잘 이해하기 위해서 이미 말했듯이 다음과 같은 점에 주의를 기울여야 한다. 피조물들은, 즉 신 이외의 모든 것들은 자기 자신의 힘에 의해서가 아니라 오직 신의 힘 내지 본질(sola vi sive essentia Dei)에 의해서만 존재한다. 따라서 현재 사물들의 존재는 그것들의 미래 존재의 원인이 아니라는 것이 귀결된다. 오직 신의 불변성(Dei immutabilitas)만이 우리로 하여금 다음과 같이 말하도록 하는 원인이다: 신이 첫 번째 장소에서 어떤 것을 창조했을 때 그는 그 후 계속해서 그것을 보존할 것이고, 다시 말해 그는 그 사물을 창조하는 똑같은 활동을 계속할 것이다. 이로부터 우리는 다음처럼 결론을 내린다.

1. 존재는 피조물 자신의 본질이 아니기 때문에 피조물은 존재를 향유(享有)한다고 말할 수 있다. 그러나 신은 존재를 향유한다고 말할 수 없다. 왜냐하면 바로 신의 본질이 신 자신인 것처럼 신의 존재는 신 자신이기 때문이다(nam existentia Dei est Deus ipse, sicut etiam ipsius essentia). 따라서 피조물들은 존재를 향유한다는 사실이 귀결되지만 신의 경우는 이렇지 않다.

2. 모든 피조물들은 현재의 지속과 존재를 향유하는 동안 미래의 지속과 존재를 전적으로 결여한다. 왜냐하면 지속과 존재가 계속해서 피조물들에게 주어져야 하는데 이러한 것은 어떤 것도 그것들의 본질로 이야기될 수 없기 때문이다. 그러나 신의 존재는 그의 본질에 대한 존재이기 때문에 우리는 미래의 존재를 그에게 귀속시킬 수 없다. 왜냐하면 그럴 경우 미래에 신이 가질 똑같은 존재가 이제 현실적으로 그에게 귀속되지 않으면 안 되기 때문이다. 또는 더욱더 적절하게 말하자면 무한한 현실적 지성이 신에게 속하는 것과 똑같은 방식으로 무한한 현실적 존재가 신에게 속하기 때문이다. 그런데 나는 이 무한한 존재를 영

원성이라고 부른다(hanc infinitam existentiam aeternitatem voco).
비록 그 존재의 지속이 시작이나 끝이 없다고 말할지라도 이 영원성은
어떤 피조물에게도 귀속되지 않고 오로지 신에게만 귀속된다.

영원성에 대해서는 이 정도로 이야기하자. 신의 필연성에 대해서 나
는 아무것도 말하지 않겠다. 왜냐하면 우리가 신의 본질로부터 그의 존
재를 증명했으므로 그럴 필요가 없기 때문이다. 그러므로 신의 단일성
을 다루어 보기로 하자.

2

신의 단일성에 대해서

1. 신은 유일자(唯一者)이다.

우리는 저술가들이 신의 단일성(Dei unitas)을 증명하려고 시도한 쓸데없는 논증들, 곧 다음과 같은 논증들에 대해서 자주 매우 기이하게 생각하였다: 만일 한 사람이 세계를 창조할 수 있었다면 다른 사람들은 쓸모없었을 것이다. 만일 모든 사물들이 똑같은 목적을 향해서 함께 협력한다면, 그것들은 한 제작자에 의해서 산출된 것이고, 이와 같은 논증들은 사물들의 관계로부터 또는 사물들의 외적 특징들로부터 도출된 것이다. 따라서 이 모든 논증들을 떠나서 우리의 증명을 가능한 한 명석하고 간략하게 설명하자.

　우리는 최고의 지성(summa intelligentia)을 신의 속성들(Dei attributa) 중의 하나로 꼽았으며, 신은 다른 근원으로부터가 아니고 자기 자신으로부터 자신의 모든 완전성을 소유한다는 것을 덧붙였다. 그런데 만일 당신이 하나 이상의 신이 존재한다거나 또는 최고의 완전한 존재자들이 존재한다고 말한다면 이것들은 모두 필연적으로 최고의 지성

(summa intelligentia)을 소유하지 않으면 안 된다. 이렇게 되기 위해서는 각각의 존재자가 오직 자기 자신만을 인식하는 것으로는 충분치 못하다. 왜냐하면 각각의 존재자는 모든 것들을 인식하지 않으면 안 되므로 그는 자기 자신과 다른 것들을 다 인식하지 않으면 안 되기 때문이다. 그리하여 각 존재자의 지성의 완전성은 한편으로는 자기 자신에게 또 한편으로는 다른 것에게 의존하리라는 것이 귀결될 것이다. 그러므로 그 존재자들 중 어떤 것도 최고로 완전한 존재자, 곧 우리들이 방금 주목한 것처럼 자신의 모든 완전성을 어떤 다른 근원으로부터가 아니고 자기 자신으로부터 소유하는 존재자일 수 없다. 그렇지만 우리는 신은 가장 완전한 존재자이며 그는 존재한다는 것을 증명하였다(tamen iam demonstraverimus Deum ens perfectissimum esse, ipsumque existere). 그러므로 우리는 신이 유일자(unicum)로서 존재한다고 결론 내릴 수 있다. 왜냐하면, 만일 하나 이상의 신들이 존재한다면 가장 완전한 존재자는 불완전성을 가지고 있다는 사실이 귀결되는데 이것은 부당하기 때문이다.[1] 신의 단일성에 대해서는 이 정도로 그치자.

---

1 (역주) 신의 단일성(Dei unitas)은 신의 본성에서 나오는데, 신의 본성에서 신의 존재와 본질은 구분되지 않는다. 그러나 데카르트에 의하면 피조물들에 있어서는 존재와 본질이 구분된다.

3

신의 광대함에 대해서

1. 어떻게 신은 무한하다(infinitus), 광대하다(immensus)고 일컬어지는가?

우리는 앞에서, 우리가 먼저 완전하고 무한한 존재자, 곧 신을 주목하지 않으면 어떤 존재자도 유한하고 불완전한 것으로, 다시 말해서 무(無)에 참여하는 것으로(de nihilo participans) 파악될 수 없다는 것을 제시하였다. 그래서 오직 신만이 절대적으로 무한하다고 이야기되어야만 하고, 그 사실 안에서 우리는 신이 현실적 사실 안에서 무한한 완전성으로 구성되어 있는 것을 발견한다. 그러나 신의 완전성을 제한할 수 있는 존재자는 아무도 없다는 점까지 우리가 주의해 보았으니 신은 또한 광대하거나 무한하다고 일컬을 수 있다. 그러므로 신의 무한성(Dei infinitas)은 그 말의 형식에도 불구하고 가장 긍정적인 어떤 것(quid maxime positivum)이라는 사실이 귀결된다. 왜냐하면 우리가 신을 무한하다고 말하는 것은 우리가 그의 본질과 최고의 완전성을 주목할 때 그렇기 때문이다. 그러나 광대함(immensitas)은 오직 상대적으로만 신

에게 귀속된다. 왜냐하면 다만 신이 절대적으로 가장 완전한 존재자로
고찰된다고 해서 광대함이 신에게 속하는 것은 아니고, 제1원인이 단
지 신이 창조한 이차적 존재자들에 관계해서만 가장 완전하다고 할지
라도 그 제1원인이 광대한 것으로서 고찰되는 한에서만 광대함은 신에
게 귀속된다. 왜냐하면 신보다 더 완전해서 신을 제한하고 측정할 수
있는 존재자는 아무도 없을 것이고 따라서 그런 존재자는 파악될 수 없
기 때문이다. 여기에 대한 더 상세한 것은「철학의 원리」제1부, 공리 9
를 보라.

2. 사람들(vulgus)은[1] 신의 광대함을 무엇으로 이해하는가?

그렇지만 모든 측면의 저술가들은 신의 광대함을 다룸에 있어서 신에
게 양(量: quantitas)을 귀속시킨다. 이 양의 속성으로부터 그들은, 만
일 신이 존재하지 않은 어떤 장소가 있다면 신의 양(Dei quantitas)이
제한될 것이라고 생각하여 신은 필연적으로 어디에나 현존하지 않으면
안 된다고 결론 내리고자 한다. 그들은 신이 무한하며 측정할 수 없고,
(왜냐하면 그들은 이 두 용어를 혼동하기 때문에), 또한 다른 논증으로
부터 신이 어디에나 있다는 것을 제시하여 신에게 양을 귀속시킨 것이
훨씬 더 확실히 명백하기까지 하다. 그들은, 만일 신이 실제로 순수한
활동(actus purus)이라면 신은 어디에나 있고 무한하지 않으면 안 된
다고 한다. 왜냐하면 만일 신이 어디에나 있지 않다면, 그는 자신이 있
기를 원하는 곳 어디에나 있을 수 없거나 아니면 필연적으로(이것을

---

1 (역주) vulgus는 사람들, 천민, 대중 등의 의미를 가진다. 따라서 2장은 신의 광대
  무변함에 대한 일상인들의 상식적 견해가 무엇인지를 살펴보는 것을 목적으로 삼
  는다.

주의하라) 움직이지 않으면 안 된다. 이것은 확실히 다음의 사실을 보여 준다: 그들은 신을 양적인 것으로 고찰하여 신에게 광대함을 귀속시킨다. 그들이 신의 광대함을 주장하는 데 대한 논증들을 도출하는 것은 연장(延長)의 성질들로부터이기 때문이다. 이보다 더 부당한 것은 없다.

3. 신은 어디나 존재하는 것으로 증명된다.

만일 당신이 신이 어디나 존재한다는 것(Deum esse ubique)을 우리는 어디에서 증명하느냐고 묻는다면 나는 다음처럼 답하겠다: 각각의 개별적인 순간에 끊임없이 신에 의해서 창조되지 않고서는 어떤 것도 단한 순간이라도 존재할 수 없다는 것을 우리가 제시했을 때 우리는 이와 같은 사실을 충분히 증명하였다.

4. 신의 편재(遍在: omnipraesentia)는 설명될 수 없다.

그런데 신의 편재나 개별적 사물들 안의 신의 현존(Dei ubiquitas aut praesentia in singulis rebus)을 제대로 알기 위해서 우리는 신이 사물들을 창조하고 계속해서 사물들을 창조하고 있는 신의 의지의 가장 내면적인 본성(intima natura divinae voluntatis)을 통찰하지 않으면 안된다. 그러한 본성은 인간의 능력을 초월하기 때문에 신이 어떻게 모든 곳에 존재하는지를 설명하는 일은 불가능하다.

5. 어떤 사람들은 신의 광대함은 삼중적(三重的)이라고 그릇되게 주장한다.

어떤 사람들은 신의 광대함은 삼중적이라고, 즉 본질의, 능력의, 그리고 마지막으로 현존의 광대함(immensitas, nempe essentiae, potentiae et denique praesentiae)이라고 주장한다. 그러나 이것은 무의미하다. 왜냐하면 그들은 신의 본질과 그의 능력을 구분하는 것으로 보이기 때문이다.

6. 신의 능력은 그의 본질로부터 구분되지 않는다.

다른 사람들도 역시, 마치 신의 능력이 그의 모든 속성들이나 그의 무한한 본질과 다른 것처럼 여겨 신은 본질을 통해서가 아니라 능력을 통해서 어디에나 존재한다고 단언하면서 보다 더 공개적으로 똑같은 것을 말하였다. 그러나 사실 신의 능력이 신의 본질과 다른 것일 수 없다. 왜냐하면 신의 능력이 신의 본질과 다른 것이라면 그것은 어떤 피조물이거나 아니면 신의 본질에 대한 우연적인 것일 테고, 그런 것 없이도 신의 본질은 파악될 수 있을 것이다. 이들 양자는 둘 다 부당하다. 왜냐하면, 만일 그것이 피조물이라면 그것은 자신의 보존을 위해서 신의 능력을 필요로 할 것이고, 이와 같은 일은 무한히 순환될 것이기 때문이다. 그리고 만일 그것이 우연적인 것이라면 신은 가장 단순한 존재자(ens simplicissimum)일 텐데, 우리들은 앞에서 이것에 반대해서 증명하였다.

7. 신의 편재(遍在)도 그의 본질로부터 구분되지 않는다.

마지막으로 그들은 신의 현존의 광대함(immensitas praesentiae)을 사물들을 창조하고 계속해서 보존하는 신의 본질 이외의 것을 의미하는

것으로 여긴다. 이것은 확실히 커다란 부조리인데, 그들은 신의 지성을
인간의 지성과 혼동함으로써 또 자주 신의 능력을 왕들의 능력과 비교
함으로써 이러한 부당함 속으로 빠져든 것이다.

4

~~~~~~

신의 불변성에 대해서

1. 변화는 무엇이고, 변형은 무엇인가?

주관의 본질 자체(ipsa essentia subiecti)는[1] 그대로 남아 있는 반면에 주관 안에 일어날 수 있는 모든 변동(variatio)을 우리는 여기에서 변화 (mutatio)로 이해한다. 그러나 이 용어는 또한 절대적인 소멸이 아니라 보통 사물들의 소멸을 의미하기 위해서 더 넓은 의미에서 사용되기도 하는데, 마치 토탄(土炭)이 재로 변했다거나 인간이 짐승으로 변했다고 우리가 말할 때처럼 소멸을 뒤따르는 생성을 포함하는 것과도 같다. 여기에서 우리가 마치 베드로(Petrus)가 자신의 성격이나 습관 등을 바꾸었다고 말할 때처럼 주관의 변형이 아무것도 없는(nulla datur subiecti transformatio) 변화에 대해서만 말하고 있는 것이다.

---

1 (역주) 주관(subiectum)은 앞의 역주에서도 언급한 것처럼 헤겔의 변증법적인 또는 실존철학적인 주체(Subjekt)가 아니고 개인적인 인간존재를 지칭한다.

2. 신 안에는 변형이 있을 수 없다.

그런데 우리는 신 안에 그러한 변화가 일어나는지 알아야만 한다. 왜냐하면 우리가 신은 필연적으로 존재한다는 것을, 곧 신은 존재하기를 중지할 수 없거나 또는 또 다른 신으로 변형될 수 없다는 것을 제시한 다음에 변형에 대해서는 아무것도 말할 필요가 없기 때문이다. 왜냐하면, 신 안에 그러한 변화가 일어날 경우 신은 존재하지 않게 되고 또한 동시에 하나 이상의 신이 존재할 수 있기 때문이다. 우리는 이들 두 가지가 다 부당하다는 것을 제시하였다.

3. 변화의 원인들은 무엇인가?

그렇지만 여기에서 더 말할 것이 남아 있는지 더 확실하게 이해하기 위해서 우리는 모든 변화는 주관이 동의하거나 또는 동의 없이 외적 원인들로부터 진행하거나 아니면 내면적 원인과 주관의 자유로운 선택으로부터 진행한다는 것을 고찰하지 않으면 안 된다. 예컨대 인간이 검게되고, 병들고, 성장하는 등 이와 유사한 것(nigrescere, aegrotare, crescere et similia)은 모두 외적 원인들로부터 진행하는데, 처음 두 가지는 주관의 의지와 반(反)해서 그리고 마지막 것은 주관의 의지에 따라서 진행한다. 그러나 그가 의지하고, 걷고, 화를 내고 등은 내면적 원인들로부터 진행한다.

4. 신은 다른 것에 의해서 변화되지 않는다.

그런데 외적 원인들로부터 생기는 첫 번째 원인들은 전혀 신에게서 성립하지 않는다. 왜냐하면 신은 유일하게 만물의 원인(omnium rerum causa)이고 어떤 누구에 의해서도 작용 받지 않기 때문이다. 더 나아가서 창조된 것은 어떤 것도 그 자체로 존재하기 위한 아무런 힘도 가지고 있지 않으며 또한 그것은 자기 외부의 어떤 것에 또는 자기 자신의 원인에 작용할 어떤 힘도 가질 수 없기도 하다. 그리고 인간의 죄악 때문에(propter peccata hominum)「성서」안에는 신이 분노하거나 슬퍼하거나 등등의 많은 것들이 있다고 할지라도 여기에서는 결과가 원인으로 받아들여졌다. 이것은 마치, 비록 태양이 자신의 위치를 바꾸거나 자신의 힘을 회복하지 않았다고 할지라도 태양은 겨울보다 여름에 더 강하거나 더 높다고 우리가 말하는 것과도 같다. 그리고 그와 같은 것은 흔히 '이사야'에서 볼 수 있는「성서」의 가르침이기까지 하다. 왜냐하면 이사야는 백성들을 꾸짖을 때 59장 2절에서 다음처럼 말하기 때문이다: 너희가 악해서 너희와 하느님 사이가 갈라진 것이다(Pravitates vestrae vos a vestro Deo separant).

5. 신은 자기 자신에 의해서도 변화되지 않는다.

그러므로 계속 신 자신에 의해서 신 안에서 어떤 변화가 생길 수 있는지 탐구해 보기로 하자. 우리는 그와 같은 변화가 신 안에 있을 수 있다는 것을 인정하지 않는다. 우리는 그것을 완전히 부정한다. 왜냐하면 의지에 의존하는 모든 변화는 자신의 주관을 보다 더 좋은 상태로 변화시키도록 기획되었으며 이는 가장 완전한 존재자에게는 적용될 수 없기 때문이다. 또한 그 변화는 불리한 어떤 것을 피하거나 또는 결여되어 있는 어떤 선을 획득하기 위해 일어난다. 신에게는 이들 두 가지 목적을 위한 어떤 변화의 여지도 있을 수 없다. 따라서 우리는 신을 불변

하는 존재자라고(Deum esse ens immutabile) 결론 내린다. 비록 우리
가 역시 어떤 의미에서는 상식적인 변화의 구분들을 포함시켰다고 할
지라도 나는 여기에서 신중하게 그 부분들을 생략하였다. 왜냐하면, 우
리는 제1부의 정리 16에서 신은 비물체적이고, 상식적으로 받아들여진
변화의 구분들은 단지 물질의 변화들만을 언급하므로, 신에 관해서 개
별적으로 변화의 구분들이 없다고 말할 필요가 없었기 때문이다.

5

신의 단순성에 대해서

1. 사물들의 삼중적 구분: 실재적, 양태적, 이성적 구분

계속해서 신의 단순성(Dei simplicitas)을 다루어 보기로 하자. 신의 이러한 속성을 옳게 이해하기 위해서 우리는 데카르트가 「철학의 원리」제1부, 48, 49항에서 말한 것, 곧 사물들의 본성 안에는 오직 실체들과 그것의 양태들 이외에는 아무것도 없다(nimirum in rerum natura nihil praeter substantias et earum modos dari)고 말한 것을 상기하지 않으면 안 되며, 그곳의 60, 61 그리고 62항에서 데카르트는 사물들의 삼중적 구분(triplex rerum distinctio), 말하자면 실재적, 양태적 그리고 이성적 구분(distinctio realis scilicet, modalis et rationis)을 도출해 낸다. 실재적 구분이라고 일컬어지는 것은 그 구분에 의해서 서로 다른 속성을 가지든지 아니면 똑같은 속성을 가지든지 간에, 예컨대 사유와 연장 또는 물질의 부분들처럼(ut ex. gr. cogitatio et extensio, vel partes materiae) 두 가지 실체들이 서로 구분되는 것이다. 이러한 구분은 두 가지가 각각 다른 것의 도움 없이 파악될 수 있고 따라서 존재할 수 있다. 양태적 구분은 두 종류가 있는데, 실체의 양태와 실체 자체 간의 구분과 한 실체의 두 양태들 간의 구분이 있다. 비록 두 가지 양태들 중 하나가 다른 것의 도움 없이 파악될 수 있다고 할지라도, 양태들의 실체의 도움 없이는 두 가지 다 파악될 수 없다는 사실로 우리는 후자(後者)를 인식한다. 비록 실체는 자신의 양태 없이 파악될 수 있을지라도 양태는 실체 없이는 파악될 수 없다는 사실로 우리는 전자(前者)의 구분을 인식한다. 마지막으로 이성적 구분은 지속(duratio)이 연장(extensio)으로부터 구분될 때와 마찬가지로 실체와 속성 사이에서 생기는 것이다. 그리고 이것은 또한 그 실체는 그러한 속성 없이는 이해될 수 없다는 사실로부터 인식된다.

2. 모든 구성은 어디에서 생기며, 얼마나 많은 종류들이 있는가?

모든 구성(omnis compositio)은 이들 세 가지 종류의 구분으로부터 생긴다.[1] 첫 번째 구성은,[2] 두 개나 그 이상의 신체들의 구성의 경우처럼 똑같은 속성을 가진 두 개나 그 이상의 실체들로 된 구성이든지 아니면 인간의 경우처럼 서로 다른 속성으로 된 구성이다. 두 번째 구성은 서로 다른 양태들의 통일로부터(unione diversum modorum) 생긴다. 세 번째 구성은 어떤 사물을 더 잘 인식하기 위해서 그 사물이 마치 구성인 것처럼 이성에 의해서 파악될 뿐이다. 처음 두 가지 종류의 구성이 아닌 것은 무엇이든지 단순하다.

---

1 (역주) 세 가지 종류의 구분(사물들의 구분)은 앞에서 제시된 실제적 구분, 양태적 구분, 이성적 구분을 말한다.
2 (역주) 여기서 말하는 구성은 혼합을 말한다.

3. 신은 가장 단순한 존재자(ens simplicissimus)이다.

그러므로 신은 우리가 앞에서 말한 사실로부터 가장 단순한 존재자라고 결론내릴 수 있는 혼합체가 아니라는 것을 제시하지 않으면 안 된다. 그리고 우리는 일을 쉽게 진행할 것이다. 왜냐하면 다음의 사실이 자명하기 때문이다: 구성 부분들은 적어도 본성상 복합된 전체보다 선행하고, 다음으로 병합하고 통일되어 신을 구성한 실체들은 필연적으로 본성상 신보다 선행할 것이다. 그리고 각각의 실체는 신에게 귀속되지 않고 자기 자신을 통해서 파악될 수 있다. 다음으로 그러한 실체들은 필연적으로 실제로 서로 구분되기 때문에 그 각각은 또한 다른 것들의 도움 없이 자기 자신을 통해서 존재할 수 있다. 따라서 방금 우리가 말한 것처럼, 혼합한 것으로 가정되는 실체들이 신이라면 많은 신들이 있을 수 있다. 왜냐하면, 각각의 실체는 자기 자신에 의해서 존재할 수 있으므로 실체는 그 자체로 존재하지 않으면 안 되며 따라서 그것은 우리가 신 안에 있는 것으로 제시한 모든 완전성을 자기 자신에게 줄 힘도 가질 것인데, 이것은 우리가 이미 「철학의 원리」 제1부, 정리 7에서 충분히 설명했으며 신의 존재도 증명하였다. 이에 따르면 앞에서 주장하는 것은 매우 부당한 것이다. 그리하여 우리는 신이 실체들의 어떤 병합이나 통일로 구성되지 않았다고 결론짓는다. 신 안에는 서로 다른 양태들의 어떤 혼합도 없다는 것은 신 안에는 아무런 양태들도 없다는 것으로 확실히 증명되었다. 왜냐하면 양태들은 실체의 변화로부터(ex alternatione substantiae) 생기기 때문이다. 데카르트의 「철학의 원리」 제1부 56항을 보라. 마지막으로 만일 어떤 사람이 사물들의 본질과 그것들의 존재로부터 또 다른 종류의 구성을 상상하기를 원한다면 우리들은 결코 그에게 반대하지 않는다. 그러나 이들 두 가지가 신 안에서는 서로 같다는 것을 우리가 이미 충분히 증명했다는 사실을 그에게 기억시키자.

4. 신의 속성(屬性)들은 오직 신에 의해서만 구분된다.

따라서 우리는 확실하게 다음처럼 결론 내릴 수 있다: 우리가 신의 속성들 사이에서 구분하는 것은 이성적 구분이며 그것들은 실재로는 서로 같다. 이 이성적 구분들을 방금 내가 언급한 것으로, 즉 그와 같은 실체(talis substantia)는 그 속성 없이는 있을 수 없다는 사실로부터 인식되는 구분으로 이해하자. 따라서 우리는 신이 가장 단순한 존재자라고(Deum esse ens simplicissimum) 결론 내린다. 우리는 소요학파의 잡다한 구분들을(Peripateticorum distinctionum farraginem)[3] 신경쓰지 않겠다. 그러므로 이제 신의 생명이라는 주제로 넘어가자.

---

3 (역주) 그리스어 peripatetikós는 소요학파의 철학자를 일컫는다. peripateo(소요한다, 산책한다)에서 연유하는 소요학파는, 아리스토텔레스가 산책하면서 제자들을 가르쳤기 때문에 그러한 배경을 가지고 있다. 아리스토텔레스의 이론을 추종하는 고대 그리스, 중세 및 근대철학자들을 일컬어서 모두 소요학파의 철학자들이라고 부른다.

6

신의 생명에 대해서

1. 철학자들은 보통 생명을 무엇으로 이해하는가?

이 속성, 곧 신의 생명(vita Dei)을 옳게 이해하기 위해서는 각각의 개별적인 사물의 생명이 무엇을 의미하는지 일반적인 용어들로 설명할 필요가 있다. 제일 먼저 소요학파 철학자들의 견해(sententia Peripateticorum)를 검토하면 이 생명은 열과 함께 영양분을 제공하는 영혼의 거처(mansio altricis animae cum calore)이다. 아리스토텔레스의 「호흡론」 제7장을 보라.[1] 그들은 그들이 단지 식물, 동물 그리고 인간에게만 귀속시킨 세 가지 영혼들, 식물적, 감각적 그리고 지성적 영혼들이 있다고 상상했기 때문에 다른 모든 것은 생명을 결여하고 있다는 사실로 시인하여 결론 내렸다. 그러나 정신과 신(mens et Deus)이 생명을 가지고 있지 않다고 감히 말하지 않았다. 아마도 그들은, 정신과 신이 생명이 없다면 그것들은 죽은 것이라는 반대 견해에 빠지게 되는

---

1 (역주) 아리스토텔레스의 「호흡론」(De respiratione 474a25)과 「영혼론」(De anima 415a23–25)을 볼 것.

것이 두려웠을 것이다. 그래서 아리스토텔레스는 자신의 「형이상학」 제11권 제7장에서 오직 정신에만 적용 가능한 생명에 대한 또 다른 정의를, 곧 생명은 지성의 작용이다(intellectus operatio vita est)라는 정의를 내린다. 그리고 이러한 의미에서 아리스토텔레스는 인식하며 순수한 활동인 신에게 생명을 귀속시켰다.[2]

그렇지만 우리는 이러한 견해들을 반박하기 위해서 많은 노력을 소비하지 않을 것이다. 왜냐하면 그들이 식물, 동물, 인간에게 귀속시키는 세 가지 영혼들에 관해서 우리는 물질 안에는 기계적 구조들과 그것들의 작용 밖에 아무것도 없다는 것을 보여 줌으로써 이 영혼들은 단지 허구에 지나지 않는다는 것을 이미 충분히 증명했기 때문이다. 신의 생명에 나는 아리스토텔레스가 신의 생명을 왜 의지의 활동(actio voluntatis)이나 그와 비슷한 것보다 지성의 활동(actio intellectus)으로 일컬었는지 알지 못한다. 그렇지만 이에 대한 답을 기대하지 않으면서 나는 약속한 것처럼 생명이 무엇인지(quid vita sit)를 설명하는 것으로 넘어갈 것이다.

2. 생명은 어떤 것들에 귀속될 수 있는가?

비록 이 말이[3] 어떤 인간의 습관을 뜻하기 위해서 자주 취해진다고 할지라도 우리는 단지 그것이 철학적 의미에서 무엇을 가르키는지만 간략하게 설명할 것이다. 만일 생명이 물체적 사물들에도 귀속된다면 어떤 것도 생명을 결여하지 않을 것이다. 그러나 만일 생명이 신체와 영혼이 통일된 사물들에게만 귀속된다면, 생명은 오직 인간들에게만 귀

---

2   (역주) 아리스토텔레스의 「형이상학」 XII, Vii(1072b27–29) 참조.
3   (역주) 이 말(haec vox)은 생명(vita)을 지시한다.

속되지 않으면 안 되고, 아마도 동물들에게도 귀속되겠지만 정신들이
나[4] 신에게는 귀속되지 않는다. 그렇지만 생명이라는 단어는 보통 보다
더 넓은 의미에서 사용되기 때문에 그것은 정신들과 결합하지 않은 물
체적 사물들에도 그리고 신체와 분리되어 있는 정신들에도 귀속되리라
는 것은 의심할 나위가 없다.

3. 생명은 무엇이고, 신 안에 있는 것은 무엇인가?

그러므로 우리 편에서 이해하는 생명은 사물들이 그것들 자신의 존재
(esse)를 보존하도록 하는 힘이다. 그리고 그 힘은 사물들 자체와 다르
기 때문에 우리는 사물들 자체는 생명을 가진다(res ipsas habere vi-
tam)고 적절하게 말한다. 그러나 신이 자기 자신의 존재를 보존하는
힘은 다름 아닌 그의 본질이기 때문에 신을 생명이라고 부르는 사람들
이(qui Deum vitam vocant) 가장 훌륭하게 말하는 것이다. 어떤 신학
자들은 다음과 같은 견해를 주장한다: 신이 생명이며 생명과 같기 때
문에 유태인들은 선서를 맹세할 때, '여호와(Jehovah)의 생명에 의해
서'가 아니라 '살아 있는 여호와에 의해서'라고 말하곤 했는데 이것은
요셉이 바로(Pharaoh)에게 맹세할 때 '바로의 생명에 의해서'라고 말
한 것과 같다.[5]

---

4 (역주) '정신들'은 정신적 존재자들, 예컨대 천사들을 지시한다.
5 (역주) 창세기 42:15-16 참조.

7

신의 지성에 대해서

1. 신은 전지(全知)하다.

우리는 앞에서 명백하게 신의 전지(omniscientia)를 신의 속성들 중 하나로 꼽았다. 왜냐하면 지식은 그 안에 완전성을 포함하고, 가장 완전한 존재자(ens perfectissimum)인 신은 어떤 완전성도 결여되면 안 되기 때문이다. 그러므로 신에게는 최상급의 지식(scientia summogra-du)이 귀속되어야만 한다. 곧 이 지식은 어떤 무지(無知) 내지 지식의 결여도 주장하거나 정립하지 않는다. 왜냐하면 그렇지 못할 경우 속성 자체 안에, 곧 신 안에 어떤 불완전성이 있을 것이기 때문이다. 그리하여 신의 지성(Dei intellectus)은 결코 단지 가능적이었던 적이 없으며, 또한 신은 추리에 의해서(per ratiocinium) 어떤 것을 결론 내리지도 않는다는 사실이 귀결된다.

2. 신의 지식의 대상은 신 외부의 것들이 아니다.

더 나아가서 신의 완전성으로부터 또한 신의 관념들은 우리들의 관념들처럼 신에게 외적인 대상들로부터 정의되지 않는다는 사실이 귀결된다. 반대로 신의 외부에서 신에 의해서 창조된 사물들은 신의 지성에 의해서 결정된다.[1] 왜냐하면 만일 그렇지 않을 경우 이 대상들은 자신들에 의해서 자기들 자신의 본성과 본질을 가질 것이고, 적어도 본성상 신의 지성에 선행할 것인데, 이것은 부당하다. 그리고 어떤 사람들은 이점을 충분히 주의하지 못했기 때문에 커다란 오류를 범하고 말았다. 어떤 사람들은 신의 외부에는 신과 함께 영원하며 그 자체로 존재하는 질료(materia)가 있다고 주장하고, 또 어떤 사람들은 신이 이 질료를 인식하면서 단지 그것을 질서 있게 하였고, 그리고 또 다른 사람들은 신은 부가적으로 질료에 형상들(formas)을 가지게 했다고 한다.[2] 다른 사람들은 다시금 자기 자신의 본성을 가지고 있는 사물들은 필연적이거나 불가능하거나 또는 우연적이고 따라서 신도 그 사물들을 우연적인 것으로 알고, 그것들이 존재하는지 안하는지의 여부에 대해서는 전혀 알지 못한다고 주장하였다. 마지막으로 다른 사람들의 말에 의하면, 신은 아마도 그의 오랜 경험으로 우연적 사물들이 다른 사물들과 가지는 관계로부터 우연적인 사물들을 안다는 것이다. 이미 말한 것으로부터 그들의 오류가 명백하게 드러나기 때문에 만일 내가 그러한 오류를 피상적인 것이라고 고찰하지 않았더라면 나는 여기에서 이러한 오류들 이외에도 이러한 종류의 또 다른 오류들을 언급할 수 있었다.

---

1 이로부터 다음의 사실이 확실히 귀결된다: 신이 피조물들을 인식하는 신의 지성과 그의 의지 그리고 신이 피조물들을 결정하는 신의 능력은 하나의 동일한 것이다.

2 (역주) 아리스토텔레스에 의하면 존재자(to en: ens)는 재료가 되는 질료(hylé: materia)와 원리가 되는 형상(eidos: forma)으로 구성되어 있다. 예컨대 인간의 질료는 신체(뼈, 살 등)이고 형상은 생각하는 이성이다.

3. 신의 지식의 대상은 신 자체이다.

그러므로 우리들의 주제로 되돌아 가 보기로 하자: 신 이외에는 신의
지식의 대상이 없고, 신 자신이 그의 지식의 대상이거나 또는 오히려
신이 신 자신의 지식이다. 세계 또한 신의 지식의 대상이라고(mun-
dum etiam obiectum Dei scientiae esse) 믿는 사람들은 어떤 뛰어난
건축가가 만든 건물은 그 건축가의 지식의 대상이라고 주장하는 사람
들보다 훨씬 분별력이 모자란다. 왜냐하면 건축가는 자기 자신의 외부
에서 알맞은 재료를 찾지 않으면 안 되는 데 비해서 신은 자기 자신의
밖에서는 어떤 재료도 찾지 않았기 때문이다. 사물들의 본질과 존재 양
자에 관한 것은 신의 지성 내지 의지에 의해서 만들어진 것이다(res
quoad essentiam et existentiam ab eius intellectu sive voluntate fabri-
catae fuerunt).

4. 신은 어떻게 죄악과 이성적 존재자들을 아는가?

그런데 신이 과연 악 내지 죄악(mala sive peccata), 이성적 존재자 그
리고 이와 유사한 다른 것들을 아는지에 대한 의문이 생긴다. 특히 신
은 사물의 원인이므로 사물들은 신의 협력이 없이는 한 순간도 존재할
수 없기 때문에 우리는 신이 사물들을 필연적으로 알아야 한다고 답한
다. 그러므로 악과 죄악은 사물들 안에 있지 않고 인간의 정신이 사물
들을 서로 비교할 때 인간의 정신 안에(in mente humana)있기 때문에
신은 그것들을 인간의 정신과 따로 떨어진 것으로 알지 않는다는 사실
이 귀결된다. 우리는 이성적 존재자들(entia rationis)을 사유의 양태들
(modos cogitandi)이라고 말했으며, 말하자면 인간의 정신이 구성된

방식으로 인간의 정신을 보존하고 계속해서 창조하는 신을 우리가 지각하는 한, 이성적 존재자들은 신에 의해서 이성적 존재자들로 인식되지 않으면 안 된다. 그러나 신이 자신이 인식하는 것을 더 쉽게 유지하기 위해서 그와 같은 사유의 양태들을 자기 자신 안에 가지고 있다고 말하는 것은 아니다. 그리고 만일 우리가 말한 이 몇 가지 문제점들을 잘 주의한다면, 해결될 수 없는 신의 지성에 관한 문제는 전혀 없다.

5. 신은 어떻게 특수한 것들(singularia)과 개별적인 것들과 보편적인 것들(universalia)을 아는가?

어떤 사람들은 신이, 본성상 생성과 소멸에 속하지 않는다고 자기들이 가정하는 천사들과 하늘(angelos et caelos)과 같은 영원한 것들과 생성과 소멸에 속하지 않는 종(種)들(species)만 안다고 주장하는데, 그들이 범한 오류를 우리가 그냥 넘어가서는 안 된다. 이러한 사람들은 애써서 오류를 범하고자 하며 가장 부당한 것을 일부러 생각해 내는 것처럼 여겨진다. 한순간이라도 신의 협력이 없으면 존재할 수조차 없는 특수한 것들로부터 신의 인식을 단절시키는 것보다 더 부당한 것이 무엇이 있을 수 있는가?[3] 그들은 신이 실제로 존재하는 것들에 대해서는 무지하다고 주장하는 반면에 특수한 것들의 존재를 떠나서는 아무런 존재도 그리고 본질도 가지지 못하는 보편적인 것들에 대한 지식을 신에게 귀속시킨다. 반대로 우리는 특수한 것들에 대한 지식을 신에게 귀속시키며, 신이 인간의 정신을 인식하지 않는 경우에는 그가 보편적인 것들에 대한 지식을 가지고 있다는 것을 부정한다.

---

3 (역주) 특수한 것들(singularia)은 개별 사물들을 지시한다.

6. 신 안에는 오직 단 하나의 단순한 관념만 존재한다.

마지막으로 이 논증을 끝내기 전에 우리는 신 안에는 하나 이상의 관념들이 있는지 아니면 가장 단순한 하나의 관념밖에 없는지에 대한 문제를 탐구해야 한다. 이에 대해서 나는 신을 전지(全知)하다고 일컫도록 하는 신의 관념은 유일하며 가장 단순하다(idea Dei unica et simplicissima est)라고 대답한다. 왜냐하면 실제로 신은 다른 이유가 아니라 자기 자신에 대한 관념, 곧 항상 신과 함께 동시에 존재하여 온 관념 내지 인식(idea sive cognitio simul semper cum Deo existitit)으로 인해서 전지(全知)하다고 일컬어졌기 때문이다. 그 이유는 신의 관념은 신의 본질이며 또한 신의 관념은 다른 방식으로는 존재할 수 없기 때문이다.

7. 피조물들에 대한 신의 지식은 무엇인가?

그러나 피조물들에 대한 신의 인식(cognitio Dei circa res creatas)은 신의 지식에(ad scientiam Dei) 속하는 것이라고 말하는 것은 적절하지 않다. 왜냐하면, 만일 신이 그렇게 하기를 원했다면, 피조물들은 전혀 다른 본질을 가졌을 것이고 이것은 신이 자기 자신에 대해서 가진 인식 안에 있을 수 없었을 것이기 때문이다. 그렇지만 적절하게 또는 부적절하게 언급된 피조물들에 대한 인식이 다양한지 아니면 유일한지에 대한 물음이 제기된다. 그렇지만 이 물음은 신의 결정들과 의지 작용들(Dei decreta et volitiones)이 서로 다른지 또는 아닌지 그리고 신이 특수한 사물들을 보존하는 신의 협력이 모든 사물들에 있어서 똑같은지의 여부를 묻는 물음들과 같다. 이것에 대해서 이미 우리는 어떤 명확한 인식도 가질 수 없다는 것을 말하였다. 그렇지만 우리는 가장 명백하게 다음의 사실을 안다: 만일 신의 협력(Dei concursus)이[4] 신의 전지(全知)를 언급한다면 그 결과가 비록 다양한 방식으로 나타난다고 할지라도, 신의 전지(全知)가 오직 하나이지 않으면 안 되는 것과 마찬가지로 신의 의지 작용과 결정들 역시 (왜냐하면 피조물들에 관한 신의 인식을 우리가 그렇게 부를 수 있기 때문에) 하나이다. 비록 그것들이 피조물들을 통해서 또는 오히려 피조물들 안에서 다양한 방식으로 표현된다고 할지라도 그것들은 신 안에서 고찰될 경우 다수가 아니다. 그리고 만일 우리가 유추에 의해서 전체 자연에 주의를 기울인다면 우리는 그것을 하나의 존재자로(ut unum ens) 고찰할 수 있으며, 결국 소산적 자연(所産的 自然)에 대한 신의 관념 내지 의지 결정은 오로지 하나일 것이다(una tantum erit Dei idea sive decretum de natura naturatum).[5]

---

4   (역주) 신의 협력(Dei concursus)은 신의 영향 내지 영향력을 의미한다.
5   (역주) 소산적 자연(natura naturata)은 자연의 수동적 측면이고 능산적 자연(natura naturans)은 자연의 적극적인 측면이다. 자연은 스피노자에게 있어서 이중적 측면이 있는데 산출된(창조된) 자연이 소산적 자연이고 산출하는(창조하는) 자연은 능산적 자연이다. 이와 같은 자연관은 데카르트의 자연관이 아니라 스피노자의 자연관이다.

8

신의 의지에 대해서

1. 신의 본질과 신이 자기 자신을 인식하는 지성과 신이 자기 자신을 사랑하는 의지가 어떻게 구분되는지 우리는 알지 못한다.

신이 자기 자신을 사랑하도록 의욕하게 하는 신의 의지(voluntas Dei)는 그의 무한한 지성으로부터(ex infinito eius intellectu) 필연적으로 귀결된다. 그러나 이 세 가지들이, 말하자면 신의 본질(essentia)과 신이 자기 자신을 인식하는 신의 지성(intellectus)과 신이 자기 자신을 사랑하기를 의욕하는 신의 의지(voluntas)가 서로 어떻게 구분되는지를 우리는 파악할 수 없다. 우리는 신학자들이 이 문제를 해명하기 위해서 흔히 사용하는 단어(말하자면 인격: personalitas)를 잘 알고 있다. 그러나 비록 우리가 그 단어를 안다고 할지라도 우리는 그것의 의미를 알지 못하며, 비록 믿음 깊은 자에게 약속된 가장 축복받은 신의 모습 속에서 신이 그 단어의 의미를 자기 자신의 것에게 계시하리라고 굳게 믿지만 우리는 그 단어에 대한 명석판명한 개념을 형성할 수 없다.

2. 외부로 나타난 신의 의지와 능력은 그의 지성과 구분되지 않는다.

그런데 앞에서 이야기한 것으로 확실한 것처럼 외부로 나타난 신의 의지와 능력은 신의 지성과 구분되지 않는다. 왜냐하면 신은 사물들이 존재해야만 할 뿐만 아니라 사물들이 특정한 본성을 가지고 존재하여야 할 것도, 말하자면 사물들의 본질과 존재가 신의 의지와 능력에 의존하지 않으면 안 된다는 것도 결정했기 때문이다. 이로부터 우리는 신이 피조물들을 창조하고 인식하고 보존하거나 사랑하도록 하는 신의 지성과 능력과 의지는 오직 우리들의 사유를 통하지 않고는 서로 어떤 방식으로도 구분되지 않는다(nullo modo inter se distingui, sed tantum respectu nostrae cogitationis)는 것을 명석하고 판명하게 지각한다.

3. 신이 어떤 것들을 증오하고 또 어떤 것들을 사랑한다고 말하는 것은 부적절하다.

그런데 우리는 신이 어떤 것을 증오하고 또 어떤 것을 사랑한다고 말할 때 이것은 성경(scriptura)이 우리에게 땅은 인간과 그와 같은 종류의 다른 것들을 토해 낼 것이라고 말할 때와 똑같은 의미에서 언급된 것이다. 그러나 성경 자체로부터 신은 어느 누구에게도 분노하지 않으며, 보통 우리의 방법으로 사물들을 사랑하지 않는다는 것을 충분히 추론할 수 있다. 왜냐하면 이러한 사실은 이사야(Esaias, 45:9)에서 나타나며 더 확실하게는 바울이 로마인들에게 보낸 편지 9장에 다음처럼 있기 때문이다: "그 아들들이 아직 태어나지도 않았고, 따라서 선이나 악을 행하기도 전에 하느님께서는 리브가에게 "형이 동생을 섬기게 될 것이다"하고 말씀하셨습니다. 그러나 하느님께서는 사람의 선행을 보시고 불러 주시는 것이 아니라 당신의 뜻대로 불러 주시며 선택의 원리에 의해서 당신의 계획을 이루십니다."[1] 그리고 조금 뒤이어서 다음과 같은 말이 있다: "이렇게 하느님께서는 당신의 뜻대로 어떤 사람에게는 자비를 베푸시고 또 어떤 사람은 완고하게도 하십니다. 그렇다면 어찌하여 하느님께서 사람을 책망하십니까? 누가 능히 하느님의 뜻을 거역할 수 있겠습니까?" 하고 말할 사람도 있을 것입니다. 그러나 사람이 무엇이기에 감히 하느님께 따지고 드는 것입니까? 만들어진 물건이 만든 사람에게 "왜 나를 이렇게 만들었소?" 하고 말할 수 있겠습니까? 옹기장이가 같은 진흙덩이를 가지고 하나는 귀하게 쓸 그릇을 만들고 하나는 천하게 쓸 그릇을 만들어 낼 권리가 없겠습니까?"[2]

4. 신은 왜 인간들에게 경고하며, 왜 경고 없이는 구원하지 않는가, 그리고 왜 불경스러운 자들은 벌 받는가?

만일 당신이, 그렇다면 왜 신은 인간에게 경고하는가(cur ergo Deus homines monet?)라고 묻는다면 이에 대해서는 다음과 같은 쉬운 답이 있다: 신이 특별한 시간에 인간들에게 경고할 것을 왜 영원으로부터 결정했는지에 대한 이유는, 신이 구원되기를 원한 사람들은 자기들의 길을 전향할 수 있다는 데 있었다. 만일 당신이 계속해서 그와 같은 경고 없이 신은 그들을 구원할 수 없었는지에 대해서 묻는다면, 우리는 신이 그들을 구원할 수 있었다고 답한다. 그렇다면 왜 신은 그들을 구원하지 않았느냐고 아마도 당신은 계속해서 물을 것이다. 이에 대해서

---

1 (역주) 로마서 9:11–12 참조.
2 (역주) 로마서 9:18–21 참조.

나는, 왜 신은 강한 동풍을 일으키지 않고 홍해를 통행할 수 있게 만들지 않았는가, 그리고 신은 왜 다른 운동들과 함께 모든 개별적인 운동들을 생기게 하는가 그리고 신은 중간의 원인들을 통해서 자신이 행하는 무수히 많은 다른 것들을 왜 가져오지 않는가 라고 당신이 나에게 물었을 때와 마찬가지로 대답한다. 당신은 계속해서 불경한 자들은 그들 자신의 본성에 의해서 그리고 신의 결정에 따라서 행동하는데 왜 벌을 받느냐고 물을 것이다. 그러나 나는, 그들이 벌 받는 것 역시 신의 결정에 의한 것이다(etiam ex decreto divino esse)라고 대답한다. 그런데 만일 자유의지에 의해서만 죄를 범하는 것으로 가정되는 사람들만 당연히 벌 받아야 한다면 왜 인간들은 독사들(serpentes venenosos)을 근절시키려고 애쓰는 것일까? 왜냐하면 독사들은 단지 자기들의 본성으로부터만 죄악을 범하고 어떤 다른 것도 행할 수 없기 때문이다.

5. 성서는 자연의 빛에 반대되는 것은 어떤 것도 가르치지 않는다.

마지막으로 나는 지금 성서(scriptura sacra)에서 쟁점의 원인이 되는 다른 많은 구절들을 해명하지 않겠다. 왜냐하면 여기 우리의 탐구 대상은 자연적 이성에 의해서(ratione naturali) 가장 확실하게 얻을 수 있는 것으로 제한되어 있으며, 이러한 것들을 명백하게 증명하는 것은 성서도 분명히 똑같은 것을 가르치고 있다는 것을 충분히 우리에게 확신시켜 주고 있기 때문이다. 만일 우리가 성서 안에서 자연의 빛에[3] 반대되는 것을 발견한다면 우리는 코란과 탈무드(Alcoran et Talmud)를 부정하는 것과 똑같은 자유를 가지고 그것을 부정할 수 있을 것이다. 그

---

3 (역주) 자연의 빛(lumen naturale)은 이성을 가리킨다.

러나 성서 안에서 자연의 빛에 반대되는 것을 발견할 수 있는 것은 거의 불가능한 일이다.

9

신의 능력에 대해서

1. 신의 전능(全能)을 어떻게 이해하여야 하는가?

신이 전능하다는 것(quod Deus sit omnipotens)은 항상 충분히 증명되어 왔다. 여기에서 우리는 이 속성을 어떻게 이해하여야 하는지를 짧게 해명하는 일만 시도할 것이다. 왜냐하면 많은 사람들이 경건함도 없이 그리고 진리에 따르지도 않으면서 그것에 대해서 말하기 때문이다. 그들은 신의 결정으로부터가 아니라 사물들의 본성에 의해서 어떤 것들은 가능하고 어떤 것들은 불가능하고 또 어떤 것들은 필연적이고, 신의 전능(Dei omnipotentia)은 오직 가능한 것에만 관계한다고 말한다. 그렇지만 만물은 절대적으로 신의 결정에 의존한다는 것을(omnia a decreto Dei absolute dependere) 이미 제시한 우리는 신이 전능하다고 말한다. 그러나 신은 자신의 의지의 단순한 자유로부터 어떤 것들을 결정했다는 것을 그리고 신은 불변한다는 것을 이해한 우리는 이제 신은 자기 자신의 결정에 반대로 활동할 수 없으며, 반대로 활동하는 것은 단순히 신의 완전성과 모순되기 때문에 불가능하다고 말한다.

2. 모든 것은 신의 결정에 연관해서 필연적이다. 반면 어떤 것들은 그것들 자체로 필연적이고 그 외 다른 것들은 신의 결정에 연관해서 필연적이라고 말하는 것은 그르다.

그러나 아마도 어떤 사람은, 우리가 신의 결정에 대해서 고려하는 때에는 어떤 것들을 필연적인 것으로 발견하고, 그런가 하면 또 다른 한편으로 우리는 신의 결정을 고려하지 않고서도 어떤 것들을 필연적인 것으로 발견한다고 논증할 것이다. 예컨대 요시야(Iosias)가 여로보암(Ieroboam)의 제단 위에서 우상 숭배자들의 뼈를 불태운 것을 살펴보자.[1] 만일 우리가 단지 요시야의 의지만 주의해 본다면 우리는 그 사건을 가능한 것으로 여길 것이고, 예언자가 그것을 신의 결정으로부터 예언하지 않았다면 그 사건이 전혀 필연적으로 일어나는 것으로 여기지 않을 것이다. 그러나 삼각형의 세 각은 분명히 두 직각과 같다는 것은 자명한 어떤 것이다.

　　그러나 확실히 사람들은 자기 자신의 무지로부터 사물들의 구분을 고안해 내고 있다. 왜냐하면, 만일 인간이 자연의 전체 질서를 명확하게 이해했더라면, 마치 사물들이 수학에서 다루어진 것처럼 모든 사물들을 똑같이 필연적인 것으로 발견했을 것이기 때문이다. 그러나 이것은 인간의 인식을 초월해 있기 때문에 우리는 어떤 것들을 필연적인 것이 아닌 가능한 것으로 판단한다. 그러므로 우리는 모든 것들이 실재로 필연적이기 때문에 신은 아무것도 할 수 없거나 아니면 신은 모든 것을 할 수 있으며, 우리가 사물들 안에서 발견하는 필연성은 오직 신의 결정으로부터만(a solo Dei decreto) 생긴다고 말하지 않으면 안 된다.

1　(역주) 열왕기 상 13:2, 열왕기 하 23:16, 20 참조.

3. 만일 신이 사물들의 본성을 지금 있는 것과 다르게 만들었다면, 그는 또한 우리에게도 다른 지성을 주지 않으면 안 되었을 것이다.

이제 다음과 같은 물음이 제기된다고 가정해 보자: 만일 신이 사물들을 다르게 결정했더라면 그리고 지금 참다운 것들을 그릇되게 만들었더라면 어떨 것인가? 우리는 그것들을 여전히 그릇된 것으로 받아들일 것인가? 만일 신이 우리에게 부여한 본성과 함께 우리를 그대로 남겨놓았더라면 참으로 그렇다고 나는 답한다. 그러나 만일 신이 사물을 다르게 결정했더라면, 신은 자신이 정립한 자연과 자연의 법칙들을 우리가 이해할 수 있도록 지금의 경우와 같은 자연을 우리에게 줄 수 있었을 것이다. 참으로, 만일 우리가 신의 성스러움을 고려한다면 신은 그렇게 하지 않으면 안 되었을 것이다. 우리가 이미 말한 것처럼 이것은 또한 다음의 사실로부터 명백하다: 소산적 자연 전체(tota natura naturata)는 오로지 유일한 존재자(unicum ens)이다. 이로부터 인간은 자연의 나머지 부분들과 일치하지 않으면 안 되는 자연의 일부라는 사실이 귀결된다. 그러므로 신의 결정의 단순성으로부터 또한 다음의 사실이 귀결될 것이다: 만일 신이 사물들을 다른 방식으로 창조했더라면, 신은 마찬가지로 우리가 신에 의해서 사물들이 창조된 대로 이해할 수 있도록 우리들의 본성을 구성했을 것이다. 그래서 비록 우리는, 보통 철학자들이 신의 능력 내의 소산적인 것과 유일한 존재자의 똑같은 구분을 유지하기를 원한다고 할지라도 우리는 그것을 다르게 해명하도록 애쓰지 않으면 안 된다.

4. 신의 능력은 다중적이다.

그러므로 우리는 신의 능력을 개별적인 것과 절대적인 것으로(in ordi-
natam et absolutam) 구분한다.[2]

5. 절대적인 것, 개별적인 것, 정상적인 것, 특별한 것

우리가 신의 결정을 고려하지 않고 신의 전능(全能)을 고찰할 때 우리
는 신의 절대적 능력에 대해서 말한다. 그러나 우리가 신의 결정을 고
려할 경우 우리는 신의 개별적 능력에 대해서 말한다.

　더 나아가서 신에게는 정상적인 능력과 특별한 능력(potentia ordi-
naria et extraordinaria Dei)이 있다. 신의 정상적 능력은 신이 그것에
의해서 세계를 고정된 질서로 보존하는 것이다. 우리가 뜻하는 신의 특
별한 능력은 예컨대 당나귀가 말하는 것(locutio asinae), 천사들의 나
타남과 이와 유사한 것들(apparatio angelorum et similia)처럼 신이 자
연의 질서를 초월하여 모든 기적들을 행할 때의 능력이다.[3] 그렇지만
이 마지막 능력에 관해서 우리는 중요한 의심들을 비합리적으로 유지
해서는 안 된다. 왜냐하면 신이 하나의 동일한 고정되고 불변하는 질서
를 가지고 세계를 지배한다는 사실은, 어떤 사람도 그가 아주 눈이 멀
지 않았다면 부정할 수 없는 순수한 자유로부터 신이 자연 안에서 가장
훌륭하게 그리고 인간의 어리석음으로 인하여 신 자신이 시인한 법칙
들을 폐기하는 것보다 더 위대한 기적으로 여겨지기 때문이다. 그러나

2　(역주) 개별적 능력(potentia ordinata)은 하나하나의 능력, 곧 각각의 능력이고 절
　　대적 능력(potentia absoluta)은 유일자 신 자체의 전지전능을 말한다.
3　(역주) 민수기 22:28-31 참조.

우리들은 이것을 신학자들이 결정하도록 남겨 둘 것이다.

6. 다른 물음들에 대해서

마지막으로 신의 능력에 관해서 제기되는 다른 물음들로 넘어가 보기로 하자. 신의 능력은 과거로(ad praeterita) 연장되는가? 신은 자신이 행하는 것들을 개선할 수 있는가? 신은 자신이 행한 것보다 많은 다른 것들을 행할 수 있는가? 이 물음들에 대한 답들은 이미 말한 것으로부터 쉽게 알 수 있다.

10

창조에 대해서

1. 창조란 무엇인가?

우리들은 신이 만물의 창조자(omniun rerum creator)라는 것을 이미 앞에서 확실하게 말하였다. 여기에서 우리는 창조(creatio)를 무엇으로 이해해야 하는지를 설명하려고 노력할 것이다. 다음으로 우리는 창조에 관해서 보통 제기되는 물음들에 대해서 우리가 제공할 수 있는 최선의 해결책을 제공할 것이다. 그러면 첫 번째 주제를 가지고 시작해 보기로 하자. 우리는 창조란 그 안에서 작용인(作用因) 이외에는 어떤 원인들도 생기지 않는 작용(operatio)이라고 말한다. 또는 피조물(res creata)이 존재하기 위해서는(ad existendum) 아무것도 전제하지 않는 것이다라고 말한다.

2. 일상적 의미의 창조의 정의는 받아들일 수 없다.

여기에서 우리는 다음의 사실을 주의해야 한다.

1. 우리는 무(nihil)를 마치 그것으로부터 사물들이 산출되는 질료(materia)인 것처럼 철학자들이 보통 사용하는 무(無)로부터(ex nihilo)라는 말을 생략한다. 철학자들의 이와 같은 사용법은 다음의 사실에서 생긴다: 생성된 사물들의 경우 생성된 사물들을 만들고 생성된 사물들에 선행하는 것에 익숙해져서 창조의 경우에 있어서 철학자들은 '로부터'(ex)라는 전치사를 생략할 수 없었던 것에서 생긴 것이다. 그들은 질료의 경우에도 똑같은 혼동을 겪었다. 질료 전체(integra materia)가[1] 어디에 존재할 수 있는지 그들이 스스로 물었을 때, 그들은 모든 물체들이 한 장소에 있으며 다른 물체들에 둘러싸여 있음을 알고 '어떤 상상적 공간에'(in aliquo spatio imaginario) 있을 수 있다고 답하였다. 그래서 그들이 무(無)를 모든 실재성의 부정(negatio omnis realitatis)으로 여기지 않고 실재적인 어떤 것(aliquid reale)으로 여기거나 상상한 것은 의심할 여지가 없다.

3. 창조에 대한 적절한 정의가 해명된다.

2. 나는 창조에서는 작용인(作用因) 이외에는 어떤 다른 원인들도 작용하지 않는다고 말한다. 실로 나는 창조가 작용인 이외의 모든 원인들을 부정 내지 배제한다고 말할 수 있었다. 그렇지만 나는, 신이 창조에서 사물들을 창조한 어떤 목적을 자신 앞에 설정한 것이 아닌지의 여부를 묻는 사람들에게 대답하는 것을 피하기 위해서 '동시에 발생하다'(concurrere)를[2] 말하기로 선택하였다. 더 나아가서 사태를 더 잘

---

1 (역주) 아리스토텔레스 및 그의 추종자들인 소요학파의 철학자들은 사물(존재자)의 구성 요소를 질료(materia)와 형상(eidos)이라고 보았다. 질료는 가장 기본적인 물질적 재료이고 형상은 정신적 원리에 해당한다.

설명하기 위해서, 나는 피조물은 오직 신만을 전제한다는 이 두 번째 정의를 첨가하였다. 왜냐하면, 만일 신이 자신 앞에 어떤 목적을 설정했다면 그 목적은 분명히 신에게 외적이지 않았을 것이기 때문이다. 그 이유는 신으로 하여금 행동하게 하는 것은 어떤 것도 신에게 대해서 외적인 것이 아니기 때문이다.

4. 우연들과 양태들은 창조되지 않는다.

3. 이 정의로부터 우연들과 양태들에 대한 창조는 어떤 것도 존재하지 않는다는 사실이 확실하게 귀결된다. 왜냐하면 우연들과 양태들은 신 이외에 창조된 실체를 전제하기 때문이다.

5. 창조 이전에는 어떤 시간도 지속(tempus aut duratio)도 없었다.

4. 마지막으로 창조 이전에는 시간도 그리고 지속도 생각될 수 없다. 이것들은 사물들과 함께 시작되었다. 왜냐하면 시간은 지속의 척도(mensura durationis) 내지 오히려 사유의 양태(modus cogitandi)에 지나지 않기 때문이다. 그러므로 시간은 바로 어떤 피조물을 전제하지 않고 특히 사유하는 인간들을 전제한다. 지속에 관해서 말하자면, 지속은 피조물들이 존재하기를 그칠 때 그치며, 피조물들이 존재하기 시작할 때 시작하는데, 내가 피조물들(res creatae)이라고 말하는 이유는 우리가 이미 신에게 속하는 것은 지속이 아니라 영원성(aeternitas)이라는 것을 앞에서 매우 명백하게 제시했기 때문이다. 그러므로 지속은

---

2 (역주) concurrere는 동시에 발생하다, 일치하다, 동의하다, 협력하다, 동시에 일어나다 등의 의미를 가지고 있다.

창조된 것들을 전제하거나 또는 적어도 정립한다. 지속과 시간을 피조물들에 선행하는 것으로 상상하는 사람들은 질료 바깥의 공간을 자명한 것으로 가정하는 사람들과 마찬가지로 편견을 가지고 자기들의 상상을 자명한 것으로 여긴다. 창조의 정의에 대해서는 이 정도로 하기로 하자.

6. 세계 창조와 보존에 있어서 신의 작용은 동일하다.

더 나아가서 우리들이 「철학의 원리」 제1부, 공리 10에서 증명한 것, 말하자면 어떤 사물의 창조를 위해서는 그것의 보존을 위한 것과 똑같은 양의 힘이 요구된다는 것, 곧 세계 창조에 있어서의 신의 작용은 세계 보존에서의 신의 작용과 똑같다는 것을 여기에서 우리들이 반복할 필요는 없다.

이 점들을 주의해서 살펴본 다음에 우리가 두 번째로 약속한 것으로 넘어가 보기로 하자.

1. 따라서 우리는 무엇이 창조되었고, 무엇이 창조되지 않았는지 알아보아야 한다.

2. 우리는 창조된 것은 영원으로부터(ab aeterno) 창조될 수 있었는지의 여부에 대해서 알아보아야 한다.

7. 피조물들은 무엇인가?

첫 번째 물음에 대해서 우리는 짤막하게 다음처럼 답한다: 창조된 것은 그 본질이 어떤 존재 없이도(sine ulla existentia) 파악되는 모든 것이고, 그럼에도 불구하고 그것은 자기 자신을 통해서(per se) 파악된다. 예컨대 물질(materia)이[3] 있는데, 우리가 물질을 연장의 속성 아래에서(sub attributo extensionis) 파악할 때 우리는 물질에 대해서 명석판명한 개념을 가지며, 우리는 물질이 존재하는지의 여부에 대해서 명석하고 판명하게 파악한다.

8. 신의 사유(思惟)는 우리의 사유와 어떻게 다른가?

그러나 아마도 어떤 사람은 우리가 존재 없이도 사유를 명석판명하게 지각하고, 그럼에도 불구하고 사유를 신에게 귀속시킨다고 말할 것이다. 이에 대해서 우리는 다음처럼 답한다: 우리는 작용된 것에 속하며 사물들의 본성에 의해서 제한된 우리의 사유를 신에게 귀속시키지 않고, 우리가 이미 충분히 증명한 것처럼 순수한 작용이며 따라서 존재를 포함하는 사유를 신에게 귀속시킨다. 왜냐하면 우리는 신의 지성과 의지(Dei intellectus et voluntas)가 그의 능력 그리고 존재를 포함하는 본질과 다르지 않다는 것을 제시했기 때문이다.

9. 신의 외부에 있으면서 신과 함께 영원한 것은 아무것도 없다.

그래서 그 본질이 존재를 포함하지 않는 모든 것은 존재하기 위해서 우리가 이미 충분히 해명한 것처럼 필연적으로 신에 의해서 창조되지 않으면 안 되고 끊임없이 신에 의해서 보존되지 않으면 안 된다. 그러므로 세계나 혼돈이나 모든 형상을 가지지 않은 질료를 신과 함께 영원하고 따라서 신으로부터 독립하여 있다고 주장하는 사람들(qui mundum

---

3 (역주) materia는 물질, 질료 등의 의미를 가지는데 옮긴이는 문맥에 따라서 물질 또는 질료로 옮겼다.

aut chaos aut materiam ab omni forma nudatam coaeternam Deo, adeoque independentem statuerunt)의[4] 지식을 반박하는 데 시간을 허비하지 않을 것이다. 그러므로 우리는 두 번째 물음으로 넘어가서 창조된 것이 영원으로부터(ab aeterno) 창조될 수 있었는지의 여부에 대해서 탐구하기로 하자.

10. 여기에서 '영원으로부터'라는 구절이 지시하는 것은 무엇인가?

이것을 옳게 이해하기 위해서 우리는 '영원으로부터'라는 구절을 검토하지 않으면 안 된다. 왜냐하면 우리는 이 구절을 가지고 앞에서 우리가 신의 영원성(Dei aeternitas)에 대해서 말할 때 설명한 것과 전혀 다른 것을 여기에서 의미하기 때문이다. 여기에서 우리가 의미하는 것은 어떤 시초도 가지지 않은 지속일 뿐이며, 이 지속은 비록 우리가 수 년이나 수만 년으로, 또 수만 년끼리 곱하여 아무리 길다고 해도 여전히 어떤 수로도 결코 표현할 수 없는 앞에서 말한 그러한 것이다.

11. 어떤 것은 영원으로부터 창조될 수 없었다는 것이 증명된다.

그러나 그와 같은 지속이 있을 수 없다는 것은 확실하게 증명된다. 왜

---

4 (역주) 앞의 역주에서도 밝혔지만 질료(materia)는 가장 기초적인 재료를 그리고 형상(forma)은 원리를 말한다. 모든 사물 내지 존재자는, 아리스토텔레스의 형이상학에 따르면, 질료와 형상으로 구성되어 있다. 예컨대 책상의 질료는 나무이고 형상은 공부하는 원리이다. 인간의 질료는 살과 뼈(머리, 팔, 다리, 몸통 등)이고 형상은 사유하는 이성이다. 그러나 현대철학에서는 소위 '몸이 사유한다'고 하여 질료와 형상을 따로 구분하지 않는 경향이 강하다.

냐하면, 만일 세계가 영원으로부터라는 이 시점(時點)으로부터 뒤로 되돌아간다고 해도 세계는 결코 그와 같은 지속을 가질 수 없을 것이기 때문이다. 그러므로 세계는 또한 그와 같은 시작으로부터 이 시점에 도달할 수 없었을 것이다. 당신은 아마도 신에게는 불가능한 것이 아무것도 없을 것이라고 말할 것이다. 왜냐하면 신은 전능하고 따라서 더 이상 긴 것이 있을 수 없는 지속을 가져올 수 있기 때문이다. 우리는, 신은 전능하기 때문에 자신이 더 이상 긴 것을 창조할 수 없는 그러한 지속 아닌 지속을 결코 창조하지 않을 것이라고 답한다. 왜냐하면 지속의 본성(natura durationis)은 수의 경우가 그런 것처럼 주어진 지속보다 더 길거나 아니면 더 짧은 지속이 항상 파악될 수 있는 것이기 때문이다. 당신은 아마도 신은 영원으로부터 존재하여 왔으며, 그래서 현재까지 지속하였고 따라서 지속이 존재하고 그보다 더 긴 지속은 파악될 수 없다고 주장할 것이다. 그러나 이런 식으로는 부분들로 구성되는 지속이 신에게 귀속되는데, 신은 어떤 지속에도 속하지 않고 오직 영원성에만 속한다는 것을 증명했을 때 우리들은 그러한 지속을 충분히 반박하였다. 그렇지만 사람들이 이 사실을 옳게 고찰할 수 있었다면 어땠을까! 왜냐하면 그랬을 경우 그들은 수많은 논증들과 부당함들로부터 자신들을 해방시켰을 테고 이와 같은 존재자[5] 대한 축복받은 명상 속에서 최대한의 기쁨을 누렸을 것이기 때문이다.

그러나 어떤 사람들이 제기한 논증에 대해서 답해 보기로 하자. 그 사람들은 그 논증으로 과거로부터의 무한한 지속의 가능성을 제시하려고 노력하였다.

---

5 (역주) 이와 같은 존재자는 신을 지시한다.

12. 신이 영원하다는 것으로부터 그의 결과들도 영원으로부터 존재할 수 있다는 사실은 귀결되지 않는다.

그렇다면 첫 번째로 그들은 산출된 사물은 그 사물의 원인과 동시에 (simul tempore) 존재할 수 있다고 주장한다. 그러나 신은 영원으로부터 존재해 왔기 때문에 그의 결과들도 역시 영원으로부터 산출되어 올 수 있었을 것이다. 그러나 이미 말한 것으로부터 우리는 다음의 사실을 확실히 알 수 있다: 그들은 지속과 영원성을 혼동하고 있으며(hos ae-ternitatem cum duratione confundere) 그들이 인용하는 예로부터도 확실한 것처럼 오직 영원으로부터(ab aeterno)만 지속을 신에게 귀속시키고 있는 것이다. 왜냐하면 그들이 신의 아들에게(Dei filio) 귀속시키는 것과 똑같은 영원성이 피조물들에게도 가능하다고 그들이 주장하기 때문이다. 더 나아가서 그들은 시간과 지속(tempus et duratio)이 세계의 기초보다 선행한다고 상상하며, 마치 다른 사람들이 신 밖에서 영원성을 확립시키고자 하는 것처럼 그들은 피조물들을 제외하고 지속을 확립시키려고 한다. 그러나 우리는 이미 이 주장들을 진리와는 아주 먼 것으로 제시하였다. 그러므로 신이 자신의 영원성을 자신의 피조물들과 대화할 수 있다는 것은 아주 그릇된 것이며, 또한 신의 아들은 피조물도 아니고 자신의 아버지처럼 영원하다. 따라서 아버지가 영원으로부터 아들을 얻었다고 우리가 말할 때 우리는 단지 아버지가 항상 아들과 자신의 영원성을 대화했다는 사실을 의미할 뿐이다.

13. 만일 신이 필연적으로 행동했더라면 그는 무한한 능력을 소유하지 않았을 것이다.

두 번째로 그들은, 신이 자유롭게 행동할 때와 신 자신이 필연적으로
행동할 때는 마찬가지로 능력이 있다고 논증한다. 그러나 만일 신이 필
연적으로 행동한다면(si Deus necessario ageret),⁶ 신은 무한한 힘을
가졌기 때문에 그는 영원으로부터 세계를 창조하지 않으면 안 되었을
것이다. 그러나 만일 우리가 이 논증의 기초를 검토한다면 우리는 이
논증의 답을 쉽게 발견할 수 있다. 왜냐하면 이 선한 사람들은 무한한
힘을 가진 존재자에 대한 매우 다른 관념을 자기들이 가질 수 있다고
(se diversas ideas entis infinitae virtutis posse habere) 가정하기 때문
이다. 그 이유는 그들은 신이 자연의 필연성으로부터 활동할 때와 자유
롭게 활동할 때 모두 무한한 힘을 가진 것으로 파악하기 때문이다. 그
렇지만 우리는 만일 신이 자연의 필연성으로부터(ex necessitate natu-
rae) 활동한다면 무한한 힘을 가질 것이라는 사실을 부정한다. 우리는
그리고 실로 그들은 이제 가장 완전한 존재자는 자유롭게 활동하며 오
직 유일한 것으로 파악될 수 있다고 우리가 증명한 사실을 필연적으로
인정해야 한다. 그런데 비록 신이 자연의 필연성으로부터 활동하면서
무한한 힘을 가지고 있다는 것이 불가능할지라도 만일 그들이 이 사실
이 정립될 수 있다고 반박한다면 이는 중심으로부터 둘레에 이르는 모
든 선들은 똑같지 않다고 결론 내리기 위해서 네모난 원을 가정하는 것
과 같기 때문에 앞의 사실을 가정하는 것은 용납될 수 없다고 답한다.
앞의 사실은 우리가 방금 말한 것으로부터 확실하므로 전에 말한 것을
반복하지 않겠다. 왜냐하면 우리는 방금 다음의 사실을 증명했기 때문
이다: 지속은 이중적이거나, 더 길거나 더 짧더라도 모두 파악할 수 있
으며, 따라서 주어진 지속보다 더 길거나 아니면 더 짧은 지속은 무한

6 (역주) agere는 움직이게 하다, 추격하다, 산출하다, 수행하다… 등 여러 가지 의미
를 가지는데 여기에서는 행동하다로 옮겼다.

한 힘을 가지고 자유롭게 활동하는 신에 의해서(a Dei, qui infinita virtute libere agit) 언제나 창조될 수 있다. 그러나 만일 신이 자연의 필연성으로부터 활동한다면 이런 일은 결코 생기지 않을 것이다. 왜냐하면 주어진 지속보다 무한히 많은 다른 지속들이 아니라 오직 그의 본성으로부터 생기는 지속만 그에 의해서 산출될 수 있을 것이기 때문이다.

그러므로 우리는 짧게 다음처럼 논증한다: 만일 신이 창조할 수 있는 가장 긴 지속을 창조한다면, 그는 필연적으로 자신의 능력을 감소시킬 것이다. 그러나 이 마지막 언명은 그르다. 왜냐하면 신의 능력은 그의 본질과 다르지 않기 때문이다. 그러므로 등등. 더 나아가서 만일 신이 자연의 필연성으로부터 활동한다면, 신은 자기 자신이 창조할 수 있는 가장 긴 지속을 창조하지 않으면 안 되었을 것이다. 그러므로 만일 신이 자연의 필연성으로부터 활동한다면 그는 무한한 힘을 가지지 못할 것이다.

14. 어디에서 우리는 이 세상에 속하는 것보다 더 긴 지속의 개념을 가지는가?

여기에서 어떤 사람은 세계가 지속된 것이 오천년 전에, 또는 만일 연대(年代) 학자들의 계산이 옳다면 그 이전에 창조되었을 것이고 그때의 피조물들 없이는 그 지속을 알 수 없다고 우리가 단정한 이 매우 긴 지속을 어떻게 파악할 수 있을 것인지를 아는 데 있어서 난점에 부딪칠 수 있었을 것이다. 이러한 난점은 다음의 사실을 주의해 본다면 쉽사리 제거될 것이다. 우리는 그러한 지속을 단순하게 피조물들에 대한 사색으로부터가 아니라 창조를 위한 신의 무한한 능력에 대한 사색으로부터(ex contemplatione infinitae Dei potentiae ad creandum) 이해한다. 왜냐하면 피조물들은 자기 자신들을 통해서는 존재하는 것으로서 그리고 지속을 소유한 것으로서 파악될 수 없고 오직 신의 무한한 능력에 의해서만 파악될 수 있기 때문이다. 「철학의 원리」 제1부, 정리 12와 그것의 보충을 보라.

　마지막으로 여기서는 사소한 논증들에 답하기 위해서 시간을 소비할 필요가 없고 단지 다음과 같은 점들만 주의하면 된다. 말하자면 영원성과 지속의 구분, 그리고 피조물 없는 지속과 신 없는 영원성은 어떤 식으로도 알 수 없다는 것을 주의해야 한다. 왜냐하면 이 점들이 제대로 지각된다면 모든 논증들은 쉽게 답을 찾을 수 있기 때문이다. 그러므로 우리는 이 주제들을 오래 붙들고 있는 것은 필요치 않다고 여긴다.

11

신의 협력에 대해서

1. 일상적 의미의 신의 협력은 철학에서 인정되지 않는다.

그런데 신은 사물을 매 순간 마치 새로운 것처럼 계속해서 창조한다는 것을 우리들이 제시한 다음에 이 속성에 대해서 우리가 말할 것은 거의 없거나 아니면 아무것도 남아 있지 않다. 이로부터 우리는 다음의 사실을 증명하였다: 사물들은 그것 자체로는 어떤 것에 영향을 미치거나 자신들이 어떤 작용을 하도록 결정할 힘은 결코 가지고 있지 않으며 이러한 것은 인간 외부의 사물들 뿐만 아니라 인간 자체의 의지에 있어서의(in ipsa humana voluntate) 경우이기도 하다. 그리고 나서 우리는 이 문제에 대한 논증들에 대해서도 답하였다. 그리고 다른 많은 논증들이 자주 생긴다고 할지라도, 그것들이 원칙적으로는 신학에 속하기 때문에 나는 여기에서 그것들을 무시하고자 한다.

그렇지만 신의 협력(concursus Dei)을[1] 받아들이면서 그것을 우리들

---

1 (역주) 신의 협력(concursus Dei)은 신의 동시 작용, 신의 영향, 신의 일치 등으로 옮길 수도 있다. 다시 말해서 '신의 협력'은 신의 동시 작용이나 영향으로서의 협

이 해명한 것과 전혀 다른 의미로 해석하는 사람이 많다. 그들의 오류를 가장 간단히 찾아내기 위해서는 앞에서 증명된 것처럼 현재 시간이 미래의 시간과 아무런 관계도 없다는 것(「철학의 원리」 제1부, 공리10을 볼 것) 그리고 우리는 이런 사실을 명석하고 판명하게 지각한다는 것을 여기에서 주의 깊게 살펴야만 한다. 만일 이것을 제대로 주의해서 살펴보기만 한다면, 철학에서 도출될 수 있는 그들의 모든 논증들은 아무런 어려움 없이 답을 찾을 수 있다.

2. 신이 사물들을 활동하도록 결정하는 데 신의 보존은 어떻게 관련되어 있는가?

이 문제를 소득 없이 다루지 않기 위해서 우리는 신이 어떤 사물을 활동하도록 결정할 때 신의 보존에 어떤 것이 첨가되는지(an Dei conservationi aliquid accedat)에 대한 물음에 잠정적으로 답할 것이다. 그런데 운동에 대해서 우리가 말할 때 이미 우리는 이 문제에 대한 답을 암시하였다. 왜냐하면 우리는 신이 자연 안에서 똑같은 운동량을 보존한다고 말했기 때문이다. 그러므로 만일 우리들이 물질의 본성 전체(tota natura materiae)를 주의해서 본다면 어떤 새로운 것도 그것에 첨가되지 않는다. 그러나 개별 사물들에 관해서 말하자면 어떤 의미에서는 새로운 것이 그것에 첨가된다고 말할 수 있다. 이것이 정신적 사물들에 (in rebus spiritualibus) 있어서도 마찬가지인지는 확실치 않다. 왜냐하면 정신적 사물들이 그와 같은 상호 독립성을 가지고 있다는 것이 분명치 않기 때문이다. 마지막으로 지속의 부분들은 아무런 상호 관계도

력을 의미한다.

지니고 있지 않기 때문에 우리는 신이 계속해서 사물들을 창조하는 것만큼 사물들을 보존하지는 않는다고 말할 수 있다. 그러므로 만일 어떤 사람이 이제 어떤 것을 행할 결정적 자유를 가지고 있다면, 우리는 신이 그 특별한 시간에 그 사람을 그렇게 창조했다고 말하지 않으면 안 된다. 또한 인간의 의지(himana voluntas)가 흔히 그 의지의 외부에 있는 것들에 의해서 결정된다는 것, 그리고 이번에는 자연 내의 모든 것들이 서로에 의해서 작용하도록 결정된다는 것을 반박할 수 없다. 왜냐하면 그것들 역시 신에 의해서 그렇게 결정되었기 때문이다.[2] 어떤 것도 의지를 결정할 수 없으며 오직 신의 능력에 의해서가 아니고는(nisi a sola potentia Dei) 의지도 결정될 수 없다. 그러나 어떻게 이런 사실이 인간의 자유와 양립할 수 있는지, 또는 신은 인간의 자유를 보존하면서도 어떻게 이런 사실을 가져올 수 있는지에 대해서, 고백하건대, 이미 여러 차례 주의해서 지적한 것처럼 우리는 알지 못한다.

3. 신의 속성들의 상식적 구분은 실재적이기보다 명목적이다.

나는 아직까지 전혀 구분하지 않은 신의 속성들(attributa Dei)에 대해서 말하기로 결심하였다. 저술가들은 일반적인 구분에 의해서 신의 속성들을 전할 수 없는 것과 전할 수 있는 것으로 구분했는데, 사실을 말하자면 그러한 구분은 실재적 구분이라기보다 명목상의 구분(divisio nominis, quam rei)인 것처럼 여겨진다. 왜냐하면 신의 지식(scientia

---

2 (역주) 라이프니츠는 정신과 신체(또는 정신과 물체)는 본래 아무런 상관이 없음에도 불구하고 서로 작용을 미치는 것은 신이 그렇게 되도록 미리 결정했다고 해서 예정 조화설을 주장하였다. 그러나 좀 더 자세히 살펴보면 신의 '예정 조화'는 이미 데카르트와 스피노자의 철학에 포함되어 있던 사고 방식임을 알 수 있다.

Dei)은 하늘의 별자리에 있는 개가 짖어 대는 동물인 개와 일치하지 않
는 것처럼 인간의 지식(scientia humana)과 일치하지 않고, 그리고 아
마도 훨씬 더 일치하지 않기 때문일 것이다.

4. 저자 자신의 구분

그렇지만 우리의 구분은 다음과 같다. 작용하고 있는 신의 본질을 해명
하는 신의 어떤 속성들이 있는가 하면, 작용과는 관계없이 신의 존재
방식을 설명하는 다른 속성들이 있다. 전자의 종류에는 지성, 의지, 생
명, 전능(intelligentia, voluntas, vita, omnipotentia) 등이 있고 후자의
종류에는 단일성, 영원성, 필연성(unitas, aeternitas, necessitas) 등이
있다. 이와 같은 구분은 아주 확실하고 명백하며 신의 모든 속성들
(omnia Dei attributa)을 포함한다.

12

인간의 정신에 대해서

1. 창조된 실체들의 구분

이제 우리는, 우리가 연장(延長)된 것과 사유하는 것으로 구분한 창조된 실체로 넘어가기로 하자. 우리는 연장된 실체를 물질 내지 물체적 실체(materia sive substantia corporea)로 이해하며, 사유하는 실체는 오직 인간의 정신(mens humana)으로만 이해한다.

2. 천사들은 형이상학이 아니라 신학의 고찰 대상이다.

비록 천사들이 창조되었다고 할지라도 그들은 자연의 빛(lumen naturale)에[1] 의해서 알 수 없기 때문에 그들은 형이상학의 고찰 대상이 아니다. 왜냐하면 그들의 본질과 존재는 오직 계시에 의해서만(non nisi per revelationem) 알려지기 때문에 그들은 단지 신학에만 속한다. 그

---

1 (역주) 앞의 역주에서도 밝혔지만 자연의 빛(lumen naturale)은 인간의 이성을 말한다.

리고 신학적 인식은 자연적 인식과[2] 완전히 다르거나 또는 종류가 전혀 다르기 때문에 결코 서로 혼동되어서는 안 된다. 따라서 아무도 우리가 천사들에 대해서 말하는 것을 기대하지 않게 하자!

3. 인간의 정신은 어떤 것에서 도출된 것이 아니고 신에 의해서 창조되었다. 그러나 우리는 정신이 언제 창조되었는지 알지 못한다.

그러면 인간의 정신으로 되돌아 가 보기로 하자. 이제 인간의 정신에 관해서는 말할 것이 별로 없지만 단지 다음의 사실을 당신에게 회상시키고자 한다. 우리는 인간 정신이 언제 창조되었는지에 대해서는 아무 것도 말하지 않았다. 왜냐하면 신이 언제 인간의 정신을 창조하는지가 충분히 확립되지 않았기 때문이며 또한 인간의 정신은 신체 없이도 존재할 수 있기 때문이다. 인간의 정신이 신으로부터가 아닌 다른 것으로부터 도출되지 않는다는 것은 매우 확실하다. 왜냐하면 오직 생성된 사물들만 다른 것으로부터 도출되기 때문이다. 즉 어떤 실체의 양태들에만 적용되기 때문이다. 앞에서 우리가 충분히 증명한 것처럼 실체 자체 (substantia ipsa)는 생성될 수 없고 오직 전능에 의해서만(tantum a solo omnipotente) 창조될 수 있다.

4. 어떤 의미에서 인간의 영혼은 사멸하는가?

그러나 영혼의 불멸에 대해서 어떤 것을 보태기 위해서는 다음의 사실

---

2 (역주) 초월적 대상(천사나 신 등)에 대한 인식은 신학적 인식임에 비해서 자연 대상들에 대한 인식은 자연적 인식(이성적 인식)이라고 할 수 있다.

이 매우 명백하다: 우리는 어떤 피조물의 본성도 신의 능력에 의해서 파괴될 수 없다는 것을 포함한다라고 말할 수 없다. 왜냐하면 어떤 사물을 창조할 능력을 가진 자는 그것을 파괴할 능력도 가지고 있기 때문이다. 더 나아가서 우리들이 충분하게 증명한 것처럼 창조된 것은 한순간이라도 자기 자신의 본성에 의해서 존재할 수 없고 계속해서 신에 의해서 창조된다.

5. 그러나 어떤 의미에서 인간의 영혼은 불멸하는가?

그렇지만 비록 물질이 그렇다고 할지라도 우리는 명석판명하게 다음의 사실을 안다: 우리는 양태들의 파괴와 생성에 대한 관념들은 가지고 있지만 우리로 하여금 실체가 파괴된다는 것을 파악하도록 하는 관념은 가지고 있지 않다. 왜냐하면 우리가 인간 신체의 구조를 주의해서 살펴볼 때 우리는 구조가 파괴될 수 있다는 것을 확실하게 알 수 있기 때문이다. 그러나 우리가 물체적 실체(substantia corporea)를 주의해서 살펴볼 때 우리는 그것이 무화(無化)될 수 있다는 것을(ipsam anni-hilari posse) 똑같이 파악하지 못한다.

마지막으로 철학자는 신이 최고의 능력을 가지고 무엇을 할 수 있는지 묻지 않는다. 그는 신이 사물들에게 부여한 법칙들로부터 사물들의 본성을 판단한다. 그래서 그는 법칙들에 의해서 고정되고 확실한 것으로 추론되는 것을 확고하고도 확실한 것이라고 판단하는 반면에 신이 그 법칙들과 다른 모든 것들을 변화시킬 수 있다는 것을 부인하지도 않는다. 그러므로 우리 역시 영혼에 대해서(de anima) 말할 때 신이 무엇을 할 수 있는지를 탐구하지 않고 오직 자연법칙으로부터(ex naturae legibus) 무엇이 귀결되는지만을 탐구한다.

6. 영혼의 불멸성은 증명된다.

만일 내가 틀리지 않았다면 우리는 수없이 다시 충분하게 증명한 것처럼, 이 법칙들로부터 실체는 자기 자신에 의해서도 그리고 어떤 다른 창조된 실체에 의해서도 파괴될 수 없다는 사실이 귀결되기 때문에 우리들은 자연의 법칙으로부터 정신은 불멸한다고 주장할 수밖에 없다 (mentem esse immortalem statuere cogimur ex legibus naturae). 그리고 만일 우리가 물질(res)을[3] 더욱더 면밀하게 통찰해 보면 그것이 불멸한다는 것을 가장 명백하게 증명할 수 있을 것이다. 왜냐하면 우리들이 방금 증명한 것처럼 영혼이 불멸한다는 것은(anima immortale esse)[4] 분명히 자연의 법칙으로부터 귀결되기 때문이다. 그런데 자연의 법칙들은 또한 앞에서 명확하게 확립된 것과 마찬가지로 자연의 빛(lumen naturale)에[5] 의해서 드러난 신의 결정들이다. 그런데 다시 우리는 신의 결정들(decreta Dei)이 불변한다는 것도 증명하였다. 이 모든 것으로부터 우리들은 명확하게 다음처럼 결론 내린다: 신은 계시(revelatio)에 의해서뿐만 아니라 자연의 빛에 의해서도 영혼의 지속에 대한 자신의 불변하는 의지(sua immutabile voluntas)를 인간들이 알도록 하였다.

---

3 (역주) 보통 res는 사물, 물건의 의미를 가지지만, 여기에서는 정신(mens)의 대립 개념으로 사용되고 있으므로 '물질'로 옮겼다.

4 (역주) 여기에서 말하는 영혼(anima)은 정신(mens)과 똑같은 의미이다.

5 (역주) 앞의 역주에서도 지적한 것처럼 자연의 빛(lumen naturale)은 이성을 말한다. 중세 기독교 철학자들은 신의 전지(全知, intelligentia)를 닮은 것을 인간의 지성(intellectus) 내지 이성(ratio)이라고 보고 그것을 자연의 빛이라고 칭했는데, 데카르트나 스피노자는 그러한 전통을 그대로 따르고 있다. 데카르트나 스피노자뿐만 아니라 서양의 철학자들은 예외 없이 그리스·기독교 철학(사상)의 지대한 영향을 받고 있음을 여기에서도 알 수 있다.

7. 신은 자연에 거스르지 않고 초월하여 작용한다.

신이 기적들을 행하기 위해서 어떤 때는 자연의 법칙들을 파괴한다고 주장해도 그것은 문제되지 않는다. 왜냐하면 대부분의 신중한 신학자들은 신이 결코 자연에 반(反)하여 작용하지 않고 자연을 초월해서 작용한다는 것을(Deum nihil contra naturam agere, sed supra naturam) 인정하기 때문이다. 곧 내가 이해한 것과 같이 신은 인간의 지성에 알려지지 않은 수많은 작용 법칙들도 가지고 있다. 그런데 만일 그 법칙들이 인간의 지성에 알려졌더라면 나머지 법칙들과 마찬가지로 자연적인 법칙들이 되었을 것이다.

8. 왜 어떤 사람들은 의지가 자유롭지 않다고 믿는가?

따라서 정신들은 불변한다는 것이 가장 명백하게 확립되며, 나는 이 지점에서 인간의 영혼 일반에 대해서(de anima humana in genere) 더 말할 것이 무엇이 남아 있는지 모르겠다. 만일 어떤 저술가들이 실제로 그들이 알고 느끼면서도 느끼지 못하는 것처럼 만들려고 애쓰면서 그들의 논증에 대해서 내가 답하기를 요청하지 않는다면 그들의 논증의 특별한 기능에 대해서 말할 것이 아무것도 없다.

　어떤 사람들은 의지는 자유롭지 않고 항상 다른 것에 의해서 결정된다는 것을 자기들이 증명할 수 있다고 생각한다. 그리고 그들이 이렇게 생각하는 이유는 의지를 영혼과 다른 것으로, 곧 그 본성이 무차별적인 것(quod sit indifferens)으로만[6] 구성되어 실제로 그들이 볼 수 있는 것

6　(역주) 무차별적인 것(quod sit indifferens)은 물질이나 영혼(정신)처럼 확실히 구분되는 것이 아니고 공평무사한 것을 지시한다.

으로 이해하기 때문이다. 모든 혼란을 제거하기 위해서 우리들은 먼저 사실(res)을 해명할 것이고, 이렇게 되면 그들의 논증들에 있는 오류들을 쉽게 찾아 낼 수 있을 것이다.

9. 의지란 무엇인가?

우리는 인간의 정신은 사유하는 것(res cogitans)이라고 말하였다. 이로부터 다음의 사실이 귀결된다: 단지 정신 자신의 본성으로부터 그리고 오직 그 자체로만 고찰할 때 정신은 생각할 수 있으며, 곧 긍정하고 부정할 수 있다. 그런데 이와 같은 생각들은 정신의 외부에 있는 것들에 의해서(a rebus extra mentem) 결정되거나 아니면 오직 정신에 의해서만 결정된다. 왜냐하면 정신 자체는 그것의 사유하는 본질로부터 수많은 사유 작용들이 따라 나오거나 귀결되지 않으면 안 되는 실체이기 때문이다. 인간의 정신은 그와 같은 작용들을 산출하는 충분한 원인으로 파악되는 한 의지라고 일컬어진다.

10. 의지는 존재한다.

영혼이 비록 어떤 외적인 것에 의해서도 결정되지 않는다고 할지라도 앞에서 말한 그와 같은 능력을 소유한다는 것은 뷰리던의 당나귀의 예에 의해서(exemplo asinae Buridani)[7] 가장 쉽게 설명될 수 있다. 왜냐

---

7 (역주) 뷰리던의 당나귀는 14세기에 논의된 궤변 논리이다. 당나귀가 가운데 있고 당나귀의 좌·우에 똑같은 거리를 두고 똑같은 양과 질의 건초를 놓아두면 당나귀는 이쪽저쪽 다 먹고 싶어서 한없이 망설이고 계산하다가 아무것도 못 먹고 죽어버린다는 것이 뷰리던의 당나귀 이야기의 내용이다.

하면, 만일 우리가 당나귀 대신에 어떤 인간이 그와 같은 평형상태에 (in tali aequilibrio) 놓여 있다고 가정하고 그가 배고픔과 목마름으로 죽는다고 할 경우 그는 사유하는 인간이 아니라 가장 수치스러운 당나귀로 여겨지지 않으면 안 될 것이기 때문이다. 다음의 사실로부터 똑같은 결론이 명백하게 생긴다: 앞에서 말한 것처럼 우리는 모든 것들을 의심하려고까지 했으며, 의심될 수 있는 것들을 단지 의심하려고 했을 뿐만 아니라 그릇된 것으로서 부정하려고까지 하였다. 데카르트의 「철학의 원리」 제1부, 39항을 보라.

11. 의지는 자유롭다.

더 나아가서 다음의 사실을 주의해서 살펴보자: 비록 영혼이 어떤 것을 긍정하거나 부정하도록 외적인 것들에 의해서 결정된다고 할지라도 의지는 외적인 것들에 의해서 강요되는 것처럼 결정되지 않고 언제나 자유롭다. 왜냐하면 어떤 것도 영혼의 본질을 파괴할 능력을 가지고 있지 않기 때문이다. 그러므로 영혼은 항상 자유롭게 긍정하고 또 부정한다. 이것은 데카르트의 「제1철학에 대한 성찰들」(Meditationes de prima philosophia) 제4부에서 충분히 해명되어 있는 것과 같다. 그래서 만일 어떤 사람이 영혼은 왜 이것이나 저것을 원하기도 하고 또 원하지 않기도 하느냐고 묻는다면 우리는 이렇게 답한다: 왜냐하면 영혼은 사유하는 것, 곧 자신의 본성상 원하고 원하지 않는 그리고 긍정하고 부정하는 능력을 가진 것이기 때문이다. 왜냐하면 그러한 것이 바로 사유하는 것이기 때문이다.

12. 의지를 욕구와 혼동해서는 안 된다.

문제들을 이렇게 해명한 다음에 적대자들의 논증들(argumenta adver-
sariorum)을 알아보기로 하자.

　1. 그들의 첫 번째 논증은 다음과 같다: "만일 의지가 지성의 궁극적
지시에 반대되는 것을 원할 수 있다면, 만일 의지가 지성의 궁극적 지
시에 의해서 규정된 자신의 선(善)에 반대되는 것을 원할 수 있다면,
의지는 그처럼 자신을 위해서 악한 것을 원할 수 있을 것이다. 그러나
이 후자는 부당하다. 그러므로 전자도 역시 부당하다." 이 논증으로부
터 우리는 그들이 의지가 무엇인지(quid sit voluntas) 이해하지 못한다
는 것을 확실하게 알 수 있다. 왜냐하면 이 적대자들은 영혼이 어떤 것
을 긍정하거나 부정했을 때 영혼이 소유하는 욕구(appetitus)를[8] 의지
와 혼동하고 있기 때문이다. 그들은 이것을 자기들의 스승에게서(a suo
magistro) 배웠는데, 그 스승은 의지를 선한 것으로 제시된 것에 대한
욕구로 정의하였다.[9] 그러나 우리들은 다음처럼 말한다: 오류의 원인
에 대해서 이미 우리가 충분히 해명한 것처럼 의지는 그러그러한 것이
선이라고 긍정하는 것 또는 그 반대인데, 이와 같은 사실은 의지의 범
위가 지성보다 더 넓다는 것으로부터 생긴다는 것을 우리가 제시하였
다. 그러나 만일 정신(mens)이 바로 자신의 자유로부터 어떤 것이 선
이라는 것을 긍정하지 않았다면, 정신은 어떤 것도 원하지 않을 것이
다. 그러므로 우리는 정신은 지성의 궁극적 지시에 반대되는 것은 어떤

8　(역주) 스피노자는 「에티카」에서 욕구(appetitus)의 원천은 성향(conatus)이고 욕
　구가 의식된 것은 욕망(cupiditas)이라고 한다.

9　(역주) 스피노자가 말하는 적대자들은 소요학파의 철학자들이고 이 철학자들의 스
　승은 아리스토텔레스이다. 「수사학」(Rhetorica) 1369a1-4, 「영혼론」(De Anima)
　433a21-433b5를 참고할 것.

것도 원할 수 없다는 것을 인정함으로써 이 논증에 대해서 답한다. 곧 정신이 어떤 것을 원하지 않는다고 가정한다면 정신은 그것을 원할 수 없다. 왜냐하면 정신이 어떤 것을 자신에게 악하다고, 말하자면 어떤 것을 원하지 않았다고 판단한 것으로 이야기될 때 여기에서 가정된 것이 바로 위에서와 말한 것과 같은 그러한 것이기 때문이다. 그러나 우리는, 정신이 자신에게 악한 것을 절대적으로 원할 수 없었다는 것을, 곧 그것을 선하다고 판단할 수 없었다는 것을 부정한다. 우리는 수많은 악한 것들을 선하다고 그리고 다른 한편으로는 수많은 선한 것들을 악하다고 판단한다.

13. 의지는 정신 자체 이외의 어떤 것도 아니다.

2. 두 번째 논증은, (지금까지 아무런 논증도 없었기 때문에 첫 번째 논증이라고 해도 된다) "만일 의지가 실천적 지성의 궁극적 판단에 의해서(ab ultimo intellectus practici iudicio) 의욕하도록 결정되지 않았다면, 의지는 자기 자신을 결정할 것이다. 그러나 의지는 자기 자신에 대해서 그리고 자기 자신의 본성에 의해서 결정되지 않기 때문에 자기 자신을 결정하지 않는다." 이로부터 그 적대자들은 계속해서 다음처럼 논증한다: "만일 의지가 자기 자신에 대해서 그리고 자기 자신의 본성에 의해서 의욕하도록 그리고 의욕하지 않도록 강제 되어 있지 않다면 의지는 자기 자신에 의해서 의욕하도록 결정될 수 없다." 왜냐하면 결정하는 것은 마치 자신이 결정하는 것이 결정되지 않은 것처럼 정해져 있지 않으면 안 되기 때문이다. 그러나 자기 자신을 결정하는 것으로 고찰된 의지는 결정되는 것으로 고찰된 의지와 마찬가지로 결정되어 있지 않다. 왜냐하면 우리들의 적대자들은, 결정되거나 또는 이미 결정

된 의지 안에 있는 것과 다른 어떤 것도 결정하는 의지 안에 가정하지 않기 때문이다. 또한 참으로 여기에서는 어떤 것을 가정하는 것도 가능하지 않다. 그러므로 의지는 자기 자신에 의해서(a se ipsa) 의욕하도록 결정될 수 없다. 만일 의지가 자기 자신에 의해서 결정될 수 없다면, 의지는 다른 것에 의해서 결정되지 않으면 안 된다.

위의 말들은 바로 라이덴(Leiden) 대학의 교수인 헤르보르드[10]의 말들인데 이런 말로 그는, 자신이 이해하는 의지는 정신 자체가 아니고 정신의 밖에나 안에 있는 다른 것이어서 사유를 결여하고 어떤 그림도 받아들일 수 있는 백지(tabula rasa)와 같거나 또는 오히려 추가적인 무게의 결정에 따라서 어떤 무게에 의해서든지 간에 양 방향으로 밀치고 들어갈 수 있는, 평형상태 내의 균형과도 같다. 그렇지 않으면 의지는 그 자신도 그리고 어떤 다른 인간도 사유로 파악할 수 없는 것이다. 그런데 우리는 바로 앞에서 다음의 사실을 말하고 명확하게 제시하였다: 의지는 정신 자체 이외의 아무것도 아니고(voluntas nihil esse praeter mentem ipsam), 우리는 그것을 사유하는 것, 곧 긍정하고 부정하는 것이라고 부른다. 그래서 우리가 정신의 본성만 바라볼 때 우리는 정신이 긍정하고 부정하는 데 똑같은 힘을 가지고 있다고 분명하게 추리한다. 왜냐하면 내 말에 따를 경우 바로 그것이 사유하는 것이기 때문이다. 그러므로 만일 정신이 사유한다는 사실로부터 정신이 긍정하고 부정하는 능력을 가진다고 우리가 추리한다면, 왜 우리는 오직 사물의 본성으로부터만 귀결되는 것을 행하기 위해서 외부적인 원인들을 찾는가?

---

10   (역주) 1659년 12월 25일 라이덴 대학에 철학교수로 취임한 안드레아스 헤르보르드(Andreas Heerbord)는 논리학, 공동체 윤리학, 자연철학 등에 대해서 저술하였다.

그러나 당신은, 정신이란 부정하기보다 긍정하기 위해서 더 많이 결정되어 있다고 말할 것이고, 따라서 당신은 정신을 결정하는 원인을 우리가 필연적으로 찾지 않으면 안 된다고 추리할 것이다. 그러나 나는 이에 반대해서 다음처럼 논증한다: 만일 정신이 그 자체로 그리고 자기 자신의 본성에 의해서 오직 긍정하도록만 결정되었다면(우리가 정신을 사유하는 것으로 파악하는 한 사실을 파악하는 것이 비록 불가능하다고 할지라도), 아무리 많은 원인들이 동시에 일어난다고 해도 정신은 단지 자기 자신의 본성만 가지고 오로지 긍정할 수 있으며 결코 부정하지 않을 것이다. 그러나 만일 정신이 긍정하도록 결정되지도 않고 부정하도록 결정되지도 않았다면 정신은 그러한 두 가지를 다 행할 수 없을 것이다. 그리고 마지막으로 만일 정신이, 방금 우리가 제시한 것처럼, 두 가지를 다 행할 힘을 가지고 있다면, 정신은 어떤 다른 원인의 도움을 받지 않고 오직 자기 자신의 본성으로부터 두 가지를[11] 다 행할 수 있을 것이다. 이것은 사유하는 것을 사유하는 것으로 고찰하는 모든 사람들에게(omnibus, qui rem cogitantem ut rem cogitantem considerant), 곧 사유의 속성을 사유하는 것에서 분리시키지 않는 모든 사람들에게 명백할 것이다. 우리의 적대자들은 사유하는 것에서 모든 사유를 제거해 버리고, 사유하는 것을 마치 소요학파 철학자들의 첫 번째 주제처럼 만들었다(ipsamque ut materiam illam priman Peripateticorum fingunt).

그러므로 나는 그들의 논증에 대해서, 그것도 그들의 대전제에 대해서 다음처럼 답한다: 만일 그들에게 의지는 모든 사유를 결여한 것을 의미한다면 우리는 의지가 자기 자신의 본성으로부터 결정되지 않았다

---

11   (역주) 두 가지는 긍정하는 것과 부정하는 것을 말한다.

는 것을 인정한다. 그러나 우리는 의지가 모든 사유를 결여한 것이라는 사실을 부정한다. 반대로 우리는 의지는 사유라고, 곧 의지는 긍정하며 동시에 부정하는 힘이라고 주장한다. 그리고 확실히 이것은 두 가지 작용에 대한 충분한 원인 이외의 다른 어떤 것도 의미할 수 없다. 더 나아가서, 만일 의지가 결정되지 않았다면(곧 모든 사유를 결여한다면) 의지는 무한한 창조 능력을 가진 신 이외의 어떤 외적 원인에 의해서 결정될 수 있다는 것도 우리들은 부정한다. 왜냐하면 어떤 사유도 가지지 않은 사유를 하는 것을 파악하고자 하는 것은 연장(延長)이 없는 연장된 것(res extensa sine extensione)을 파악하려고 하는 것과 똑같기 때문이다.

14. 왜 철학자들은 정신을 물질적인 것들과 혼동했는가?

마지막으로 나는 여기에서 더 많은 논증들을 검토하는 일을 피하기 위해서 단지 다음의 사실만 지적하고자 한다: 우리들의 적대자들은 의지를 제대로 이해하지 못하고 정신에 대한 명석판명한 개념을 가지지 못함으로써 정신과 물질적인 것들을 혼동하였다(mentem cum rebus corporeis confudisse). 이것은 그들이 물질적인 것들을 언급하기 위해서 습관적으로 사용하는 말들을 자기들도 이해하지 못하는 정신적인 것들을 지시하기 위해서 사용했기 때문에 생긴 일이다. 왜냐하면 그들은 평형상태를 이루며 직접 대립하는 외적 원인들에 의해서 반대 방향으로 갈 수밖에 없기 때문에 평형상태에 있는 그러한 물체들에 "결정되지 않은(indeterminata)"이라는 말을 적용했기 때문이다. 그래서 그들이 의지를 결정되지 않았다고 부를 때 그들은 의지를 또한 평형상태에 있는 어떤 물체로(ut corpus in aequilibrio positum) 파악한 것처럼 보인다. 그리고 물체들은 그들이 외적 원인들로부터 받아들인 것에 지나지 않기 때문에(이로부터 물체들은 항상 외적 원인에 의해서 결정되지 않으면 안 된다는 것이 귀결된다) 그들은 의지의 경우에도 똑같은 일이 생긴다고 생각한다. 그러나 우리들은 문제의 상황이 어떤지 충분히 해명했으며 따라서 여기에서 끝맺고자 한다.

연장(延長)된 실체에 관해서도 역시 우리는 이미 충분히 언급했으며, 이 두 가지 실체들[12] 이외에 우리는 다른 실체들을 인정하지 않는다. 실재적 우연들과 다른 성질들에 대해서는 말하자면, 충분히 해명되었으며, 그것들을 반박하기 위해서 시간을 소비할 필요가 전혀 없다. 그러므로 여기에서 펜을 내려 놓기로 하자.

---

12 (역주) 데카르트는 실체를 사유하는 것으로서의 정신과 연장된 것으로서의 물질 두 가지로 구분하였다. 그러나 스피노자는 실체＝신＝자연이라는 입장에서 실체는 하나밖에 없다고 보았다. 정신과 물질(물체)은 신체의 두 가지 양태들에 불과하다는 것이 스피노자의 입장이다. 정신의 속성은 사유이고 물체의 속성은 연장이다(스피노자의 입장).

해설

～～～

1. 데카르트 철학의 이해

스피노자의 철학, 특히 스피노자의 「데카르트의 철학의 원리」를 이해하기 위해서는 데카르트 철학에 대한 기본적 이해가 필수적이기 때문에 역자는 스피노자의 「데카르트의 철학의 원리들」에 대한 핵심적 해설은 뒤로 미루고 우선 데카르트 철학의 윤곽과 성격을 설명하고자 한다. 데카르트(1596-1650)는 스피노자(1632-1677)가 태어나기 전 1628년 자유로운 학문 연구의 분위기를 찾아서 네덜란드로 이민하여 암스테르담에 정착하여 철학적 사색, 여행, 집필 등에 몰두한다. 데카르트의 대표적 저술은 다음과 같다. 「음악의 장점」(Musicae compendium, 1618 집필, 1650 출간), 「방법론」(Discours de la méthode, 1637), 「제1철학에 대한 성찰」(Meditationes de prima philosophiae, 1641), 「철학의 원리」(Principia philosophiae, 1644), 「영혼의 정념」(Passions de l'âme, 1650), 「정신의 방향을 위한 규칙들」(Regulae ad directionem ingenii, 사후 1701년 출간), 「서한들」(Epistola, 1949년 독일어본 출간).

스피노자는 이미 청소년기에 암스테르담의 대표적인 데카르트주의자 반 덴 엔덴(van den Enden)의 가르침을 받고 데카르트 철학의 영향을 지대하게 받으면서 자신의 철학적 사색을 모색하기 시작하였다. 물론 청년 시절에는 스피노자 역시 데카르트주의자였으나 그는 「지성 개선론」에서부터 데카르트 철학을 극복하고 독자적인 철학함의 길을 개척하고 있었다. 데카르트는 처음부터 끝까지 독실한 가톨릭 신자였으나 스피노자는 20대 초반에 이미 유대 공동체 시나고그로부터 추방당했고 20대 중반 이후에는 랍비들로부터도 파문당하였다. 스피노자는 한편으로는 데카르트주의자로서 데카르트철학의 영향을 받으면서 다른 한편으로는 데카르트와는 전혀 다른 범신론적, 자연주의적 형이상학의 노선을 걸어가지 않을 수 없었다. 그러나 데카르트가 네덜란드로 이민 오지 않고 스피노자가 데카르트철학의 영향을 받지 않았더라면 오늘날과 같은 스피노자 철학은 존재할 수 없었을 것이다.

(가) 방법론적 회의와 본유관념

데카르트는 가톨릭 예수회 학교 라 플레쉬(La Flèche)에 다니면서 철학, 논리학 그리고 수학에 관심이 많았을 뿐만 아니라 뛰어난 재주도 보여 주었다. 「방법론」에서 데카르트는 라 플레쉬 중학교 시절을 회고하면서, 수학이 어떤 다른 학문보다도 명석(明晳)하고 판명(判明)하기 때문에 자신이 수학을 좋아했지만 일상생활에서 어떤 분야에 어떻게 수학을 사용하여야 하는지 아직 제대로 모르고 있었음을 고백하고 있다. 데카르트는 네덜란드로 이민 오자마자 지금까지 자신의 사색의 결과인 「정신의 방향을 위한 규칙들」(1628)을 집필하였으나 이 원고는 그의 사후 1701년에 출판되었다. 이 책에서 데카르트는 진리 탐구를 위해서는 논리학과 수학이 탐구의 기초가 되어야 한다고 강조하였다.

「정신의 방향을 위한 규칙들」에 제시된 철학적 사유를 보다 더 체계적으로 질서 있게 가다듬어서 학문 일반들의 성격을 해명하고 이끌어 갈 철학 개론에 해당하는 「방법론」이 출간되기까지는 9년의 긴 시간이 필요했다. 데카르트는 「방법론」에서 합리론자의 입장을 확고히 제시하면서 방법론적 회의와 본유관념이 철학적 사유의 출발점이자 결과임을 해명하고 있다. 「방법론」의 부제목은 '자신의 이성을 잘 인도하여 학문들에서 진리를 탐구하기 위한'(pour bien conduire sa raison & cher-cher la vérité dans les sciences)이다. 데카르트는 이성에 의해서 명석판명한 관념(idea clara et distincta), 다시 말해서 철학적 진리를 획득할 수 있다고 확신하고 있었다.

데카르트는 「방법론」과 「철학의 원리」에서 철학의 기초는 형이상학, 자연철학, 자연학(물리학)이며 가지들은 의학, 역학, 도덕학이고 도덕학은 인간 지혜의 최고 단계를 제시하는 철학의 분과라고 주장한다. 데카르트가 말하는 도덕학은 바로 윤리학이다. 데카르트는 전통과 과감히 단절하여 방법론 및 형이상학으로서의 윤리학을 최고의 지혜에 대한 학문으로 생각하고 독립적인 윤리학을 염두에 두지 않았다. 그는 특히 아리스토텔레스주의자들이 아리스토텔레스의 윤리학 이론을 제대로 알지도 못하면서 오직 아리스토텔레스 윤리학의 감옥에 갇혀서 윤리 문제에 대한 해결책을 찾으려 한다고 강력하게 비판하였다.

데카르트는 명석판명한 관념을 획득하는 것이 바로 철학적 진리에 도달하는 것이며, 인간은 철학적 진리에 도달할 때 확실한 인식을 획득함으로써 행복할 수 있다고 확신하였다. 데카르트가 신 또는 하나님(제1실체)과 정신과 물질(제2실체들) 두 가지를 모두 실체라고 처음부터 끝까지 주장한 배경으로는 그의 신앙(가톨릭)과 이성에 의한 철학적 탐구 자세를 들 수 있다. 조금이라도 생각이 있는 사람이라면 '신은 완전하고 절대적인 실체이고 정신과 물질(신체)은 신이 창조한 실체이므로 정신과 물질은 신 다음으로 완전한 실체들이다' 라는 주장에 쉽사리 동의하기 힘들 것이다. 그럼에도 불구하고 데카르트는 「방법론」과 「철학의 원리」에서 혼란한 관념들을 제거하고 명석판명한 관념을 얻고자 한다.

데카르트는 스콜라철학주의자들과 아울러 회의론자들을 비판하면서 근본적으로 자명한 진리를 탐구하고자 한다. 중세 스콜라철학(기독교철학)은 보편논쟁에 치중했으므로 공리공담(空理空談)에 몰두했고 따라서 중세는 신 이외에는 아무것도 의미 있게 탐구하지 못했다고 해서 암흑시대라고도 일컬어진다. 스콜라철학은 ① '보편은 실재이며, 보편은 개별 사물에 선행한다' (Universalia sunt realia, universalia sunt ante res)라고 하는 실념론(實念論), ② '보편은 실재이며, 보편은 개별 사물 안에 존재한다' (Universalia sunt realia, universalia sunt in rebus)라고 하는 온건 실념론, ③ '보편은 명칭이며, 보편은 개별 사물 다음에 존재한다' (Universalia sunt nomina, universalia sunt post res)라고 하는 유명론(唯名論)으로 구분된다. 그런데 데카르트가 보기에 스콜라철학자들은 실체를 연장(延長)으로부터 구분하지 못할 뿐만 아니라 관념들을 혼란스럽게 사용함으로써 그들이 사용하는 실체 관념마저 혼란스러운 관념이라는 것이다.

데카르트는 수학을 기초로 삼아 탐구된 관념이야말로 명석판명한 관념일 수 있다고 주장하는데, 이와 같은 주장은 그가 「방법론」에서 회고하고 있는 것처럼 젊은 시절에 그가 배운 수학, 특히 기하학과 대수학에 대한 지식을 근거로 삼고 있다고 볼 수 있다. 데카르트는 고대 그리스의 아리스토텔레스와 스콜라철학주의자들이 다양한 학문들과 다양한 방법론들을 주장했음에 비해서 하나의 보편적 학문과 하나의 보편적 방법론을 이상적인 것으로 제시한다. 앞에서의 스콜라철학자들의 보편논쟁만 보더라도 그것은 처음부터 끝까지 추상적인 논쟁이므로, 수학을 보편적 학문의 보편적 방법론으로 생각한 데카르트에게 보편논쟁은 혼란스러운 관념들의 집합체에 불과하다.

데카르트는 철학의 기본 원리를 형이상학으로 보는데 형이상학적 진리를 탐구하기 위해서는 이성(raison)을 옳게 사용할 필요가 있고, 이성을 옳게 사용하는 학문은 다름 아닌 논리학이다. 수학은 합리적 사고 방식을 수와 기호로 표현한 학문이고 논리학은 이해적 사고 방식을 언어로 표현한 학문이므로 수학과 논리학은 내용에 있어서는 동일하다. 데카르트는 기초 학문으로서의 수학이나 논리학이 필요하다는 주장을 넘어서서 보편 학문의 보편적 방법론으로서 수학과 논리학의 필요성을 언급한다.

간단히 말해서 데카르트의 '방법론'은 '정신의 방향을 위한 규칙들'이다. 인간 정신은 이성을 사용하여 철학적 진리, 곧 명석판명한 관념에 도달할 수 있다. 그러나 편견, 정념, 교육의 영향, 조급함, 지나친 욕망 등에 의해서 정신은 이성을 잘못 인도함으로써 다양한 오류들을 범할 수 있다. 데카르트에 의하면 정신의 근본 작용에는 두 가지가 있는데 그것들은 직관과 연역이다. 데카르트의 방법론은 직관과 연역을 사용해서 다양한 오류들을 피하고 명석판명한 관념(철학적 진리)에 도달하는 것을 궁극목적으로 삼는다. 요약해서 말하자면 방법론은 직관과 연역을 질서 있게 사유하는 규칙들이다.

크게 보면 방법론은 두 부분으로 구분될 수 있다. 한 부분은 분석인데 이것은 발견의 방법이다. 복잡한 명제들은 단순한 명제로 환원하여야 우리가 이해하기 쉽다. 또 다른 부분은 종합인데 이것은 증명의 방법이다. 첫 번째 것은 직관의 영역에 해당한다면, 두 번째 증명의 방법은 연역에 해당한다. 데카르트는 「방법론」과 「제1철학에 대한 성찰」두 책 모두에서 방법론적 회의를 제시하는데 방법론적 회의는 방법론과 동일한 내용을 의미한다. 데카르트는 명석판명한 관념, 곧 제1원리들 내지 제1원인들에 도달하기 이전까지 모든 것들을 의심한다. 감각, 꿈, 수학의 명제들 그리고 신 존재까지 의심하지만 의심하는 주체가 있다는 것은 더 이상 의심할 수 없어서 '나는 생각한다. 그러므로 나는 존재한다'(「방법론」에서는 Je pense, donc je suis. 「성찰」에서는 Cogito, ergo sum.)에 도달하여 결국 자아 존재의 확인에 도달한다.

물론 현대적 입장에서 볼 때 데카르트가 주장하는 자아 존재가 철학의 제1원리나 제1원인이 될 수 있는지에 대한 많은 물음들이 제시될수 있다. 왜냐하면 자아 개념은 개인의 성장 과정과 아울러 인류의 역사과정을 통해서 지성과 문화에 의해서 다양하게 형성되는 관념이기 때문이다. 데카르트의 자아는 불변하는 영혼 존재로서 다분히 기독교적인 색채를 가진 영원불변하는 정신 내지 영혼의 존재이다. 게다가 데카르트는 모든 것들을 의심한 후 더 이상 의심할 수 없는, 의심하는 주체인 자아 존재에 도달했다고 주장하지만, 데카르트야말로 이미 마음속에 영원불변한, 신이 창조한 신의 모사물(imago Dei)로서의 영혼 존재를 가지고 있었고, 단지 자신의 종교적 신앙(독단)은 은폐한 채 이성에 의해서 방법론적 회의를 사용해서 사유하는 자아를 증명했다고 말하는 것이 아닌가? 데카르트가 처음부터 인간에게는 이성 능력이 있다고 했을 때 철학적 진리, 곧 명석판명한 관념은 이미 인간에게 보장된 것이 아닌가?

플라톤으로부터 아리스토텔레스, … 아우구스티누스, 아퀴나스, … 데카르트, 스피노자, … 칸트, 헤겔 등을 이어 주는 서양철학의 흐름은 관념론적 합리주의에 물들어 있으며 따라서 낙관주의를 대변한다. 특히 중세 이후 서양철학은 그리스의 이성(logos)의 완전성에 기독교 신앙(fides)의 절대성을 종합하여 소위 완전하고 절대적인 신(또는 실체 내지 존재 원리)과 아울러 그러한 신에 의해서 창조된 신의 이미지인 인간을 강조하여 왔다. 스피노자는 물론이고 데카르트 역시 예외는 아니다.

데카르트는 우리들의 관념을 크게 세 종류로 구분하는데 그것들은 ① 경험에서 생기는 우연적 관념, ② 상상에서 생기는 허구적 관념, ③ 이성이 발견하는 명석판명한 관념이고 이중에서 명석판명한 관념은 철학적 진리에 해당한다. 방법론적 회의에서 데카르트는 의심할 수 있는 모든 것들을 의심하는데, 그는 감각, 수면 중의 꿈, 악한 천재(악마) 또는 신이 부여한 천재적 재능(2+3=5가 아닌데도 우리들로 하여금 5라고 믿게 하는) 등을 모두 의심한 결과 앞에서 언급한 것처럼 의심하는 주관, 곧 사유하는 정신(영혼)으로서의 나를 더 이상 의심할 수 없는 명석판명한 관념으로 제시한다.

데카르트가 방법론적 회의의 결과로서 제시하는 명석판명한 관념들은 ① 정신(영혼)적 자아, ② 신, ③ 논리적 법칙, ④ 수학 명제들, ⑤ 물질의 공간성 등 모두 다섯 가지이다. 정신(영혼)은 유한한 존재이므로 정신적 자아의 원인으로서 정신 관념의 충분한 원인이 될 수 있는 존재가 필연적으로 존재해야만 하는데 그러한 존재는 신 이외의 다른 것일 수 없으므로 신은 필연적으로 존재한다. 다음으로 논리적 사고 법칙을 표현하는 관념은 신과 정신적 자아를 바탕으로 삼기 때문에 진리를 포함하지 않을 수 없다. 따라서 동일율(同一律), 모순율(矛盾律), 배중율(排中律), 이유율(理由律)과 같은 논리 법칙들은 명석판명하다. 네 번째로 수학의 명제들은 정신, 신, 논리 법칙 등을 토대로 삼고 전체 수학의 기초가 되므로 명석판명하다. 다섯 번째로 물질의 공간성은 명석판명한 관념이다. 데카르트가 보기에 물질의 공간성은 연장(延長) 그리고 물질성과 똑같고 기하학적 명제의 토대가 된다.

  (나) 신 존재의 존재론적 증명

  데카르트는 방법론적 회의의 첫 번째 결과로서 '나는 생각한다. 그러므로 나는 존재한다'(Cogito, ergo sum)를 철학의 제1원리로서 발견함으로써 첫 번째로 명석판명한 관념인 정신(사유하는 것: res cogitans)을 제시할 수 있었고 정신과 연관해서 물질(연장된 것: res extensa)도 역시 명석판명한 것으로서 제시할 수 있었다. 데카르트는 「성찰」에서 신에 대해서 다음처럼 말한다. "내가 이해하는 신의 이름은 무한하고, 독립적이며, 전지(全知)하고 전능하며 나 자신과 존재하는 것을 모두 창조한 실체이다." 이 말은 데카르트의 기독교 신앙 내용을 그대로 전달하고 있으며, 데카르트의 이와 같은 신에 대한 지식은 연역이 아니라 직관에 의한 것이다. 러셀은 두 사람의 수학사들이 있을 경우 그들은 하나의 동일한 수학 방정식에 대해서 서로 다른 생각을 가질 수 있는데 그 근거는 수학에 대한 각자의 믿음(belief)이 서로 다르기 때문이라고 말하였다.

  거의 대부분의 서양철학자들은, 예컨대 플라톤, 아리스토텔레스로부터… 데카르트, 칸트 등에 이르기까지, 엄밀하고 명확한 이성추리를 역설하면서도 암암리에 각자가 주관적으로 확신(맹신?)하는 믿음을 근거로 삼은 소위 이성에 의해서 추리함으로써 문제를 해결하고 오류를 제거했다고 확신하면서 진리를 제시한다고 역시 확신한다. 그들은 감정적(의지적) 믿음과 이성적 추리를 필연적으로 구분하여야 한다고 감정적 입장에서 강하게 주장하는 것 같다.

데카르트 역시 서구적 역사와 문화의 테두리(한계) 안에서 방법론적 회의의 결과 제1원리인 '나는 생각한다'(ego cogito)의 주인공인 정신적 자아를 찾아내고도 이 명석판명한 자아 관념을 보장할 수 있는 또다른 근원적 토대로서의 신 존재를 요구한다. 왜냐하면 자아는 완전한 존재가 아니기 때문이다. 솔직히 이야기하자면 정신(res cogitans)과 물질(res extensa)은 다른 어떤 것이 아닌 자기원인(causa sui)에 의해서 존재하는 것이므로 어떤 다른 것에도 의존하지 않는 실체(substantia)지만 그것들은 신을 제외한 이차적 실체들이라는 것이다. 즉 신은 일차적 실체이고 정신과 물질은 부차적 실체이다.

데카르트는 정신적 자아는 결코 전지전능하지 않고 영원하지도 무한하지도 않으며 완전하지도 않기 때문에 자아의 제1원인일 수 없고 정신적 자아는 필연적으로 영원하고 절대적인 존재를 존재 원리로서 요구할 수밖에 없다고 한다. 「철학의 원리」와 「성찰」에서 데카르트는 신은 무한한 완전성이며 선이기 때문에 어떤 불완전한 것에 의해서도 제한될 수 없다고 한다. 신의 관념은 감각 지각에서 도출된 것도 아니고 정신적 허구도 아니며 의지에 따라 변하는 것도 아니므로 그것은 정신적 자아 안에 있는 본유관념으로서 영원불변한 관념이다. 안셀무스는 "신은 그 이상 더 큰 것을 우리가 생각할 수 없는 그러한 존재이다"라고 하여 신을 완전하고 절대적인 존재로서 증명함으로써 그의 신 존재 증명은 존재론적 신 존재 증명으로 널리 알려져 있다. 그러나 일단 우리가 인간의 사유, 언어, 관념 등이 지성의 산물임을 생각한다면, 완전성, 절대성 등은 인간의 희망 사항이 아니고 다른 무엇이겠는가라는 물음을 던지지 않을 수 없다. 이렇게 볼 경우 스피노자의 욕망(cupiditas), 프로이트의 충동 이론(Trieb-theorie) 등은 매우 흥미롭기 짝이 없으며 따라서 극단적으로는 인간의 지성적 의식이 모든 것들을 만들어 내고 제멋대로 의미를 부여한다는 측면에서 환작만물(幻作萬物)이라고도 이야기할 수 있지 않겠는가?

데카르트의 방법론적 회의의 첫 결과는 '나는 생각한다. 그러므로 나는 존재한다'(Cogito, ergo sum)의 주인공인 정신적 자아지만 그것은 완전하고 절대적인 신의 관념을 자신의 내면에 본유관념으로 소유하고 있는 사유하는 것(res cogitans)인 한 철학의 제1원리이자 실체이며 동시에 연장된 것(res extensa)인 물질(신체)을 또 하나의 다른 실체로 확인한다.

(다) 정신과 신체의 관계

데카르트에 의하면 정신과 신체는 각각 실체이므로 상관관계가 있을 수 없다. 그러나 인간의 경우 마음(영혼이나 정신)이 아프면 눈(신체)에서 눈물이 나오고, 반대로 오랜만에 사랑하는 연인을 바라보면 마음이 기쁨으로 가득 찬다. 데카르트는 심신(心身) 상호 작용설을 주장하였고, 그 후 스피노자는 심신 평행설을, 라이프니츠는 예정조화설을 주장하였다. 스피노자는 마음과 몸은 하나이므로 맞으면 마음이 아픈 것은 심신 평행설에 의한 것이라고 했고 라이프니츠는 마음과 몸의 작용은 신이 미리 조화롭게 예정했기 때문이라고 했다. 데카르트에 의하면 정신은 사유하는 것이고 신체는 연장된 것으로서 감각 지각을 담당하는 물질적인 것이어서 서로 다른 실체이므로 상관관계가 있을 수 없다.

「성찰」과 「철학의 원리」 두 저술들에 있어서 데카르트의 가장 핵심적인 철학적 주제들은 제1실체인 신 그리고 제2실체인 정신과 신체(물질)이다. '나는 생각한다. 그러므로 나는 존재한다'(Cogito, ergo sum)에 의해서 명석판명한 관념으로 확인되는 것은 정신적 자아와 아울러 연장된 것으로서의 물질적 신체이다. 데카르트는 존재하기 위해서 자기 자신 이외의 어떤 다른 것도 필요로 하지 않는 존재를 실체(substantia)라고 정의한다. 이와 같은 정의(定義)에 따르면 무한하고 완전하며 절대적이고, 전지전능하고 최고선인 신 이외에는 어떤 존재자도 실체일 수 없다.

그러나 데카르트는 비록 신에 의해서 창조되긴 했어도 정신과 신체는 신만 제외하고 어떤 다른 것에도 의존하지 않으므로 결국 자기원인(causa sui)에 의해서 존재하는 실체들이라고 주장한다. 실체는 속성(attributus)과 양태(modus)를 가진다. 정신(anima 또는 mens)의 속성은 사유(Cogitatio)이고 신체의 속성은 연장(extensio)이다. 그러므로 데카르트는 정신을 가리켜서 사유하는 것(res cogitans)이라고 하고 신체(물질적)를 일컬어서 연장된 것(res extensa)이라고 한다. 속성은 여러 가지 모습으로 나타날 수 있는데, 예컨대 산술적 사유와 기하학적 사유가 있을 때 각각은 정신의 양태이다. 또 신체가 길고, 짧고, 뚱뚱하고, 마르고… 등으로 나타날 때 각각의 형태는 신체의 양태이다.

정신과 신체가 각각 실체라면 양자의 관계가 문제이다. 데카르트는 심신 상호 작용설이라는 만족스럽지 못한 결과를 제시했기 때문에 데카르트 이후 스피노자와 라이프니츠도 이 문제에 매달리게 되었던 것이다. 데카르트는 사유하는 정신과 물질적 신체는 각각 실체이므로 서로 다른 내면적 연관 관계가 없고 굳이 말하자면 정신을 선장에 그리고 신체를 배에 비유할 수 있다고 하였다. 신체는 단지 정신을 담고 있는 그릇이나 배에 지나지 않고 정신이야말로 배를 조종하는 주인공이라는 것이다. 이러한 주장은 분명히 플라톤-기독교적 전통을 데카르트가 충실히 답습하고 있음을 잘 반영해 준다.

그러나 데카르트는 실제로 영혼이 신체에게 그리고 신체가 영혼에게 영향을 미치며 정신과 신체가 통일되어 인간 개체를 형성하고 있는 현실을 잘 알고 있었기 때문에 정신과 신체가 각각 실체지만 어떻게 서로 영향을 주고받는지를 밝히지 않으면 안 되었다. 데카르트는 「방법론」 과 기타 저술에서 정신과 신체가 각각 실체여서 근본적으로는 서로 관계가 없다는 것을 계속해서 강조한다. 그에 의하면 인간 이외의 동물은 영혼(정신)이 없고 그것들은 자동기계에 지나지 않는다. 인간의 신체 역시 기계에 지나지 않는다. 그러나 인간의 신체는 영혼을 지니고 있으므로 영혼의 조종에 따라서 움직일 수 있는 것이다. 데카르트는 두뇌의 은밀한 곳에 있는 송과선(松果腺)에서 정신 작용이 신체 작용으로 변환되고 반대로 신체 작용이 정신 활동으로 전환된다고 주장했으나 그것은 억지 이론에 지나지 않았다.

(마) 자유의지와 윤리학

철학자마다 자신의 주장이 난관에 부딪치고 모순을 범할 경우 나름대로 난관과 모순을 피하는 구실이 있다. 예컨대 플라톤은 이데아를 피난처로 삼는다. 이데아는 영원불변하는 원형이다. 칸트는 선천적(a priori) 또는 선험적(transzendental) 능력이나 형식을 제시한다. 그런 능력이나 형식은 인간이면 누구나 예외 없이 가능적으로 그리고 현실적으로 소유하고 있다는 것이 칸트의 주장이다. 헤겔은 절대정신과 변증법을 제시한다. 대부분의 철학자들은 문제 해결을 위한 만능키를 가지고 있다. 데카르트는 철학의 제1원리인 '나는 생각한다. 그러므로 나는 존재한다'(Cogito, ergo sum)보다 논리적으로 선행하는 것이 바로 자유의지라고 말한다.

데카르트는 「철학의 원리」 여러 곳에서 인간이 자유의지를 소유하고 있는 것은 자명하다고 역설한다. 방법론적 회의의 과정에서 오류를 제거하고 참다운 것을 택하는 행위 자체가 바로 자유의지의 결과이기 때문이다. 데카르트에 의하면 자유롭게 행동하는 능력이야말로 인간의 가장 위대한 완전성을 보여 준다. 인간은 자유의지에 따라서 자유롭게 행동하기 때문에 선과 악을 구분할 수 있고 칭찬받을 수도 있고 비난받고 벌을 받을 수도 있다는 것이다. 데카르트 역시 다른 철학자들과 마찬가지로 신은 전지전능하고 최고선인데 왜 그는 인간이 악행을 범하는 것을 방치하는가 또는 신이 만물을 창조했다면 인간의 의지 또한 신의 뜻에 따를 것이 분명하고 그렇다면 의지는 자유롭지 못하지 않는가 라는 질문에 직면한다.

데카르트는 인간은 자유롭다는 것을 알며 자유의지를 분명히 소유하고 있다고 주장한다. 다음으로 그는 신이 전지전능하고 모든 것을 예견하며 미리 다 질서 지어 놓았다고 한다. 데카르트는 기독교 신학을 충실히 따르고 있다. 데카르트는 자유의지와 신의 문제를 어떤 왕과 신하들의 문제에 비유한다. 철천지원수 관계에 있는 두 신하가 있는데, 두 사람은 만나기만 하면 칼을 뽑아 들고 싸웠다. 왕은 몇 날 몇 시에 특정한 장소에서 두 사람이 만나 왕이 명하는 일을 의논하라고 전달했다. 왕은 두 신하의 관계가 워낙 나빠서 필히 검투가 벌어질 것을 알고 있지만 신하들의 의지에 관여할 수는 없었다. 왜냐하면 신하들은 자기들 각자의 행동을 결정할 자유의지를 가지고 있기 때문이다. 데카르트에 의하면 인간은 누구나 선과 악, 진리와 허위를 택할 자유의지를 가지고 있으며, 물론 신은 그와 같은 삶의 장을 인간에게 마련해 주고 미래를 모두 예견하고 있지만, 인간은 자유의지에 의해서 각자가 행동하므로 행동에 대한 의무와 책임은 인간 각자의 몫인 것이다.

데카르트는 체계적 윤리학을 구축하지는 않았지만, 그의 윤리학에서 중요한 부분을 차지하는 것은 정념 내지 정서에 대한 이론이다. 신체의 자극을 받아서 정신 안에 생기는 정념들은 지각, 감정, 정서 등이다. 데카르트는 모든 정념들은 본성상 선하지만 그릇되게 사용될 경우 악을 범할 수 있으므로 선한 결과를 얻기 위해서 인간은 정념들을 옳게 지배하여 그것들의 방향을 선으로 향하게 하지 않으면 안 된다. 데카르트는 정념들을 잘 지배하고 더 나아가서 지복(beatitudo)에 도달하는 것이 최고의 삶이라고 한다.

인간이 지복에 도달하기 위해서는 선과 악, 다시 말해서 당위(當爲)를 잘 알아야 하고, 다음으로 이성이 명하는 것에 따르며, 마지막으로 현실적인 재산에 대한 욕망과 후회를 버릴 것을 권한다. 데카르트가 원하는 최고선은 자유의지의 결단에 의한 선이고 이러한 최고선은 신이 인간에게 마련해 준 지복의 성질이다. 데카르트는 근대 대륙의 합리주의 철학의 선두 주자로서 철두철미하게 주지주의자(主知主義者)의 입장을 고수하지만, 그의 철학의 내면을 관통하고 있는 기독교 신앙과 사상을 보면 그가 말하는 이성, 방법론, 본유관념, 자유의지 등 데카르트 철학의 핵심 체계와 관념들이 과연 데카르트가 주장하는 것처럼 명석판명한지 아니면 여전히 신학의 하녀(ancilla theologiae) 역할을 충실히 수행하고 있는지 신중히 되짚어 볼 필요가 있다. 역사, 문화 그리고 관습은 오래된 묵은 때와 같아서 여간해서는 변화될 수 없다.

2. 스피노자의 「데카르트의 철학의 원리」

역자는 「데카르트의 철학의 원리」를 읽는 독자들의 이해를 돕기 위해서 앞에서 비교적 요약적으로 데카르트 철학의 핵심 내용들을 가능하면 이해하기 쉽게 소개하려고 애썼다. 역자가 이 책을 「데카르트 철학의 원리」라고 하지 않고 「데카르트의 철학의 원리」(Renati Des Cartes, Principia Philosophiae)라고 한 것은, 스피노자가 데카르트의 「철학의 원리」(Principia Philosophiae, 1644)를 해설하고 비판하기 때문에 당연히 그렇게 번역한 것이고 다른 특별한 이유는 없다. 독자들이 「지성개선론」과 「신과 인간과 인간의 행복에 대한 짧은 논문」 그리고 「데카르트의 철학의 원리」를 충분히 읽고 이해할 수 있다면 스피노자의 주저 「에티카」를 전체적으로 이해하는 데 그다지 큰 어려움이 없을 것이다.

데카르트의 「철학의 원리」에 대한 해설서이자 비판서인 스피노자의 「데카르트의 철학의 원리」는 「철학의 원리」가 출판된 후 19년 후인 1663년에 출판되었다. 이 책은 스피노자 생전에 그의 이름으로 출판된 유일한 것이고 나머지 책들은 스피노자가 미완성인 채로 남겨 두었거나 아니면 「에티카」처럼 당시 종교, 정치 상황으로 인해서 출판을 보류할 수밖에 없었다. 「신학-정치론」은 1670년에 익명으로 출판되었으나 곧 금서가 되었다. 스피노자가 죽은 후 친구 마이어를 중심으로 전집이 출판되었지만 모두 파문당하여 금서로 되고 말았다.

스피노자의 「데카르트의 철학의 원리」는 데카르트의 「철학의 원리」 제2부와 제3부의 시작 부분을 해설하는 것을 중심 목표로 삼고 있다. 스피노자는 원고를 다 쓰고 나서 데카르트의 「철학의 원리」 제1부를 간단히 소개할 필요가 있다고 생각해서 「철학의 원리」 제1부를 간략히 소개하였다. 스피노자는 개인적으로 강의와 세미나를 개최하였고, 참석자 중 라이덴 대학 대학생으로 19세 난 케사리우스(Johannes Caesarius)가 스피노자의 구술을 기록한 것이 바로 「데카르트의 철학의 원리」이다. 스피노자는 20세 전후에 이미 데카르트주의자인 반 덴 엔덴(Van den Enden)의 문하생으로서 그 자신도 데카르트주의자였지만, 「지성 개선론」과 「신과 인간과 인간의 행복에 대한 짧은 논문」을 집필할 당시 자신의 독자적인 범신론적, 자연주의적 형이상학의 입장을 거의 확고하게 가지고 있었다.

스피노자의 「데카르트의 철학의 원리」는 「에티카」의 체계와 내용을 충분히 엿보게 한다. 이 책의 전개 방식은 철두철미하게 기하학적인데 이러한 방법은 「에티카」에서 그대로 이용되고 있다. 스피노자는 「데카르트의 철학의 원리」를 1663년 7월에 출판했지만, 스피노자는 곧장 친구인 의사 마이어에게 '머리말'과 함께 「데카르트의 철학의 원리」를 편집해서 출판해 주기를 청했고 이 책은 같은 해 마이어의 '머리말'과 함께 다시 출판되었다. 흥미로운 것은 「데카르트의 철학의 원리」에 부록으로 '형이상학적 사유'(Cogitata Metaphysica)가 첨부되어 있다는 점이다.

「데카르트의 철학의 원리」는 모두 3부로 되어 있고, 마지막에 2부로 구성된 부록이 있다. 제1부는 자아와 신의 문제를 취급한다. 제2부는 신체와 물질 그리고 물질의 속성들을 다룬다. 제3부는 물질의 양태를 취급한다. 부록 '형이상학적 사유'의 제1부는 존재자의 종류, 존재자의 본질, 지속, 선의 문제를 논의한다. 제2부는 신에 대해서 다룬다. 부록은 「데카르트의 철학의 원리」에 대한 보충 설명이라고 할 수 있다.

찾아보기

옮긴이에 대하여

강영계는 현재 건국대학교 철학과 명예교수이며 중국 서북대학교 객좌교수이고 독일 프라이부르크대학교, 프랑스 스트라스부르대학교에서 교환교수를 지냈다. 서울대학교 철학과를 졸업하고 독일 뷔르츠부르크대학교에서 철학박사 학위를 받았다.

지은 책으로는 ...
Prinzip und Methode in der Philosophie Wonhyos(Amsterdam, 1981), *Der Weg zur Meditation*(Würzburg, 1981), 『태초에 말씀이 계시니라』(1981), 『베르그송의 삶의 철학』(1982), 『철학에 이르는 길』(1984), 『기독교 신비주의 철학』(1986), 『철학의 발견』(1966), 『사회철학의 문제들』(1992), 『니체, 해체의 모험』(1985), 『철학이야기』(2000), 『정신분석이야기』(2002), 『청소년을 위한 철학이야기』(2003), 『니체와 정신분석학』(2004), 『헤겔, 절대정신과 변증법 비판』(2005), 『강영계 교수의 프로이트 정신분석학 이야기』(2007), 『마르크스, 니체, 프로이트 철학의 끌림』(2008), 『강영계 교수의 사랑학 강의』(2008), 『청소년을 위한 철학 에세이』(2009), 『행복학 강의』(2010), 『청소년을 위한 정의론』(2011), 『청소년을 위한 가치관 에세이』(2012), 『죽음학 강의』(2012), 『지금 우리에게 물어야 할 22가지 질문』(2012), 『철학의 오솔길』(2012), 『철학으로 산다는 것』(2015) 등이 있다.

옮긴 책으로는 ...
『도덕과 종교의 두 원천』(H. 베르그송), 『인식과 관심』(J. 하버마스), 『중세철학 입문』(E. 질송), 『칸트의 비판철학』(S. 쾨르너), 『토마스 아퀴나스』(A. 케니), 『니체 생애』(K. 야스퍼스), 『서양철학사』(C. 프리틀라인), 『파라켈수스』(E. 카이저), 『브루노』(J. 키르히호프), 『무한자와 우주와 세계 외』(G. 브루노), 『에티카(개정판)』(B. 스피노자), 『고백록』(A. 아우구스티누스), 『꿈의 해석』(지그문트 프로이트), 『영원한 평화를 위해』(이마누엘 칸트), 『방법론』(르네 데카르트), 『지성 개선론』(B. 스피노자), 『신과 인간과 인간의 행복에 대한 짧은 논문』(B. 스피노자) 등이 있다.